U0918343

国家“双一流”建设学科

辽宁大学应用经济学系列丛书

学术系列

总主编◎林木西

区域经济政策创新与发展趋同研究

Research on Regional Economic Policy Innovation and Development Convergence

崔万田　等著

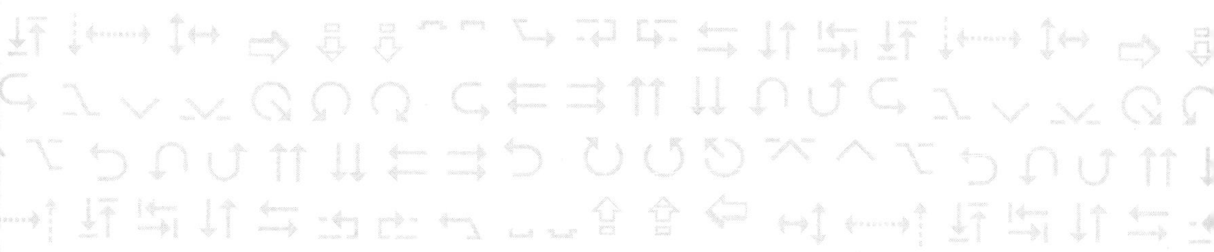

中国财经出版传媒集团

经济科学出版社
Economic Science Press

图书在版编目（CIP）数据

区域经济政策创新与发展趋同研究/崔万田等著．
—北京：经济科学出版社，2021.1
ISBN 978-7-5218-2276-2

Ⅰ．①区… Ⅱ．①崔… Ⅲ．①区域经济发展-
经济政策-研究-中国 Ⅳ．①F127

中国版本图书馆 CIP 数据核字（2020）第 262495 号

责任编辑：于海汛　郑诗南
责任校对：刘　昕
责任印制：范　艳　张佳裕

区域经济政策创新与发展趋同研究
崔万田　等著
经济科学出版社出版、发行　新华书店经销
社址：北京市海淀区阜成路甲 28 号　邮编：100142
总编部电话：010-88191217　发行部电话：010-88191522
网址：www.esp.com.cn
电子邮箱：esp@esp.com.cn
天猫网店：经济科学出版社旗舰店
网址：http://jjkxcbs.tmall.com
北京季蜂印刷有限公司印装
710×1000　16 开　15.25 印张　230000 字
2021 年 4 月第 1 版　2021 年 4 月第 1 次印刷
ISBN 978-7-5218-2276-2　定价：61.00 元
（图书出现印装问题，本社负责调换。电话：010-88191510）

总　序

本丛书为国家“双一流”建设学科“辽宁大学应用经济学”系列丛书，也是我主编的第三套系列丛书。前两套系列丛书出版后，总体看效果还可以：第一套是《国民经济学系列丛书》（2005年至今已出版13部），2011年被列入“十二五”国家重点出版物出版规划项目；第二套是《东北老工业基地全面振兴系列丛书》（共10部），在列入“十二五”国家重点出版物出版规划项目的同时，还被确定为2011年“十二五”规划400种精品项目（社科与人文科学155种），围绕这两套系列丛书取得了一系列成果，获得了一些奖项。

主编系列丛书从某种意义上说是“打造概念”。比如说第一套系列丛书也是全国第一套国民经济学系列丛书，主要为辽宁大学国民经济学国家重点学科“树立形象”；第二套则是在辽宁大学连续主持国家社会科学基金“八五”至“十一五”重大（点）项目，围绕东北（辽宁）老工业基地调整改造和全面振兴进行系统研究和滚动研究的基础上持续进行探索的结果，为促进我校区域经济学学科建设、服务地方经济社会发展做出贡献。在这一过程中，既出成果也带队伍、建平台、组团队，使得我校应用经济学学科建设不断跃上新台阶。

主编这套系列丛书旨在使辽宁大学应用经济学学科建设有一个更大的发展。辽宁大学应用经济学学科的历史说长不长、说短不短。早在1958年建校伊始，便设立了经济系、财政系、计统系等9个系，其中经济系由原东北财经学院的工业经济、农业经济、贸易经济三系合成，财税系和计统系即原东北财经学院的财信系、计统系。1959年院系调整，将经济系留在沈阳的辽宁大学，将财政系、计统系迁到大连组建辽宁财经学院（即现东北财经大学前身），将工业经济、农业经济、贸易经济三个专业的学生培养到毕业为止。由此形成了辽宁大学重点发展理论经济学（主要是政治经济学）、辽宁财经学院重点发展应用经济学的大体格局。实际上，后来辽宁大学也发展了应用经济学，东北财经大学也发展了理论经济学，发展得都不错。1978 年，辽宁大学恢复招收工业经济本科生，1980 年受人民银行总行委托、经教育部批准开始招收国际金融本科生，1984 年辽宁大学在全国第一批成立了经济管理学院，增设计划统计、会计、保险、投资经济、国际贸易等本科专业。到 20 世纪 90 年代中期，辽宁大学已有西方经济学、世界经济、国民经济计划与管理、国际金融、工业经济 5 个二级学科博士点，当时在全国同类院校似不多见。1998 年，建立国家重点教学基地“辽宁大学国家经济学基础人才培养基地”。2000 年，获批建设第二批教育部人文社会科学重点研究基地“辽宁大学比较经济体制研究中心”（2010 年经教育部社会科学司批准更名为“转型国家经济政治研究中心”）；同年，在理论经济学一级学科博士点评审中名列全国第一。2003 年，在应用经济学一级学科博士点评审中并列全国第一。2010 年，新增金融、应用统计、税务、国际商务、保险等全国首批应用经济学类专业学位硕士点；2011 年，获全国第一批统计学一级学科博士点，从而实现经济学、统计学一级学科博士点“大满贯”。

在二级学科重点学科建设方面，1984 年，外国经济思想史（即后来的西方经济学）和政治经济学被评为省级重点学科；1995 年，西方经济学被评为省级重点学科，国民经济管理被确定为省级重点扶持学科；1997 年，西方经济学、国际经济学、国民经济管理被评为省级重点学科和重点扶持学科；2002 年、2007 年国民经济学、世界经济连续两届被评为国家重点学科；2007 年，金融学被评为国家重点学科。

在应用经济学一级学科重点学科建设方面，2017 年 9 月被教育部、财政部、国家发展和改革委员会确定为国家“双一流”建设学科，成为东北地区唯一一个经济学科国家“双一流”建设学科。这是我校继

1997年成为“211”工程重点建设高校20年之后学科建设的又一次重大跨越，也是辽宁大学经济学科三代人共同努力的结果。此前，2008年被评为第一批一级学科省级重点学科，2009年被确定为辽宁省“提升高等学校核心竞争力特色学科建设工程”高水平重点学科，2014年被确定为辽宁省一流特色学科第一层次学科，2016年被辽宁省人民政府确定为省一流学科。

在“211”工程建设方面，“九五”立项的重点学科建设项目是“国民经济学与城市发展”和“世界经济与金融”，“十五”立项的重点学科建设项目是“辽宁城市经济”“211”工程三期立项的重点学科建设项目是“东北老工业基地全面振兴”和“金融可持续协调发展理论与政策”，基本上是围绕国家重点学科和省级重点学科而展开的。

经过多年的积淀与发展，辽宁大学应用经济学、理论经济学、统计学“三箭齐发”，国民经济学、世界经济、金融学国家重点学科“率先突破”，由“万人计划”领军人才、长江学者特聘教授领衔，中青年学术骨干梯次跟进，形成了一大批高水平的学术成果，培养出一批又一批优秀人才，多次获得国家级教学和科研奖励，在服务东北老工业基地全面振兴等方面做出了积极贡献。

编写这套《辽宁大学应用经济学系列丛书》主要有三个目的：

一是促进应用经济学一流学科全面发展。以往辽宁大学应用经济学主要依托国民经济学和金融学国家重点学科和省级重点学科进行建设，取得了重要进展。这个“特色发展”的总体思路无疑是正确的。进入“十三五”时期，根据“双一流”建设需要，本学科确定了“区域经济学、产业经济学与东北振兴”“世界经济、国际贸易学与东北亚合作”“国民经济学与地方政府创新”“金融学、财政学与区域发展”和“政治经济学与理论创新”五个学科方向。其目标是到2020年，努力将本学科建设成为立足于东北经济社会发展、为东北振兴和东北亚区域合作做出应有贡献的一流学科。因此，本套丛书旨在为实现这一目标提供更大的平台支持。

二是加快培养中青年骨干教师茁壮成长。目前，本学科已形成包括长江学者特聘教授、国家高层次人才特殊支持计划领军人才、全国先进工作者、“万人计划”教学名师、“万人计划”哲学社会科学领军人才、国务院学位委员会学科评议组成员、全国专业学位研究生教育指导委员会委员、文化名家暨“四个一批”人才、国家“百千万”人才工程入选者、国家级教学名师、全国模范教师、全国优秀教师、教育部新世纪优秀人才、教育部高等学校教学指导委员会主任委员和委员、国家社会科学基金重大项目首席专家等在内的学科团队。本丛书设学术、青年学者、教材、智库四个子系列，重点出版中青年教师的学术著作，带动他们尽快脱颖而出，力争早日担纲学科建设。

三是在新时代东北全面振兴、全方位振兴中做出更大贡献。面对新形势、新任务、新考验，我们力争提供更多具有原创性的科研成果、具有较大影响的教学改革成果、具有更高决策咨询价值的智库成果。丛书的部分成果为中国智库索引来源智库“辽宁大学东北振兴研究中心”和“辽宁省东北地区面向东北亚区域开放协同创新中心”及省级重点新型智库研究成果，部分成果为国家社会科学基金项目、国家自然科学基金项目、教育部人文社会科学研究项目和其他省部级重点科研项目阶段研究成果，部分成果为财政部“十三五”规划教材，这些为东北振兴提供了有力的理论支撑和智力支持。

这套系列丛书的出版，得到了辽宁大学党委书记周浩波、校长潘一山和中国财经出版传媒集团副总经理吕萍的大力支持。在丛书出版之际，谨向所有关心支持辽宁大学应用经济学建设与发展的各界朋友，向辛勤付出的学科团队成员表示衷心感谢！

林木西

2019年10月

目　录

第一篇　我国区域经济发展现状及成因

第二篇　我国区域政策发展演变及与国外区域政策的比较

第三篇　区域经济政策实施效果评估及对策建议

第一篇

我国区域经济发展现状及成因

第一章

我国区域经济发展与理论基础

第一节　我国区域经济发展概况

众所周知，我国是个幅员辽阔的大国，东西距离约 5200 公里，南北距离约 5500 公里，同时地形复杂，各地自然地理条件差别很大。历史人文因素加上先天的地域条件以及国家区域发展战略等因素的综合影响，使得各个区域经济发展情况呈现出较大差别，如今中国经济发展面临的一个突出问题就是地区间社会经济发展不平衡。改革开放以来，尤其是 20 世纪 90 年代以来，中国区域经济发展不平衡的状况进一步加剧，有些沿海地区已经达到了当今发达国家的水平，而西部在贫困线以下还有很多地区。按照传统的地理区域划分标准，将中国行政区域划分为东部、中部、西部和东北四大区域，这四大区域之间的差距呈现出扩大的趋势，这引起了政府和相关学者们的关注。对我国改革开放以来区域经济发展战略的历程进行分析，我们发现我国区域发展战略呈现出阶段性特点，从新中国成立至今先后经历了非均衡发展阶段、协调发展阶段、统筹发展阶段三个阶段。不同阶段发展战略的实施有效促进了我国经济持续快速发展，显著提升了各地区人们生活水平，但与此同时，不同地区间的经济发展水平差距也迅速拉大。

区域发展战略第一阶段是改革开放到“八五”期间实施的区域非均衡发展战略。改革开放后为迅速提高我国经济发展的速度与整体实力，在由计划经济向市场经济体制转型的大背景下实施了非均衡发展的区域战略。通过在全国范围内实施非均衡发展的区域发展战略，我国东部地区的经济增长速度显著提高，东部沿海地区的经济实力显著增强，也间接带动了内陆地区的经济增长，同时也提高了我国整体国民经济水平，有效提升了我国的国际竞争力和综合实力。但随着非均衡发展战略的实施，我国东部、中部、西部和东北部之间的差距迅速扩大，而且随着时间的推移，这种发展不平衡的趋势越来越大。

区域发展战略第二阶段是“九五”到“十五”期间实施的区域协调发展战略。进入 20 世纪 90 年代以后，鉴于不断拉大的地区间发展差距，中央开始着手调整宏观区域经济发展战略。经过数年酝酿与讨论后，“西部大开发战略”“振兴东北地区等老工业基地战略”“促进中部地区崛起战略”等区域发展战略先后于 1999 年、2003 年和 2005 年提出，并初步取得了一些成效。如北部沿海地区和中西部一些省区的经济增长明显加快，东部在经济增长中仍然一马当先，但中部、西部和东北地区也迎头赶上，与东部地区在增长速度上的差异呈现出缩小的趋势等。尽管如此，东部及沿海地区在相当长时间内保持领先地位的趋势仍难以改变，这其中既有东部地区靠近出海口、历来发展基础较好等自然历史条件，也有国家政策条件等方面的原因，可以预期在短期内东部地区同其他地区发展的差距不仅难以缩小，甚至有继续拉大的可能。

区域发展战略第三阶段是“十一五”以来实施的区域统筹发展战略。2003 年 10 月，要贯彻“五个统筹”以完善社会主义市场经济体制的要求在党的十六届三中全会上被明确提出。随后在 2004 年 3 月，中共中央政治局会议提出了促进中部地区崛起的重大任务，同时在党的十六届五中全会及“十一五”规划纲要中再次明确要坚持实施推进西部大开发、鼓励东部地区率先发展、促进中部地区崛起、振兴东北地区等老工业基地等区域发展总体战略。党在十七大报告中提出要引导生产要素跨区域合理流动以缩小区域发展差距，更重要的是实现基本公共服务均等化，标志着中国区域协调发展即将开启一个崭新的局面。为促进经济增长，旨在优化全国经济发展格局的主体功能区战略和促进城市化进程的两纵三横战略在 2011 年的“十二五”规划纲要中提出。党的十八大以来党中央先后推出三大支撑带战略，目的是为了解决四大板块发展经济过程中存在的问题。2016 年的“十三五”规划纲要强调要“以区域发展总体战略为基础，以‘一带一路’建设、京津冀协同发展、长江经济带发展为引领，形成沿海沿江沿线经济带为主的横向经济轴带，塑造要素有序自由流动、主体功能约束有效、基本公共服务均等、资源环境可承载的区域协调发展新格局”，这也是我国当前形势下新的区域经济总体发展战略正式形成的重要标志。

固然世界各国在发展经济过程中普遍存在区域发展不平衡的问题，但若放任区域发展不平衡的趋势不断加剧，也会对发达地区的发展产生限制，进而危及民族的团结和社会的稳定，也会对提高国家整体水平产生不利影响。为全面建设小康社会以及实现社会主义现代化，我们必须进一步促进经济发展和社会进步，稳步提高综合国力，这些都建立在不断缩小地区差距实现区域协调发展的基础上。实现区域协调发展，已经从构建社会主义和谐社会过程中面临的一个经济问题转变为一个现实的制度问题，处理好区域间协调平衡发展对于当前我国而言不仅具有理论上的意义，而且具有至关重要的现实意义。

社会主义的重要特征和根本原则是实现共同富裕，而区域协调发展是实现共同富裕的具体表现。“在本世纪头二十年，集中力量，全面建设惠及十几亿人口的更高水平的小康社会”是党的十六大明确提出的要求。党的十六大要求构建的小康社会，绝不是局部的小康，而是整体的、全面的小康。没有广大西部地区、中部地区以及东北地区的小康，只有东部及沿海地区的小康，显然和小康社会的要求不符合。实现区域协调发展是全面建设小康社会的必然要求。因此，增强发展协调性是党在十六大的基础上，党的十七大又进一步提出的“实现全面建设小康社会奋斗目标的新要求”中的第一点。因此，要全面建设小康社会就必须把东中西包括东北地区看作一个相互联系的统一整体，从而实现区域的协调发展。具体来看，如果不和东部地区结合，中西部以及东北地区资源和劳动力优势将得不到有效的开发，而东部地区的高速发展也离不开中西部以及东北地区的广阔市场和丰富资源，同时中西部以及东北地区的发展也会对东部地区和全国经济发展起到很好的刺激作用。国外的实践表明，高通货膨胀率和高失业率往往会在区域发展不平衡的国家出现，这必然会对一国经济的健康、持续发展造成阻碍。

党的十八大指出，要继续实施区域发展总体战略，充分发挥各地区比较优势，优先推进西部大开发，全面振兴东北地区等老工业基地，大力促进中部地区崛起，积极支持东部地区率先发展。同时要采取对口支援等多种形式，加大对革命老区、民族地区、边疆地区、贫困地区扶持力度。党的十九大报告延续了区域协调发展的思路，指出要强化举措推进西部大开发形成新格局，深化改革加快东北等老工业基地振兴，发挥优势推动中部地区崛起，创新引领率先实现东部地区优化发展，同时加大力度支持革命老区、民族地区、边疆地区、贫困地区加快发展，并要建立更加有效的区域协调发展新机制。

我国的中西部地区许多是少数民族的聚集地，贫困人口和贫困地带也大都分布于此。如果贫困地区和少数民族地区的经济发展与东部沿海地区的差距持续扩大且长时间得不到解决，就极有可能使少数民族地区的人民把中西部地区的落后与贫穷归结为中央政策的倾斜或制度安排不当，是与东部地区的不等价交换造成的，进而产生不公平感和“被剥夺感”，引发一些影响到民族团结的民族利益争端，这势必会影响到我国的安定、团结和持久健康发展。

当前，经济全球化这一历史潮流及趋势已经不可阻挡，这使我们面临的国际竞争日趋激烈，国际环境也较以往更加风险重重。要提高我国的整体竞争力，要使中华民族屹立于世界先进民族之列，就要在政治、经济、文化、军事等领域提升自身竞争力。因此仅仅东部地区的国际竞争力的提高是不行的，而且要使得广大中西部和东北地区也同样具有国际竞争力。这样才能有效地保障国防安全和经济健康发展，在日趋激烈的国际竞争中赢得主动，最终顺利实现和平崛起。

第二节 区域经济学发展脉络

一、国外区域经济学发展脉络

德国经济学家杜能于1826年完成的《孤立国同农业和国民经济的关系》（以下简称《孤立国》），是西方经济学对区域经济发展进行研究的第一部区域理论著作，标志着区域经济学的开端。① 杜能之后许多学者进行了长期的理论研究和实践探索，综合来看区域经济学的理论研究主要经历了三个阶段：第二次世界大战以前的古典区位理论、20世纪50～70年代发展的传统区域增长理论和20世纪80年代兴起的新区域发展理论。其中以杜能为代表的古典区位理论流派、由哈罗德和多马引领的平衡发展理论流派及在此基础上发展来的不平衡发展理论流派，这三大理论流派对我国区域经济发展产生了重大影响。具体来看，一是以杜能为代表的古典区位理论流派，杜能在《孤立国》提出农业区位理论后，古典区位理论流派还逐渐囊括了韦伯在《工业区位理论》中提出的工业区位理论、② 廖什把生产区位和市场范围结合起来的市场区位论以及研究城市的空间作用和等级问题的克里斯塔勒中心地理论等区域理论；③ 二是以哈罗德—多马新古典经济增长模型为理论基础发展起来的平衡发展理论流派，纳尔逊的低水平均衡陷阱理论、罗森斯坦—罗丹的大推进理论和纳克斯的贫困恶性循环理论是该流派有代表性的理论；④

① 约翰·冯·杜能著；吴衡康译．孤立国同农业和国民经济的关系［M］．北京：商务印书馆，1986.

② 阿尔弗雷德·韦伯著；李刚剑等译．工业区位论［M］．北京：商务印书馆，2010.

③ 沃尔特·克里斯塔勒著；常正文，王兴中译．德国南部中心地原理［M］．北京：商务印书馆，2011.

④ 罗格纳·纳克斯著；谨斋译．不发达国家的资本形成问题［M］．北京：商务印书馆，1996.

三是以关联效应原理为核心的不平衡发展理论流派，该流派比较有代表性的理论包括：费农针对工业生产具备周期性而提出的工业生产生命周期阶段理论及由此进一步发展的梯度推进（转移）理论、选定特定经济区域进而带动整体经济发展的佩鲁增长极理论[①]及在此基础上由我国经济学家陆大道提出的点轴开发理论、[②] 缪尔达尔探讨影响区域协调发展的循环累积因果理论、[③] 弗里德曼从区域经济发展四个阶段总结而成的中心外围理论等。[④] 同时以诺贝尔经济学奖得主克鲁格曼为首的新经济地理学理论、[⑤] 以特定经济区域为发展中心的总部经济理论和以城市为核心的圈层结构理论给区域发展带来了新思路和方向，此外，专注于产业发展的产业集群理论和点轴开发理论延伸而来的网络开发理论等也比较有影响力。

首先对区域不平衡发展做出经济学解释的是瑞典经济学家贡纳尔·缪尔达尔（Gunnar Myrdal，1957），在他著名的《经济理论和不发达地区》一书中使用“扩散效应”和“回波效应”这两个概念来对区域经济间的不均衡进行解释。[⑥] 由德国经济学家阿尔伯特·赫希曼在其著作《经济发展战略》提出的“核心边缘理论”认为区域差距问题在经济发展过程中是不可避免的，并认为迈向区域均衡的一个重要阶段就是区域发展非均衡状态。他提出不能仅仅依靠市场机制来缩小区域差距，同时要借助政府力量对市场进行干预。[⑦]

对区域发展差异的解释，传统理论多归结于资源禀赋。卡尔多

① 弗朗索瓦·佩鲁．增长极概念［J］．经济学译丛，1988（9）：67－72.

② 陆大道．区位论及区域研究方法［M］．北京：科学出版社，1988.

③ Gunnar Myrdal. An American Dilemma：the Negro Problem and Modern Democracy［M］. New York：Harper & Row，Publishers，1962.

④ John Friedmann. Regional Development Policy：A Case Study of Venezuela［J］. Journal of Women's Health，1966：279－291.

⑤ Krugman P. Geography and Trade［M］. Leuven：Leuven University Press，1991.

⑥ Gunnar Myrdal. Economic theory and underdeveloped regions［M］. London：Duckworth，1957.

⑦ 艾伯特·赫希曼著；潘照东，曹征海译．经济发展战略［M］．北京：经济科学出版社，1991.

（Kaldor，1970）通过引入英国的区域政策说明区域资源禀赋并不能完全解释区域间经济发展差距，并引入了循环累积理论，对经济发达区域可以保持领先优势进而获得更多的利益，而落后区域与经济发达区域的差距将会进一步扩大这一问题做出了较好的解释，同时他指出针对区域差距可以利用区域政策来影响其趋势。① 20 世纪 90 年代，对区域间经济发展差距的问题经济学界有了进一步的认识，学者们意识到简单地判断区域经济差距是收敛或者发散并不符合现实，同时大量区域增长模型也被提出。在对 16 个工业化国家从 1870 年到 1978 年长期经济增长进行了实证性分析后，鲍默尔（Baumol，1986）证实地区之间存在一定的增长趋势收敛，这些地区通常具有相同的人力资本及市场开放程度，并因此提出了“俱乐部收敛”的概念。② 通过对美国及欧洲诸多发达国家进行实证研究，巴罗和萨拉—伊—马丁（Barro and Sala-I-Martin，1991，1992）发现在经济发展的过程中，区域经济发展趋同的趋势在发达国家的确存在，相对于发达区域，落后区域有着更快的经济增长速度，并且根据实证研究结果他们提出了两种不同的区域增长收敛模式。③④ 克鲁格曼（Krugman，1991，1995）则从微观角度出发，分析了外部性及以不完全竞争为前提条件的规模经济对经济增长的影响，并提出了与之前新古典经济学理论有所不同的新经济地理模型。克鲁格曼认为区域经济增长的收敛与发散的可能性都是存在的，但他更倾向于认为在地理位置上集聚的产业会引起区域增长发散，而政府需要用区域经济政策对这种

① Kaldor，N. The case for regional policies ［J］. Scottish Journal of political Economy，1970（18）：337 –348.

② Baumol，W. Productivity Growth，Convergence，and Welfare：What the Long – Run Data Show ［J］. American Economic Review，1986（76）：1072 –1085.

③ Barro and Sala-I-Martin. Convergence across States and Regions ［J］. Brookings Papers on Economic Activity，1991，106（2）：407 –443.

④ Barro and Sala-I-Martin. Convergence ［J］. Journal of Political Economy，1992，100（2）：223 –251.

区域增长的发散给予一定程度的干预。①②

通过研究欧洲共同体的国家经济发展情况，艾伦、伊尔和巴瑟（Allen, Yuill and Backther, 1989）发现，面积较大的国家经常使用选择性与自动性相结合的方法来调节区域差异，而面积小的国家通常选择具有选择性的区域政策。法瑟吉尔和盖伊（Fothergil and Guy, 1990）指出区域政策要达到调节区域经济差异的效果，必须先要对区域经济差异形成的原因有充分的了解，明确区域政策的目标，才能够在实施区域内最大限度地保留区域政策的各种激励效果，进而有效地影响区域差距。坦普尔（Temple, 1994）认为区域政策在满足三个条件的情况下才能够最大限度地影响区域经济差距，即被援助区域的企业能够通过区域政策提高可获利性；区域内企业通过税收优惠、转移支付、财政补贴等获得的各种额外收入必须要用于该区域内的附加支出；这些获利的企业应该将所获得的利润支付该区域内劳动力等生产要素的成本。③ 威廉·阿隆索（William Alonso, 1996）认为区域差距这个问题与国家整体生产率相比并不严重，很多国家尤其是发展中国家的政府和学者都过于关注区域间的差异，他建议国家政府将其注意力转移到提高国家的整体竞争力和综合实力上。阿姆斯特朗（Armstrong, 1997）、克维诺埃尔（Kervenoael, 2000）指出区域政策的效果往往有溢出效应，即对区域经济差距产生的好处能够外溢到其他的区域，从而会使区域政策的效果减弱。所以国家政府有强烈的冲动获取更多的权利来管理区域政策，进而介入制定区域政策及执行过程以使区域政策效应最大化。通过对斯洛文尼亚加入欧盟中实施的区域政策的效应进行研究，纳雷德和拉夫巴尔（Nared and Ravbar, 2003）得出在选择及运用区域政策工具的时候要注意全球经济一体化的趋势结论。具体采取什么样的区域政策要对目标区域的外部环境进行分析，还要考虑区域差距的自身特点，总而言之有效

---

① Krugman P. Geography and Trade [M]. Leuven: Leuven University Press, 1991.

② Krugman P. Venables A. Globalization and the inequality of nations [J]. Quarterly Journal of Economics, 1995 (110): 857 - 880.

③ Martin Temple. Regional Economics [M]. The Macmillan Press LTD, 1994.

的区域政策是建立在综合通盘考虑的基础上的。① 施内伦巴赫（Schnellenbach，2005）通过分权与集权对区域政策的实施效果的影响进行实证分析得出，相对于区域政策的集权化，分权化能够更深层次地认识区域问题，从而提高政策制定者对政策效应的控制程度。但是分权化具有较高的决策成本，区域政策的发挥会受到区域内部利益冲突问题的阻碍，进而会对区域政策实施效果产生影响。②

二、国内区域经济学发展脉络

关于中国特色区域经济发展思想的探析，国内学者做了大量的研究。通过对中国共产党历届领导人区域经济思想的历史背景、主要内容、基本特征和主要结论等进行分析研究，赵爽、贾友军（2001）认为这些区域经济发展思想的核心和主题都是为了实现全国均衡发展，最终达到共同富裕这一目标，其思想内核是一脉相承不断创新发展的；③ 通过考查分析不同历史时期中国共产党在区域政策、区域经济发展战略、区际关系的指导思想等，在具有影响力的《中国共产党区域经济思想研究》一书中，高伯文（2004）对中国特色区域经济思想的主要特点、体系内容和发展历史进行了系统阐述；④ 在对党的历届中央领导集体在不同历史时期提出的区域经济发展思想进行全面系统阐述之后，符宇忠、赵明（2003）揭示了这些区域经济思想是一脉相承的，同时在内在继承基础上又有与创新与发展；⑤ 吴传清（2006）在认真研究比较

---

① Nared J, Ravbar M. Starting points for the monitoring and evaluation of regional policy in Slovenia [J]. Acta Geographica Slovenica, 2003: 53 - 83.

② Schnellenbach J. Learning from Decentralised Policy - The Demand Side [J]. SSRN Working Paper Series, 2005.

③ 赵爽，贾友军．从毛泽东到江泽民：新中国区域经济发展思想的历史演变［J］．经济问题探索，2001（3）：4 -7.

④ 高伯文．中国共产党区域经济思想研究［M］．北京：中共党史出版社出版，2004.

⑤ 符宇忠，赵明．论毛泽东、邓小平、江泽民区域经济发展思想的传承与创新［J］．苏州大学学报，2003（2）：11 -15.

中国共产党历届中央领导集体的区域经济理论之后，对这些区域经济理论的主要内容、特色、产生背景和创新之处在《马克思主义区域经济理论研究》一书中进行了系统阐述，认为这些区域经济理论继承了马克思主义区域经济理论，并对其进一步发展；① 年士萍（2007）则从新中国成立以来各届领导人面对的历史环境出发，认为各个时期各具特色的区域经济发展模式，是党的历届中央领导集体对我国的区域经济发展战略进行艰辛探索之后得出的；② 刘霞（2007）对新中国成立以来党的领导人分别提出的均衡、非均衡、协调、统筹发展区域经济思想进行总结对比，认为历经四个阶段的区域发展思想之间既有内在的继承，也有根据不同时代进行的发展与创新；③ 郭丽（2008）从时代背景和具体内容入手分析了党的历届中央领导集体的区域经济发展思想，认为这些具有很大差异的思想的共同目标都是在提升综合国力的同时尽量缩小地区间发展差距并最终实现共同富裕，这些思想是环环相扣、一脉相承和不断与时俱进发展创新的；④ 对于当前的区域统筹经济发展思想，邹燕、符宇忠（2009）认为这是对中国特色区域经济发展思想的传承和创新，能够在更高层面上促进区域经济协调发展；⑤ 通过采用文献综述法，李群荣、朱梅（2011）比较全面、系统地对新中国成立以来党的历届领导集体发展区域经济的思路进行综述。⑥

新中国经济地理学的主要创始人孙敬之，早在新中国成立初期就强调生产力布局规律是经济地理学研究的中心任务。毛泽东在"一五"时期发表的著名的《论十大关系》中，清晰地表明生产力均衡布

① 吴传清．马克思主义区域经济理论研究［M］．北京：经济科学出版社，2000.

② 年士萍．建国后中国共产党区域经济理论思想的发展及启示［J］．上海党史与党建，2007（5）：19－25.

③ 刘霞．均衡·非均衡·协调·统筹——论我国区域经济发展思想的传承与创新［J］．经济师，2007（1）：38－40.

④ 郭丽．中国区域经济发展的理论与实践——基于四代领导人区域经济思想的分析［J］．山东省青年管理干部学院学报，2008（1）：120－123.

⑤ 符宇忠，邹燕．论区域经济统筹发展的保障条件［J］．理论界，2009（4）：54－56.

⑥ 李群荣，朱梅．新中国四代领导人区域发展观比较研究文献综述［J］．传承，2011（11）：14－15，29.

局是这一时期我国区域经济发展的指导思想。同时对于苏联区域经济学和生产力布局方面的论著，王守礼、周起业等学者也进行了翻译。在 1965～1977 年期间，面对日益严峻的外部威胁，“三线建设”逐渐成为我国区域发展的重点，我国生产力布局逐渐向西北、西南等大后方转移。李树桂认为这段时期推行的三线建设策略有效地加强了国防战备，促进了内地资源的开发、促进落后地区经济发展，但是弊端也同样明显，如超过当地客观条件的内地建设规模、对沿海工业改造利用的忽视等。①

改革开放以后，非均衡发展战略在邓小平根据中国当时面临的国际环境提出的逐渐开放沿海城市、成立深圳等经济特区、同时要处理好沿海与广大内陆地区发展关系的“两个大局”等伟大构想后，成为中国在这一时期区域经济发展思想的主要内容，同时大量的理论观点和学术建议也被我国理论界和学术界提出。20 世纪 80 年代针对区域经济发展的战略问题，梯度发展战略被夏禹龙、刘吉等（1983）提出；② 根据“空间结构理论”的基本原理，陆大道（1984）提出了由沿江、沿海经济带带动的“T”字形战略和点轴开发论；③ 同时，由沿江、沿海和兰新线、陇海线结合的“π”字形发展战略也被晏学峰（1986）和徐炳文（1987）在论文中提出；紧接着戴晔等（1988）在“π”字形发展战略基础上加上京广线组成一个“开”字，进一步提出“开”字形区域发展战略。④ “倾斜”的生产力布局战略在追求效率和赶超心理作用下，20 世纪 90 年代后非均衡发展战略又被刘再兴提到了学术讨论的前沿。同一时期，在沿黄河经济带基础上加上原有的“开”字形，杨承训等

① 李树桂．我国三线生产布局的基本特征［J］．中国工业经济研究，1992（3）：48－53.

② 夏禹龙，刘吉，冯之浚，张念椿．梯度理论和区域经济［J］．科学学与科学技术管理，1983（2）：5－6.

③ 陆大道．区域发展及其空间结构［M］．北京：科学出版社，1995.

④ 戴晔，丁文锋．试论陇海——兰新线在我国生产力布局中的主轴线地位［J］．开发研究，1988（2）：26－29.

(1990) 提出了“弗”字形发展战略;[①] 更进一步地，沿江、沿海、沿边、沿路的全方位的全面的“目”字形发展战略被张伦（1992）带入学术界的视野;[②] 之后魏后凯（1995）根据中国实际情况，在非均衡发展理论的基础上进一步提出了在点轴理论上延伸而来的网络开发理论以及相应的非均衡协调发展战略;[③] 同时，针对广大中部地区崛起面临的问题，张培刚（1997）提出了后来被冠以“牛肚子理论”的中原崛起发展战略;[④] 同时期较有影响力的理论还有由刘宪法（1997）提出的菱形发展战略,[⑤] 由曾坤生（2000）根据新时代区域间协同发展思路和布局而提出的区域间经济动态协调发展战略,[⑥] 厉以宁（2000）根据中心发展理论结合中国发展实际提出的中心辐射战略。

关于我国区域经济版图划分问题，很多学者从不同角度出发提出了不同的划分标准。从区内近似性和区间差异性的角度出发，刘再兴(1985) 把全国划分为东南沿海、华中、西南、东北、西北、华北六大经济区;[⑦] 把全国区域划分为西藏、黄河流域、东北、长江流域、新疆、南方六个经济区的陈栋生（1986），则是从横向经济联合的角度出发;[⑧] 从区域差异和经济协作的角度出发，杨树珍（1990）将全国区域划分为新疆、华南、东北、内蒙古、华中、西北、华北、西藏、华东、西南十个经济区；将全国划分为青藏高原拉萨、华中武汉、西北西安、华东上海、外西北乌鲁木齐、西南重庆、东北沈阳、华北京津、东南沿海广州九大城市经济区的顾朝林（1991），则是从城市经济的角度出发

---

① 杨承训，阎恒．论“弗”字形网络布局和沿黄——陇兰经济带［J］．开发研究，1990（4）：31－37.

② 张伦．我国对外开放的“目”字形格局［J］．开发研究，1992（3）：11－14.

③ 魏后凯．区域开发理论研究［J］．地域研究与开发，1988（1）：16－19.

④ 张培刚，方齐云．经济发展与二元经济的改造［J］．求是学刊，1997（2）：35－40.

⑤ 刘宪法．中国区域经济发展新构想——菱形发展战略［J］．开放导报，1997（Z1）：46－48.

⑥ 曾坤生．论区域经济动态协调发展［J］．中国软科学，2000（4）：120－125.

⑦ 刘再兴．综合经济区划的若干问题［J］．经济理论与经济管理，1985（6）：45－49.

⑧ 陈栋生．地区经济发展战略研究中的几个问题［J］．青海社会科学，1986（6）：24－31.

进行划分；[①] 从地理区域角度出发，杨吾扬等（1992）把我国划分为东北区、山东区、中南区、大西北区、京津区、四川区、晋陕区、西南区、上海区、东南区十大经济区；[②] 同时期的邹家华（1992）在前人基础上提出了不同的划分标准，他提出将全国划分为七大经济区，依次为东南沿海地区、东北地区、西南和华南部分省区、环渤海地区、西北地区、中部省区、长江三角洲及沿江地区七大经济区；[③] 胡序威（1994）又提出了将全国划分为六大经济区的构想，这六大经济区依次为华南区、东北区、西南区、西北区、东中区、华北区。[④]

进入21世纪后，胡锦涛提出要解放思想，坚持改革开放，推动科学发展，促进社会和谐，促进经济社会协调发展和人的全面发展，并根据中国区域经济发展的实际情况提出了科学发展观，即以人为本，全面、协调、可持续的发展观，统筹区域协调发展成为中国这一时期区域经济发展思想的主要内容。从我国区域发展的不同角度，学术界和理论界也对此进行了相关研究。王梦奎（2004）在认真研究统筹发展观后认为把握好“两个大局”、促进区域间共同发展是统筹区域发展思想的实质与核心。[⑤] 胡乃武等（2004）认为，政府通过有目的的宏观调控来协调区域间发展中遇到的问题进而促进区域经济发展是统筹区域发展的主要内容，他们还据此提出统筹解决各类患有衰退病、萧条病、落后病、膨胀病的问题区域，不断对现有区域政策进行完善，促使区域间加强合作，在发展中相互支持，最终形成共同发展的区域统筹发展格局。[⑥] 胡鞍钢（2004）认为，在协调全国区域经济全面、协调可持续发展的过程中，要坚持“以人为本”这一统筹发展战略的核心理念；“共

---

① 顾朝林．中国城市经济区划分的初步研究［J］．地理学报，1991（2）：129－141.

② 杨吾扬，梁进社．中国的十大经济区探讨［J］．经济地理，1992（3）：14－20.

③ 邹家华．邹家华副总理在全国建设工作会议上的讲话［J］．建筑经济，1992（1）：4.

④ 胡序威．加强对区域和城市发展的规划与调控［J］．城市规划，1994，18（2）：1－5，62.

⑤ 王梦奎．关于统筹城乡发展和统筹区域发展［J］．管理世界，2004（4）：1－8，29.

⑥ 胡乃武，张可云．统筹中国区域发展问题研究［J］．经济理论与经济管理，2004（1）：5－14.

同富裕”是统筹区域发展战略的根本目的，因此共同发展、共同分享的思路应该贯穿到区域发展实践中去。他还认为中国正处在从“沿海有限发展”的第一代区域发展战略向“统筹区域发展”的第二代战略的转变过渡期。[①] 陈宣庆等（2007）认为，在科学发展观这一全新的发展理念作为理论指导、依托政府管辖范围的各种资源并有相应的制度作为实施保障的统筹区域协调发展战略，能够将社会资源有效整合的同时让各个区域的比较优势得到充分发挥，在逐步协调各个区域关系的基础上合理控制区域间的发展差距，最终使各种类型区域的经济社会得到全面发展。[②]

周毅仁（2005）研究了现阶段中国特色区域经济发展中的问题，认为国家在“十一五”期间应使区域经济发展类型重新划分，区域规划编制工作得以开展及区域发展的相关政策和法律法规得到不断完善，使区域经济得到协调统筹发展。[③] 安树伟等（2008）通过对“十一五”期间我国各地区发展情况进行研究，发现各地区之间的发展差距在此期间有所缩小，但未能从根本上改变区域经济非均衡发展这一基本格局。在此期间振兴东北老工业基地的政策效应还未完全释放，但广大中西部地区保持了良好的发展势头。同时我国在今后一段时期内区域经济发展的重点将是协调区域间经济发展的政策不断完善，使区域间经济一体化进程加快，不断缩小地区间的差距。[④] 杨荫凯等（2009）从全国整体发展角度出发，认为我国区域经济在“十一五”期间保持着平稳较快发展的这一趋势没有变，并建议政府要在“十二五”时期继续努力攻坚克难，使区域总体发展战略较好地贯彻落实，全方位多层次的区域合作要积极开展，重点地区的区域规划要继续推进，区域协调发展机制要不

① 胡鞍钢．从“以物为本”到“以人为本”是个战略转向［J］．政工研究动态，2004（7）：16.

② 陈宣庆．促进环渤海地区区域合作和共同发展［J］．港口经济，2007（5）：6－8.

③ 周毅仁．“十一五”期间我国区域规划有关问题的思考和建议［J］．地域研究与开发，2005（3）：1－5.

④ 安树伟，郁鹏．“十一五”以来我国区域经济运行态势及未来政策取向［J］．西南民族大学学报（人文社科版），2008（10）：65－71.

断完善，多极带动的国土开发格局要加快建立，贫困地区的经济要得到不断发展。[①] 魏后凯等（2010）通过对区域经济发展进行研究，发现区域发展差异在中央政策的大力支持下呈现出由扩大转变为缩小的趋势，同时各区域间经济增长态势也趋于相对均衡，同时期对广大农村进行扶贫的工作也取得了重大成效。他们认为中央应该在“十二五”期间对区域发展总体战略进行进一步优化，分别对主体功能区和关键问题要结合地区实际施行有针对性的区域调控政策和相应的援助帮扶政策。[②] 汪阳红等（2010）认为，我国在“十一五”期间不断提高经济活动的空间聚集度，对各类问题地区的资金和政策支持也不断增加，不断加快区域分工和合作的步伐，使我国区域经济发展差距扩大的趋势得到了缓解，但东西部地区互动关系不强，经济、人口和资源环境之间的失衡不断加剧，基本公共服务水平在区域间的差距扩大等系列问题仍然存在。他们认为我国在接下来的“十二五”期间，应尽快培育新的区域增长极为区域经济发展提供新动力，同时要建立相应的区域政策和制度，促使不同区域间协调互动发展，并使区域间基本公共服务朝着均等化方向不断迈进。[③]

马克林（2017）指出，“十三五”时期我国区域经济面临着全球经济地理结构变革、人口老龄化和劳动力减少以及城乡二元结构矛盾变化等方面的挑战，因而要加快构建支撑区域经济持续增长的新格局。[④] 赵勇和魏后凯（2015）运用2003～2011年中国16大城市群的面板数据，考察了城市群空间功能分工与地区差距之间的关系，并进一步检验了区

---

① 杨荫凯，张明强．“十二五”时期促进区域协调发展的基本思路与政策建议［J］．中国经贸导刊，2009（19）：6－8.

② 魏后凯，邬晓霞．“十二五”时期中国区域政策的基本框架［J］．经济与管理研究，2010（12）：30－48.

③ 国土开发与地区经济研究所课题组，汪阳红，袁朱．“十二五”时期促进我国区域协调发展的重点任务和政策建议［J］．宏观经济研究，2010（5）：3－15，81.

④ 马克林．“十三五”时期我国区域经济发展的新机遇与新挑战［J］．改革与战略，2017（11）：83－86.

域政策的有效性。[①] 刘炜等（2016）则对“十三五”期间我国区域经济学热点问题进行了系统梳理与归纳。[②]

随着精准扶贫成为区域经济学领域的一个研究热点问题，国内学者对包括精准扶贫的内涵、扶贫要面临的难度与挑战、相应的扶贫政策和扶贫方式、国内外相关的扶贫模式和实践经验等在内的问题进了多角度探讨。同时经济学界也对“一带一路”建设、京津冀协同发展和长江经济带建设问题进行了深入研究。

第三节 传统区域经济发展理论

一、区域经济发展理论

（一）区域经济增长理论

1. 哈罗德—多马经济增长模型

哈罗德—多马经济增长模型即哈罗德—多马模型，1929～1931 年大危机之后不久，哈罗德和多马基于凯恩斯理论，分别提出了著名发展经济学中的经济增长模型，而这个理论被很多经济学家认为不是经济增长理论的正统理论。

哈罗德—多马模型认为，一个国家的经济增长率与储蓄率成正比，与资本—产出比率成反比。此外，哈罗德—多马模型中，将经济增长率分成实际、自然和均衡三个增长率。现实达到的社会经济增长率是实际增长率，哈罗德提出的有保证的增长率是均衡增长率。均衡增长率所对

---

① 赵勇，魏后凯．政府干预、城市群空间功能分工与地区差距——兼论中国区域政策的有效性［J］．管理世界，2015（8）：14－29.

② 刘玮，李逸飞，李静．“十三五”时期中国区域经济学热点问题的研究动态［J］．区域经济评论，2016，4（4）：121－127.

应的是投资者满意的资本—产出比率和储蓄率。

哈罗德认为，实际和均衡两个增长率都发生偏差可能会导致经济短期波动。而自然和均衡两个增长率发生偏差则会导致经济的长期波动，而且还会造成自我加强的趋势。哈罗德—多马经济增长模型强调对资本积累的作用，形成了增长经济学中的资本决定论，此理论促进了许多国家的经济增长。然而由于过分强调政府干预和资本的作用，假定资本—产出比不变，所以受到了经济学家的严厉批评，其还认为经济增长的唯一元素是资本积累，此观点经过经济增长的实践被证明过于片面，后来逐步失去了在经济增长理论中的主流地位。

2. 索洛—斯旺的增长模型

索洛的新古典增长理论是现代经济增长理论的奠基石。索洛假设在一个完全竞争的经济环境里，增加投入资本和劳动会引起产出的增长，而新古典生产函数证明资本边际产出递减，条件是劳动供给不变。完整的一般动态均衡模型形成的前提是人口增长率不变、这一生产函数与储蓄率不变、技术进步不变的假设结合。索洛模型强调单纯物质资本积累带来的增长极限，强调资源的稀缺性，这一思想的体现是在技术进步不变条件下人口增长率不变的稳态零增长。

在哈罗德—多马模型里，设三个比率为主要参数，其分别为储蓄率、资本—产出比率和劳动力增长率。索洛提出，这几个参数如发生轻微偏离，就会引起失业人数增多或者长时间通货膨胀的后果。哈罗德则认为，这种平衡是以保证增长率和自然增长率的相等来支撑的。保证增长率取决于企业和家庭的储蓄与投资的习惯，而自然增长率取决于劳动力的增加，而且是在技术不变的情况下。

索洛指出，保证增长率和自然增长率之所以存在脆弱平衡的关系，主要是由于在哈罗德—多马模型中，假设生产中的劳动力与资本比例是不变值，劳动力不能取代资本。倘若不这样假设，保证增长率和自然增长率之间的平衡也就不会存在。基于这一条件，索洛建立的长期增长模型是建立在假设没有固定生产比例的基础上。

（二）区域均衡发展理论

区域均衡增长理论主要包括新古典主义区域均衡发展理论和发展经济学均衡增长理论两个理论。索洛—斯旺的增长模型是新古典区域均衡发展理论的主要成果，而发展经济学的均衡增长理论主要成果包括罗森斯坦—罗丹的“大推进理论”、纳克斯的“贫困恶性循环理论”、赖宾斯坦的“临界最小努力命题论”等。

1. 大推进理论

大推进理论是均衡发展理论中具有代表性的理论，此理论主要由英国著名发展经济学家罗森斯坦—罗丹提出。罗森斯坦—罗丹在1943年发表《东欧和东南欧国家工业化的若干问题》文章，并提出大推进理论。该理论假设发展中国家使用一定规模的投资一直支持发展多种产业，这些投资帮助产业突破发展困境，从而推动国家经济全面高速增长。

取得外部经济效果是大推动理论的目的。外部经济效果包括投资相关联的工业部门，创造消费市场，这样发展中国家就不会因为国内市场狭小而影响经济发展速度；也包括一起投资互相补充的产业部门，这样可以降低生产成本，增加收入，从而增加社会储蓄资金，国家就拥有可以进行再投资的资本，在供给方面减少阻碍经济发展的障碍。因此，投资相关产业部门所带来的外部经济效果，除了可以增加企业的收益，还可以增加整个社会净产品。

同时，国内与国际投资给推进大推动提供了所需要的资本。然而同时投资相关几个产业部门，是需要大量的资金的。所以罗森斯坦—罗丹着重注意强调最小临界投资规模，意思是地区经济发展不能盲目发展。对于发展中国家或落后地区来说，投资资金从哪里来呢？罗森斯坦—罗丹认为主要从国内和国际来寻求。在国内，充分利用一切可以利用的资本来加大投资，但前提是不降低原有消费水平，不然会适得其反。在国际上，国际投资和引进资本仍然是发展中国家或地区工业化的主要资金来源，而如果只依靠国内资本，经济不可能得到发展。

大推动应把重点投资对象定位于基础设施和轻工业部门，不能重点集中投资整个国民经济的所有部门，而是投资几个相互补充的产业部门。对于处于工业化初期的发展中国家或地区来说，不能把发展投资对象定位于重工业部门，因为从长远利益来看，还是应重点投资基本设施和轻工业部门。

必须由政府主持大推动进程，而不能依靠市场来调节组织实施。因为投资的目标不是取得利润，而是达到取得外部经济效果的目的。另外必须由政府来承担，因为投资数额巨大，基础设施投资周期长。

虽然大推动理论帮助发展中国家或地区解决了工业化发展过程中的问题，但也存在不足之处。在实际中，大推动理论的立论基础出现了某种程度的可分趋势，而且忽略了客观存在的比较优势和专业化分工。而且在理论实践过程中，大推动所需巨额资本根本无法筹集。发展中国家人均收入水平本来就低，资本无法聚集，寻求国外支持也很难得到保证。大推动理论忽视发挥市场经济的自调节资源作用，而夸大了计划经济的作用，所以其理论发展存在局限性，而在发展实践中也没有成功的国家或地区案例。

2. 贫困恶性循环理论

该理论由美国著名经济学家纳克斯于 1953 年在《不发达国家的资本形成》一书中提出。纳克斯认为，对于发展中国家来说，匮乏资本是阻碍经济发展的关键原因。纳克斯认为贫困恶性循环主要存在着供给和需求两个方面。从供给方面看，恶性循环存在于资本形成，低收入的人储蓄力低，储蓄力低导致资本稀缺，进而影响生产率的提高，又一次造成低收入，形成一个循环；从需求方面看，又存在另外一个循环，低收入的人缺乏购买力，从而导致投资不足，投资不足又会影响社会生产率，低生产率造成低收入，形成又一个循环。两个循环互相作用，使经济发展不能实现增长。

所以，发展中国家要实现经济增长，必须打破两个恶性循环，就要进行大量全面的投资。调动各个工业产业相互投资，使各部门争取利益，集聚资本进行再投资，摆脱恶性循环。

（三）区域非均衡发展理论

1. 增长极理论

法国经济学家弗朗索瓦·佩鲁于20世纪50年代提出增长极这个概念。该理论打破了新古典传统经济的均衡发展理论分析，发展了区域经济发展理论。该理论反对均衡增长，主张区域经济的增长是非均衡的。通过引入空间变量丰富了抽象经济学分析的内容。佩鲁提出在一些增长点或增长极上，经济出现不同量的增长，不同量增长持续发挥作用，带动整个国民经济发展。少数地区经济发展带动其他地区经济发展。

增长极理论得到了十分广泛的应用。许多国家应用增长极理论发展区域经济，特别用于加快落后地区经济发展。但通过一些国家的发展实践，收效不明显或是完全失败。增长极理论的应用是必须具备一定区位发展条件的，而这些区位发展条件正是这些经济落后地区所欠缺的。增长极理论中，在区域发展规划中，需进一步解决增长极的数量、起始规模、合理规模、内部产业配置以及结构优化等问题。对于一个国家或者地区来说，确定增长极与主导产业选择两者关系、现存城市体系与规划增长极以及实现增长极的区域条件等问题都有待进一步完善和深入研究。

2. 核心与边缘理论

美国著名经济学家约翰·弗里德曼长期研究发达国家及不发达国家的空间发展规划并提出了著名的“空间规划”理论，考虑到区域间存在较长期不平衡的演变趋势，他将经济空间结构划分为核心和边缘两部分。他认为，所有地方不会同时出现经济发展，而一旦某地区出现经济发展，在集聚经济效应巨大作用下，各种经济发展所需要素将会向该地区集聚，而集聚的这些经济要素则促进该地区的经济快速发展，形成具有雄厚经济发展资本的核心区，与核心区相对应的附近的较落后地区被称为边缘区。两种不同方向的作用同时存在于核心区与边缘区之间，赫希曼称这种作用为极化效应和涓滴效应。在发展形成过程中，极化效应往往会大于涓滴效应，因为市场作用通常会扩大区域间的经济发展水平差异。

弗里德曼认为，一个国家或地区的经济、社会和政治发展水平与核心与边缘空间不平衡程度有很大关系。弗里德曼在构建核心与边缘理论的基础上，以制度背景、产业特征和空间结构为标准，将区域经济发展过程分为资源配置时期、核心边缘区时期、工业化成熟时期、空间经济一体化时期这四个主要时期。

弗里德曼拓展了区域非均衡发展理论研究，反映在 20 世纪 70 年代初，区域理论研究开始将文化、政治等因素引入区域空间研究，打破了仅限于经济范围的城市和区域发展的研究，提出在地区间及地区内经济中心和其他地区，会出现形成不平等地区的经济发展的不平等，这种不平等更重要的是造成了区域间竞争机会和竞争能力的不平等，不仅意味着人均收入和社会方式等发展水平上的差距，而且这种不平等是处理地区关系所必须正视的重要问题。但是，这一理论因涉及条件太多而影响实证研究的效果，不可能迅速建立精确完整大规模的模型来进行研究该理论。

（四）区域经济发展阶段理论

1949 年，美国区域经济学家埃德加·胡佛与约瑟夫·费希尔发表了文章《区域经济增长研究》。他们从制度背景和产业结构出发，认为任何区域的经济发展过程都相类似，都存在“标准阶段次序”。由此，他们将区域经济发展划分为自给自足经济阶段、乡村工业崛起阶段、工业化阶段、农业生产结构转换阶段、服务业输出阶段这五个阶段。而在服务业输出这个阶段，拉动区域经济继续增长的主要是技术、资本、专业性服务三个因素的输出。而处于服务业输出阶段的区域将会向不发达区域输出发展所需的资本和服务。

1960 年，美国经济史学家惠特曼·罗斯托出版了《经济增长的阶段：非共产党宣言》，分析方法是部门总量，标准为主导产业、制造结构和人类的追求目标，在研究了已经完成工业化的几个发达国家的经济发展过程基础上，探讨分析了区域经济发展的阶段性规律，认为一个国家或区域的经济增长经历传统社会阶段、起飞准备阶段、起飞阶段、成熟阶段、高额消费阶段五个阶段。[①] 罗斯托在 1971 年出版的《政治与增长阶段》中又提出第六个追求生活质量阶段。罗斯托认为，最后两个阶段是这六个阶段中最关键的两个阶段。

在第三个阶段，资本积累和经济增长经历量变到质变的变化，缓慢的经济增长速度进入快速持续的增长阶段。罗斯托认为，发展第三个阶段是一个具有重要决定性意义的转变时期，类似于传统社会发展到现代社会的分水岭。起飞阶段，人均国民收入高速增长，农业技术更进一步提高，资本在部门间的转移加快；交通运输业和近代工业成为推动经济增长的主导力量。最后一个阶段是追求生活质量，在这一阶段对第三产业提出了更高的要求。提高生活质量和提供劳务的服务部门成为推动经济增长的新的主导部门，替代了生产耐用消费品的部门。人类衡量一个区域发展程度以生活质量的增进程度为标准。

罗斯托的经济增长阶段理论指导了发展中国家战略模式选择。罗斯托理论采用的部门总量分析方法，创新发展了发展经济学。对研究发展中国家的经济发展有很大的启示作用，对于划分和分析区域增长阶段具有重要的参考价值。但罗斯托经济增长阶段理论认为所有国家都选择同样的经济发展模式，都遵循同样的发展路径。但事实上，各国发展道路不可能完全一致。所以此理论是否适用于所有发展中国家国情，还有待进一步实践检验。

1841 年，德国经济学家李斯特出版的《政治经济学的国民体系》书中，将区域经济发展划分为五个阶段：未开化阶段、畜牧阶段、农业阶段、农工业阶段以及农工商阶段。在此书中，李斯特以生产部门的发展状况为标准。[②]

---

① W·W·罗斯托著；郭熙保，王松茂译．经济增长的阶段：非共产党宣言［M］．北京：中国社会科学出版社，2001.

② 弗里德里希·李斯特著；陈万煦译．政治经济学的国民体系［M］．北京：商务印书馆，1961.

二、现代区域经济发展理论

（一）新增长理论

新增长理论分为两个发展阶段。第一阶段，1986 年保罗·罗默的《收益递增与长期增长》和 1988 年卢卡斯的《论经济发展机制》是其代表作。第二个发展阶段代表作是保罗·罗默 1987 年的《基于由专业化引起收益递增的增长》和 1990 年的《内生的技术变化》这两篇论文。前者考察经济增长的环境是假设完全竞争，而后者是研究垄断竞争条件下的经济增长。

从 20 世纪 80 年代开始，保罗·罗默发表了一系列关于经济增长的论文，在西方经济学界产生了广泛的影响，成为新增长理论的主要代表人物。1986 年，罗默提出了第一个新增长理论模型，并给出生产使收益递增的结论。罗默的知识溢出模型是一个用规模收益递增、知识的外部性来解释经济增长的模型。

卢卡斯的人力资本溢出模型是另外一个重要的内生增长模型，提出用人力资本的溢出效应解释技术进步和积累人力资本促进经济增长。罗默建议政府应资金补助研究开发活动促进经济增长。卢卡斯则认为政府想要促进经济增长，应资金补助人力资本。

新增长理论将技术进步纳入经济增长理论，并纳入经济增长研究范围之内，突破了新古典增长理论研究。新增长理论可以解释例如各国经济增长率存在多差异方面的经济增长事实。新增长理论为各国政府制定促进经济增长的政策提供了一定的参考。新增长理论逐步成为西方主流经济学的重要组成部分。但新增长理论仍然存在假设条件过于严峻、忽略了经济制度、分析方法存在问题等缺陷。从某种意义上说，新增长理论发展了新古典增长理论，但进步却是有限的。

（二）区域经济一体化理论

区域经济一体化一般是指两个或两个以上国家或地区地理位置相邻，通过制定共同或协调的社会经济政策，为了获取区域内国家（地区）间的经济互补效应和集聚效应的目的，为了使成员国的产品或要素在区间内自由流动。区域经济一体化发展可分为自由贸易区、关税同盟、共同市场、经济同盟和完全经济同盟这五种从初级到高级的形式。欧盟、亚太经合组织、北美自由贸易区是最具代表性国际区域经济一体化的实践模式。欧盟是第一个全面一体化组织，亚太经合组织具有独特的协调方式，北美自由贸易区是发达国家和发展中国家组合建立的第一个区域经济一体化组织。此理论对我国加快实现国内经济一体化和参与国际经济一体化都有一定的指导意义。

区域经济实现一体化是当前主要趋势之一，第二次世界大战以后获得了快速发展。区域经济一体化的理论有不同的架构方法，是一个复杂而综合的体系。按照国际经济一体化的组织形式，英国经济学家彼得·罗伯逊认为应由完全的经济一体化理论、自由贸易区理论、共同市场理论、关税同盟理论和经济同盟理论共同构成区域经济一体化的理论体系。2001 年，我国学者陈岩提出应由贸易一体化理论、对外直接投资理论、一体化的政治经济学、金融货币理论和对外直接投资理论构成国际经济学的理论体系的观点。① 1999 年，学者田青将区域一体化理论划分为大国和小国一体化理论两种理论模式，依据是各种区域一体化组织对整个世界的影响力大小。② 20 世纪 50 年代以来到 80 年代中期之前所形成的区域一体化理论，属于传统理论分析框架，因为这一阶段的一体化理论和传统的主流国际贸易理论都以完全竞争、要素不流动、产品同质等为假设前提。20 世纪 80 年代末期以来所形成的一体化理论是现

---

① 陈岩．国际收支平衡周期论——展望亚洲国家国际收支平衡长期趋势［J］．国际贸易，1997（9）：52－53.

② 田青．国际一体化经济学理论发展概况［J］．国外理论动态，1999（5）：3－5.

代区域经济一体化分析框架，理论基础为现代主流经济学的新贸易理论、新增长理论和新经济地理学，假设前提为规模经济、要素的自由流动、不完全竞争。

目前区域经济一体化研究包括三个方向：一是研究把关税联盟理论扩展到其他的一体化形式中去；二是研究一体化协议中贸易条款影响；三是分析不完全竞争、规模经济和非关税壁垒纳入对基本模型影响的理论。

（三）新经济地理学理论

2008 年，克鲁格曼因“对贸易模式和经济活动区位的分析”被授予了诺贝尔经济学奖，大众开始关注新经济地理学。世界银行于 2009 年以“重塑经济地理”为题展开年度世界发展报告。新经济地理学诞生的标志是克鲁格曼于 1991 年出版的《地理与贸易》，新经济地理学被主流经济学界承认始于 2008 年克鲁格曼获得诺贝尔经济学奖。

研究生产、经济活动区位的理论是新经济地理学的本质，也有经济学家将古典区位理论作为新经济地理学的理论源头。杜能在《孤立国》中提出的农业区位论是可以追溯到的最早关于生产区位理论的系统研究。和传统的理论相比较，新经济地理学具有以下四个基本特征：假设规模收益递增，市场结构拥有非完全竞争的特点；该理论使用的一般均衡建模使其区别于传统的经济地理学和区位理论；不同区位之间的生产要素和消费者可移动性是集聚产生的前提；交通成本的存在使得区位的重要性得以显示。克鲁格曼在《空间经济学：城市、区域和国际贸易》一文中，使用了动态演化、冰山运输和数值模拟。虽然新经济地理学的提出实现了经济理论创新，但也有一些不足之处。

克鲁格曼获得诺贝尔经济学奖后，新经济地理的内涵虽不同于正统经济地理，但也被越来越多的人认识和了解，使经济学家开始注意地理和空间，推动了传统经济地理学的发展，也为经济学家和地理学家创造了交流条件。克鲁格曼也因此在 2010 美国地理学年会上，获得了荣誉地理学家荣誉，在一定程度上说明了学术界对克鲁格曼及其新经济地理学的认可和接受。

（四）区域经济可持续发展理论

1987 年，世界环境与发展委员会发布的《我们共同的未来》报告将可持续发展定义为满足当代人需要而又不损害后代人满足其需要的能力的发展。此报告还提出了经济可持续发展是发展的核心，为可持续发展提供物质保证，提供解决可持续发展问题的方法。虽然经济发展不完全是经济增长，但实现经济发展依赖于经济增长。实现世界范围内经济可持续发展，离不开发展中国家或地区对发展经济的大力支持，但前提是发展中国家或地区经济发展过程中不断扩大的资源消耗不影响到世界可持续发展。只有实现了发展中国家或地区的经济发展，才能实现世界经济可持续发展目标。

英国经济学家巴贝将经济可持续发展定义为“在保持自然资源的质量和其所提供服务的前提下，使经济发展的净利益增加到最大限度”。这是一个从经济角度出发的可持续发展观，是根据成本和收益的比较，其前提是保护自然资源。经济发展净利益包括社会和物质利益两个方面。从经济发展角度出发，可持续发展思想和经济可持续发展的核心一致，可持续发展离不开经济，可持续发展提供的物质基础。但实现经济可持续发展不光属于经济发展问题，还涉及与经济发展相联系的社会、环境、资源各方面，脱离社会环境谈发展，经济可持续发展就无从谈起。

区域经济可持续发展理论完善了区域经济发展理论。现在，人们往往只是提出了一些可持续发展的某一原则，如，集约型经济增长原则、梯度推进的循环经济原则、公平发展原则以及严格的终端污染控制原则，等等。但事实上，这些都是区域经济可持续发展理论的基本原则，不能一成不变执行这些原则，因为这些原则都需具备一定的适用条件，而这些适用条件问题，以往的研究并没有进行深入的研究。也就是说，具体的区域决定最终适用条件，不同区域的经济可持续发展路径可能是不同的，发展执行标准也是不同的。因为实践区域经济可持续发展理论需经历由梯度发展的渐进过程，而具体的发展过程必须要根据地区经济特点和发展阶段具体问题具体分析。

第四节　区域经济均衡发展与非均衡发展理论

对于区域经济发展不平衡问题，国内外学者进行了深入的研究，提出了一系列理论成果。由于西方发达国家经济发展较早，所以区域不平衡问题早在20世纪初就涌现了出来。随着这一问题的产生，西方学者很早就对此进行了深入的研究，理论成果丰硕。相比之下，新中国经济发展起步较晚，关于区域经济差异的理论研究落后于西方学者。在一定程度上，国内学者对于国内区域经济差异的分析大都是直接应用西方的相关理论和方法。尽管国内学者在理论创新上建树较少，但他们对中国本土区域经济差距深入细致的分析，为我们进一步深入了解区域经济差距奠定了坚实的基础。

通过整理西方学者关于区域经济差异的相关研究，我们发现相关的理论主要分为两大类：区域均衡发展理论和区域非均衡发展理论。其中区域均衡发展理论强调部门或产业间的均衡发展及区域内部或区域之间各地区的平衡、同步发展。该理论由几个比较有代表性的理论组成：赖宾斯坦提出的临界最小努力命题论、纳尔逊针对发展中国家的低水平均衡陷阱理论、罗森斯坦—罗丹从投资方面出发提出的大推进理论、平衡增长理论以及纳克斯从经济增长角度提出的贫困恶性循环理论。赖宾斯坦认为，如果一个国家想要经济增长得以持续，必要条件就是在其一定时期内被给予大于最小临界规模的增长刺激，从而使该国能够打破低水平均衡状态。纳尔森认为，贫穷国家较低的人均收入仅够维持温饱，这种低水平的人均收入使该国的储蓄和投资水平受到了限制。为打破这种限制就应采取措施提高国民收入进而使储蓄和投资增加。但这些措施通常会导致人口增长，人口的增长反过来又会抵销投资增加的效应。因此，一个国家必须采取措施使人均收入增长率超过人口增长率才能最终打破贫困魔咒。同时，在大推进理论中，罗森斯坦认为发展中国家要想突破其发展瓶颈，资金上应以一定的速度和规模投资于各产业。纳克斯则认为，由虚弱的储蓄能力和投资力不足造成的资本缺乏构成了阻碍贫穷国家取得经济增长的关键因素，因而平衡增长是增强投资引力的一种必要方法。

显然，均衡发展理论存在很多缺陷，比如，对于不发达区域来说，在经济发展初期，由于缺乏足够的资源，很难推动各区域均衡发展。均衡发展理论与发展中国家的客观现实差距太大，无法为区域发展提供现实指导意义，从而非均衡发展理论顺势而生。

非均衡发展理论主要包括：不包含时间变量的循环累积因果论、不平衡增长论、增长极理论、中心—外围理论及区域经济梯度推移理论；具有时间变量的威廉姆逊的倒“U”型理论。冈纳·缪尔达尔的循环积累因果论认为从空间上来看某些地区由于初始优势会比其他区域超前发展，也就是说经济的发展过程在时间上并不同步，同时向各方的扩散也不是均匀的，从而导致区域发展的不平衡。而且在市场机制下，发达区域会更发达，落后区域会更落后。从时间角度出发阿尔伯特·赫希曼的不平衡增长论则认为各个地区的经济进步出现的时间并不一致，同时各地区间的经济增长将会在经济进步的巨大推动力之下集中围绕在最先出现经济增长的地区，这样增长极的出现就不可避免，从而导致区域经济不平衡发展。佩鲁在其增长极理论中从抽象经济空间出发，认为各个部门的经济增长不会同时出现而且强度也会不同，也就是说经济增长会在一些部门首先通过不同的渠道向外进行扩散，进而影响到整个经济。弗里德曼的中心—外围理论构建了一个包含具有优越发展条件的中心部分和发展条件差的外围部分的二元的经济系统空间结构，其中中心部分处于支配地位，而外围地区则处于被支配地位。区域经济梯度推移理论从产业结构状况出发，认为处在一定经济发展梯度上的每个国家或地区都存在“工业区位向下渗透”现象，即在发展过程中出现的新技术、新产品及新行业，都会出现随着时间推移由高梯度地区向低梯度地区传递的趋势。威廉姆逊的倒“U”型理论通过截面和时间序列的实证分析，证实了发展阶段与区域差异之间倒“U”型的关系。上述的区域非均衡发展理论表明，区域经济在二元经济条件下其发展轨迹非均衡的必然性，但需要指出的是一个国家或地区不断提高的发展水平将必然使其二元经济过渡到更高水平的一元经济即区域经济一体化。

近年来，国外学者对区域经济差异的研究主要集中在地区差异的构成与分解、经济增长的收敛性是否存在，以及对经济增长理论的最新相关研究成果进行消化吸收，并以此对区域经济发展中面临的实际问题进行分析和实证研究等。

国内学者在引进国外相关理论的基础上，结合中国具体实际，深入分析探讨了一系列区域发展问题。国内学者对区域经济差异研究的目标区域已经不再局限于以往的沿海与内地、三大地带及国内各省级行政区之间，部分学者开始以更小的尺度来探讨区域经济差异。在区域经济差异测度方面，国内学者采用的测度指标和测度方法日益多样化，更能够全面细致地反映区域间经济发展差异的现状及成因。

第二章

我国区域经济发展历史变迁及现状分析

第一节 我国区域经济发展的历史变迁

由于地域和历史等原因，我国区域经济的发展历经了一系列变迁。从历史跨度来看，经济中心经历了由西向东的演进；就近现代而言，区域经济的发展呈现出由非均衡发展向均衡发展的趋势。

一、我国区域经济中心的东移

中西部拥有悠久的历史，孕育了最早的中华文明。从中华文明的发端到秦汉和盛唐的三千多年时间里，中西部地区一直都是古代中国经济、政治和文化的中心。在唐朝以前，主要存在的是农耕经济，只要存在黄土地能够养活人口，且城池便于防守，便可定为都城。因而，中西部地区因其便于防守的军事优势，一直占据着中国政治、经济、文化中心的地位。到了公元904年，朱温“挟天子以令诸侯”，逼迫唐昭宗迁都洛阳，并派人把长安的宫室、官府和民屋全部拆光，把材料运到洛阳，并逼迫城中的所有官吏和百姓一起搬到洛阳。于是，长安这座延续了十多个世纪辉煌的都城不复存在了，这也标志着从此以后中国的政治、经济和文化中心开始全面东移。

中国西部政治、经济和文化中心开始东移的原因主要有三方面。一是经济规律和人口的制约。在农耕经济条件下，不存在发达的商品经济，人口只能依靠土地来生存，而一定面积的土地只能养活一定数量的人口，或者说土地承载能力有限。由于关中地区经历了上千年开发，生态环境已遭到破坏，土地肥力不足，已经难以养活不断增加的人口，而且关中地区漕运不便，从外面运粮进来也十分麻烦，于是经济中心的转移也便成了必然。二是生态环境的恶化。由于历经近千年的开发，西北地区的干旱与沙漠化日益严重，水资源逐渐匮乏，这些条件都对农耕生产不利。三是战乱频繁加速了政治、经济和文化中心的东移。

二、从非均衡发展到相对均衡发展

一般而言，无论发达国家还是发展中国家，由于主观条件和客观条件的差异，都可能造成区域经济发展的不平衡性，形成经济和技术等的梯度分布。从我国具体情况而言，存在着两种明显的梯度关系：一是地理上的三级阶梯分布；二是由东到西，经济发展水平由高到低的三级阶梯，这个分布状况就是我们常说的三大经济地带划分。

新中国成立时，我国近90%的人口居住在农村，只有零星的工业，工业产值占国民总值的12%左右，还是一个农业与手工业占主导的小农经济国家。当时，在新独立的发展中国家，人们普遍将重工业的发达程度作为衡量一个国家经济实力的重要指标，而且认为重工业发达是国防安全的重要保证。20世纪30年代左右，恰逢西方国家遭遇经济大萧条，而苏联的计划经济模式使得经济取得了较快发展，二者形成了鲜明的对比。而且，新中国成立之初社会生产力布局极不均衡，占国土总面积12%的东部沿海地带拥有全国70%～80%的工业总产值，而广大的中部及西部地区仅占工业总产值的不足三成。1949年，上海总人口仅占全国总人口的1%，而其工业产值却占当年全国工业产值的25%，是全国工业产值最高的地区。[①] 这种生产力布局不合理的客观现实以及中国领导人改变这种现状的强烈愿望，使我国借鉴苏联的计划经济模式，制定了优先发展重工业的战略，提出了有计划、均衡地在全国布置工业的指导方针。

比如，20 世纪 60 年代，美国出兵越南，中苏关系紧张，导致我国南方和北方同时面临军事威胁，使得我国当时面临的国际形势异常严峻。1965 年 4 月中共中央出台了《关于加强备战工作的指示》，受其影响之后制定的“三五”和“四五”计划都转向了以备战备荒为中心、以建设广大三线地区为重点的轨道。于是，大量厂矿和军工企业迁往中西部地区，这在一定程度上平衡了生产力布局，缩小了地区之间的经济差距。

但是，计划经济模式并没有充分考虑市场机制、尊重市场规律，区域经济政策取向也是以平衡布局发展为目标，各区域不顾自身禀赋条件约束，盲目发展，造成了资源浪费和生产破坏。

到了改革开放初期，邓小平表示要“让一部分人先富起来”，并提出“两个大局”思想：“沿海地区要加快对外开放，使这个拥有两亿人口的广大地带较快地先发展起来，从而带动内地更好地发展，这是一个事关大局的问题。内地要顾全这个大局。反过来，发展到一定的时候，又要求沿海拿出更多力量来帮助内地发展，这也是个大局。那时沿海也要服从这个大局。”[②] 这其实就是一种梯度进行改革开放的经济发展模式。

从历史来看，在改革开放后相当长的一段时期里，我国的经济发展基本都是按照邓小平关于东部率先发展的构想进行的。在这个阶段里，国家对东部沿海地区进行了重点扶持，给出了一系列有利条件。到 20 世纪 90 年代，我国基本形成了自东向西的经济特区—沿海开放城市—沿海经济开放区—内地的全方位、多层次、宽领域的改革开放格局。

---

① 国家统计局官网数据库，https：//data. stats. gov. cn/.

② 邓小平文选（第 3 卷）［M］. 北京：人民出版社，1993：277 – 278.

改革开放以来，我国经济发展取得了举世瞩目的成就，从贫穷落后跃居如今的经济总量排名全球第二。然而，改革开放初期开始实施的梯度发展战略，造成了东、中、西三大地带之间巨大的贫富差距，这已经严重制约我国经济社会全面、健康、可持续发展。考虑到地区人均 GDP 数据的易获得性，我们暂且按照三大经济地带划分标准，将辽宁省划入东部地区，黑龙江和吉林划入中部地区，西部地区所含省份不变。那么，从反映地区经济发展水平的人均 GDP 指标而言，1978 年时，全国人均 GDP 为 379 元，东部为 460. 6 元，中部为 310. 5 元，西部只有 255 元，东部人均 GDP 大约是西部地区人均 GDP 的 2 倍。而到了 1998 年，全国人均 GDP 为 6406 元，此时东、中、西部人均产值分别为 11466 元、5400 元、4231 元，东部人均 GDP 是西部人均 GDP 的近 3 倍。短短 20 年的时间里，东部地区人均 GDP 从西部人均 GDP 的 2 倍变为近 3 倍，这是十分巨大的差距变动。[①] 这种贫富差距，严重制约着西部人口的消费能力，阻碍着我国由出口拉动经济增长向扩大内需拉动经济增长的转变。

在这样的背景下，我们国家开始认识到，单独依靠东部地区的强劲发展来带动其他地区发展的梯度发展战略是有问题的，我们还应该重视其他地区的主动发展，针对不同的区位优势制定不同的发展战略。于是，经济发展战略布局开始由率先发展东部的非均衡发展战略，转变为在全国范围内确立多个经济发展重点区域的均衡发展战略。

2000 年左右，我国确立了“西部大开发”战略，国家对广大西部地区的基本建设资金的投资力度空前加大，财政转移支付力度和金融信贷支持也相继跟进。国家陆续公布了一系列税收优惠政策，在政策上对外经济贸易、教育及社会事业方面予以支持。

2003 年 10 月，我国颁布了《中共中央国务院关于实施东北地区等老工业基地振兴战略的若干意见》，要求东北地区对原有工业结构进行升级改造、改变原有的资源型城市经济发展模式、大力发展现代化的农

① 国家统计局官网数据库，https：//data. stats. gov. cn/.

业和服务业等第三产业，并进一步扩大对内和对外开放。同时，为了给东北地区广大国有企业改革和老工业基地调整改造创造有利的外部环境，意见责令相关部门要制定切实可行的政策措施。另外，国家还在财政税收方面和投资政策方面给予东北老工业基地适当的支持。

2001 年 3 月，《国民经济和社会发展第十个五年计划纲要》在全国人大九届四次会议上通过。“十五”计划中明确指出，中部各省份地区要发挥综合资源优势和区位优势来加快经济发展：要进一步巩固和发展农业，继续加强基础设施建设以发展工业，同时在发展过程中注意要抓好生态环境建设；中部地区要提高技术水平和提高自身竞争力，加大以先进技术和最新科研技术成果来改造传统产业的力度；经济发展的增长要充分发挥中心城市作用，以主要水陆交通干线地区为重点，积极培育新的经济增长点和经济带。促进中部地区崛起的核心是增强中部地区自身的创新能力、转变以往的增长方式、升级原有的产业结构，要注意加强生态建设和环境保护，以促进社会和谐发展。同时，作为国家重要资源供给地区，中部地区要努力发挥自身优势，建设成全国重要的粮食和能源原材料基地，同时发挥自身承东启西的区位优势打造全国性的综合交通运输枢纽。积极主动招揽承接现代装备制造业和高技术产业，以实现中部地区经济社会全面协调可持续发展。

2006 年 3 月，《中华人民共和国国民经济和社会发展第十一个五年规划纲要》在第十届全国人民代表大会第四次会议上通过。“十一五”规划中明确指出，坚持实施推进西部大开发，振兴东北地区等老工业基地，促进中部地区崛起，鼓励东部地区率先发展的区域发展总体战略，健全区域协调互动机制，形成合理的区域发展格局。推进西部大开发，西部地区要加快改革开放步伐，通过国家支持、自身努力和区域合作，增强自我发展能力。振兴东北地区等老工业基地，东北地区要加快产业结构调整和国有企业改革改组改造，在改革开放中实现振兴。促进中部地区崛起，中部地区要依托现有基础，提升产业层次，推进工业化和城镇化，在发挥承东启西和产业发展优势中崛起。鼓励东部地区率先发展，东部地区要率先提高自主创新能力，率先实现经济结构优化升级和增长方式转变，率先完善社会主义市场经济体制，在率先发展和改革中带动帮助中西部地区发展。加大财政转移支付力度和财政性投资力度，支持革命老区、民族地区和边疆地区加快发展。健全区域协调互动机制，健全市场机制，打破行政区划的局限，促进生产要素在区域间自由流动，引导产业转移。

2011 年 3 月，《中华人民共和国国民经济和社会发展第十二个五年规划纲要》在第十一届全国人民代表大会第四次会议上通过。“十二五”规划中明确指出，充分发挥不同地区比较优势，促进生产要素合理流动，深化区域合作，推进区域良性互动发展，逐步缩小区域发展差距。推进新一轮西部大开发。坚持以线串点、以点带面，推进重庆、成都、西安区域战略合作，推动呼包鄂榆、广西北部湾、成渝、黔中、滇中、藏中南、关中—天水、兰州—西宁、宁夏沿黄、天山北坡等经济区加快发展，培育新的经济增长极。全面振兴东北地区等老工业基地。重点推进辽宁沿海经济带和沈阳经济区、长吉图经济区、哈大齐和牡绥地区等区域发展。大力促进中部地区崛起。重点推进太原城市群、皖江城市带、鄱阳湖生态经济区、中原经济区、武汉城市圈、环长株潭城市群等区域发展。积极支持东部地区率先发展。推进京津冀、长江三角洲、珠江三角洲地区区域经济一体化发展，打造首都经济圈，重点推进河北沿海地区、江苏沿海地区、浙江舟山群岛新区、海峡西岸经济区、山东半岛蓝色经济区等区域发展，建设海南国际旅游岛。加大对革命老区、民族地区、边疆地区和贫困地区扶持力度。支持新疆生产建设兵团建设和发展；推进三峡等库区后续发展。

2016 年 3 月，《中华人民共和国国民经济和社会发展第十三个五年规划纲要》在十二届全国人大四次会议上通过。“十三五”规划中明确指出，深入实施西部开发、东北振兴、中部崛起和东部率先的区域发展总体战略，创新区域发展政策，完善区域发展机制，促进区域协调、协同、共同发展，努力缩小区域发展差距。深入推进西部大开发。把深入实施西部大开发战略放在优先位置，更好发挥“一带一路”建设对西部大开发的带动作用。大力推动东北地区等老工业基地振兴。加快市场取向的体制机制改革，积极推动结构调整，加大支持力度，提升东北地区等老工业基地发展活力、内生动力和整体竞争力。促进中部地区崛起。制定实施新时期促进中部地区崛起规划，完善支持政策体系，推动城镇化与产业支撑、人口集聚有机结合，形成重要战略支撑区。支持东部地区率先发展。支持东部地区更好发挥对全国发展的支撑引领作用，增强辐射带动能力。健全区域协调发展机制。创新区域合作机制，加强区域间、全领域的协调协作。

目前，我国已初步形成了东部发展、西部开发、东北振兴和中部崛起的四大区域均衡发展的新布局，各区域依据自身优势和特点，将充分带动所辐射区域的发展。

第二节　我国四大区域经济发展现状

我国共有 34 个省级行政区，除香港、台湾、澳门以外的 31 个省、自治区、直辖市，按照惯例我们将其划分为东部地区、东北地区、中部地区和西部地区四大经济板块。其中东部地区有北京、天津、河北、山东、江苏、浙江、上海、福建、海南、广东共 10 个省级行政区；东北地区包含黑龙江、吉林、辽宁共 3 个省级行政区；中部地区包括山西、河南、湖北、湖南、安徽、江西共 6 个省级行政区；西部地区有内蒙古、新疆、青海、宁夏、甘肃、陕西、四川、重庆、西藏、贵州、云南、广西共 12 个省级行政区。

一、区域生产总值差距

区域生产总值衡量的是一个区域在一定时间段内所实现的生产总值。根据上面所述的东部地区、东北地区、中部地区、西部地区的经济板块划分标准，我们把各省级行政区域历年所实现的生产总值进行整理，得到了表 2－1 中的数据。从地区生产总值来看，2015 年东部地区实现了 372982. 67 亿元的生产总值，比 2014 年增长了 6. 54%，贡献了全国 GDP 的 51. 60%，相较于改革开放初期产值 1514. 35 亿元增长约 246 倍；2015 年东北地区实现了 57815. 82 亿元的生产总值，比 2014 增长了 0. 60%，贡献了全国 GDP 的 8. 00%，相较于改革开放初期产值 485. 98 亿元增长约 119 倍；2015 年中部地区的生产总值为 146950. 46 亿元，比 2014 年增长了 5. 96%，贡献了全国 GDP 的 20. 33%，相较于改革开放初期产值 749. 86 亿元增长约 196 倍；2015 年西部地区的生产总值为 145018. 92 亿元，比 2014 年增长了 5. 01%，贡献了全国 GDP 的 20. 06%，相较于改革开放初期产值 725. 93 亿元增加约 200 倍。由此可以看出，东部地区不仅在生产总值方面绝对高于其他三大地区，而且改革开放以来取得的经济成就也遥遥领先，而中部、西部地区紧随其后，比改革开放之初的经济总量增长了 200 倍左右，而且近些年来经济增速领跑四大经济板块。反观东北地区，从经济总量来讲，仅为改革开放之初的 100 多倍；从经济增速来讲，近些年来几乎是停滞不前的。可以说，东北地区目前面临着严峻的经济增长问题。

根据表 2 -1 计算得出 1978 年，东北地区与东部地区之间的生产总值差距为 1028. 37 亿元，中部地区与东部地区之间的生产总值差距为 764. 49 亿元，西部地区与东部地区之间的生产总值差距为 788. 42 亿元；2015 年，东部地区与东北地区的生产总值的差距为 315166. 85 亿元，中部地区与东部地区之间的生产总值的差距为 226032. 21 亿元，西部地区与东部地区之间的生产总值差距为 227963. 75 亿元。其中，从改革开放至今，东北地区和东部地区、中部地区和东部地区、西部地区和东部地区生产总值差距分别扩大了 306 倍、296 倍、289 倍。通过各区域生产总值增长倍数和各区域生产总值差距扩大倍数的对比可以发现，改革开放以来，中部、西部地区几乎保持了相同的经济增速，而其他几个地区之间的经济差距则都是在逐渐扩大的。正如图 2 -1 所示，从 1978 年至 2015 年间，中部、西部地区 GDP 曲线几乎是重合的，说明二者无论在经济总量还是经济增速上，几乎没有差异；而东部和中部、西部之间，东部地区和东北地区之间，中部、西部地区和东北地区之间的经济总量差距都是在扩大的。

表 2－1　　1978～2015 年四大经济板块生产总值汇总　　单位：亿元

年份	东部	东北	中部	西部	年份	东部	东北	中部	西部
1978	1514.35	485.98	749.86	725.93	1997	39694.4	7714.3	15175.92	13905.58
1979	1711.56	523.32	894.45	812.09	1998	43215.72	8233.18	16321.7	14950.91
1980	1921.65	600.59	981.05	894.72	1999	46659.81	8710.95	17194.86	15822.43
1981	2114.12	628.06	1092.6	970.61	2000	52743.47	9771.97	18900.75	17276.41
1982	2363.68	685.17	1197.57	1097.64	2001	58595.42	10543.53	20697.36	18939.4
1983	2623.74	791.04	1362.83	1225.91	2002	65723.79	11443.96	22694.84	20956.71
1984	3163.84	930.89	1617.82	1433.17	2003	76969.07	12722.02	25870.89	23975.21
1985	3878.94	1074.04	1956.07	1716.69	2004	92816.41	14544.61	31616.34	28945.2
1986	4334.68	1233.25	2191.32	1919.72	2005	110548.98	17181.23	37411.17	34086.72
1987	5219.12	1471.19	2559.29	2239.65	2006	129218.35	19791.44	43480.57	40346.38
1988	6731.88	1801.67	3149.14	2842.47	2007	154029.73	23552.99	52971.08	49184.06
1989	7655.2	2026.05	3577.56	3257.69	2008	180416.57	28409.05	64040.56	60447.77
1990	8505.85	2203.18	4019.36	3769.9	2009	196674.41	31078.24	70577.56	66973.48
1991	10042.33	2485.87	4403.79	4335.13	2010	232030.67	37493.45	86109.38	81408.49
1992	12638.35	2990.76	5279.99	5121.15	2011	271354.75	45377.53	104473.87	100234.96
1993	17173.55	3927.7	6671.31	6502.36	2012	295892.04	50477.25	116277.75	113904.8
1994	23243.11	5004.41	8663.02	8512.21	2013	324765.03	54714.53	127909.58	126956.18
1995	29845.96	5922	11286.3	10587.81	2014	350100.88	57469.1	138679.65	138099.79
1996	35107.09	6874.98	13469.74	12439.97	2015	372982.67	57815.82	146950.46	145018.92

资料来源：根据各省份 1979～2016 年统计年鉴整理。

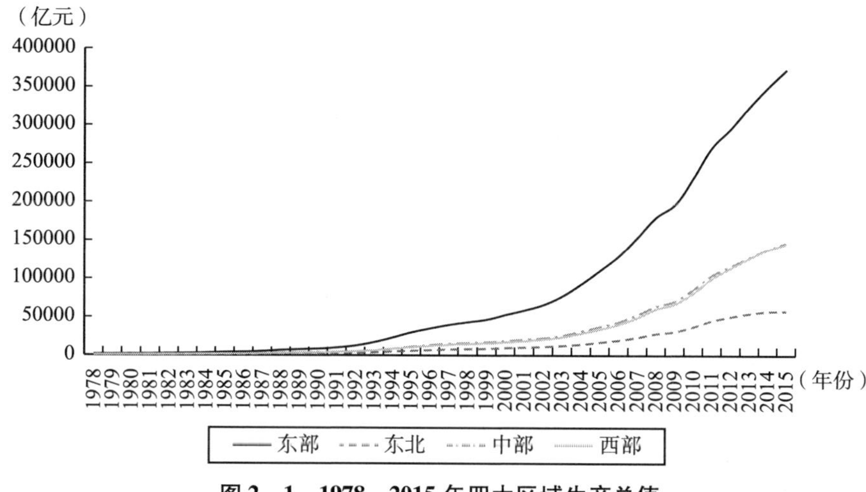

图 2－1　1978～2015 年四大区域生产总值

二、四大区域产值占全国产值的比重

如表 2－2 所示，从四大地区生产总值历年占全国生产总值的比重可以看出，1978 年至 2015 年期间，东部地区的生产总值占国内生产总值的比重一直呈上升趋势，自 1993 年以来都在 50% 以上；东北地区的生产总值比重从改革开放之初的 13.98% 下降到近些年的 8%，中部、西部地区的产值比重和改革开放之初持平，仍为 20% 左右。

表 2－2　　1978～2015 年四大区域产值占全国 GDP 的比率

年份	东部	东北	中部	西部	年份	东部	东北	中部	西部
1978	0.4356	0.1398	0.2157	0.2088	1984	0.4428	0.1303	0.2264	0.2006
1979	0.4342	0.1328	0.2269	0.206	1985	0.4497	0.1245	0.2268	0.199
1980	0.4369	0.1366	0.2231	0.2034	1986	0.4478	0.1274	0.2264	0.1983
1981	0.4399	0.1307	0.2274	0.202	1987	0.4543	0.128	0.2228	0.1949
1982	0.4423	0.1282	0.2241	0.2054	1988	0.4635	0.124	0.2168	0.1957
1983	0.437	0.1318	0.227	0.2042	1989	0.4635	0.1227	0.2166	0.1972

续表

年份	东部	东北	中部	西部	年份	东部	东北	中部	西部
1990	0. 4598	0. 1191	0. 2173	0. 2038	2003	0. 5516	0. 0912	0. 1854	0. 1718
1991	0. 4722	0. 1169	0. 2071	0. 2038	2004	0. 5527	0. 0866	0. 1883	0. 1724
1992	0. 4855	0. 1149	0. 2028	0. 1967	2005	0. 5549	0. 0862	0. 1878	0. 1711
1993	0. 5011	0. 1146	0. 1946	0. 1897	2006	0. 555	0. 085	0. 1867	0. 1733
1994	0. 5117	0. 1102	0. 1907	0. 1874	2007	0. 5506	0. 0842	0. 1894	0. 1758
1995	0. 5178	0. 1027	0. 1958	0. 1837	2008	0. 5413	0. 0852	0. 1921	0. 1814
1996	0. 5171	0. 1013	0. 1984	0. 1832	2009	0. 5384	0. 0851	0. 1932	0. 1833
1997	0. 5189	0. 1009	0. 1984	0. 1818	2010	0. 5309	0. 0858	0. 197	0. 1863
1998	0. 5224	0. 0995	0. 1973	0. 1807	2011	0. 5204	0. 087	0. 2004	0. 1922
1999	0. 5279	0. 0986	0. 1945	0. 179	2012	0. 5132	0. 0876	0. 2017	0. 1976
2000	0. 5344	0. 099	0. 1915	0. 1751	2013	0. 512	0. 0863	0. 2016	0. 2001
2001	0. 5387	0. 0969	0. 1903	0. 1741	2014	0. 5116	0. 084	0. 2026	0. 2018
2002	0. 544	0. 0947	0. 1878	0. 1735	2015	0. 516	0. 08	0. 2033	0. 2006

资料来源：根据各省份 1979 ~ 2016 年统计年鉴整理。

从图 2 - 2 中四大地区历年生产总值所占全国比重折线图可以看出：1978 年至 1989 年期间东部地区生产总值占全国比重呈现出缓慢上升的特征，在此期间东部地区生产总值在整个国内生产总值的比重由 43. 56% 上升至 46. 35%；东北地区和西部地区生产总值比重呈现出缓慢下降的特征，其中东北地区生产总值比重由 13. 98% 下降至 12. 27%，西部生产总值的比重由 20. 88% 下降至 19. 72%；中部地区基本持平，生产总值比重仍保持 21. 50% 左右。1990 年至 2005 年期间，各区域经济发展呈现出新的特点，其中东部地区生产总值占全国比重迅速上升，该地区的生产总值占全国的比重由 45. 98% 上升至 55. 49%；东北地区和中西部地区生产总值比重迅速下降，东北地区所占比重下降最为剧烈由 11. 91% 下降至 8. 62%，西部地区其次，生产总值的比重由 20. 38% 下降至 17. 11%，而中部地区相对其他地区变动幅度最小，生产总值比重由 21.73% 下降至 18.78%。2006 年至 2011 年期间，东部地区生产总值占全国比重迅速下降，在此期间，东部地区生产总值占全国的比重由 55.50% 下降至 52.04%；中西部地区生产总值比重则迅速上升，其中中部地区生产总值比重由 18.67% 上升至 20.04%，西部地区生产总值的比重由 17.33% 上升至 19.22%；而东北地区所占比重略微上升，生产总值比重由 8.50% 上升至 8.70%。2012 年至 2015 年期间，东部地区和中西部地区生产总值所占比重上升趋势放缓，东部地区生产总值在整个国内生产总值的比重由 51.32% 微升至 51.60%，中部生产总值比重由 20.17% 上升至 20.33%，西部生产总值的比重由 19.76% 上升至 20.06%；而东北地区生产总值所占比重则呈现出下降的趋势，由 8.76% 下降至 8.00%。总体而言，改革开放后的 1978 年至 2005 年期间，东部地区的生产总值占全国生产总值的比重保持上升趋势，东北地区和中西部地区呈现出下降趋势；2006 年至 2015 年期间，中部和西部地区生产总值所占比重开始呈现出上升趋势，而东部地区和东北地区生产总值所占比重较之前出现下降趋势。

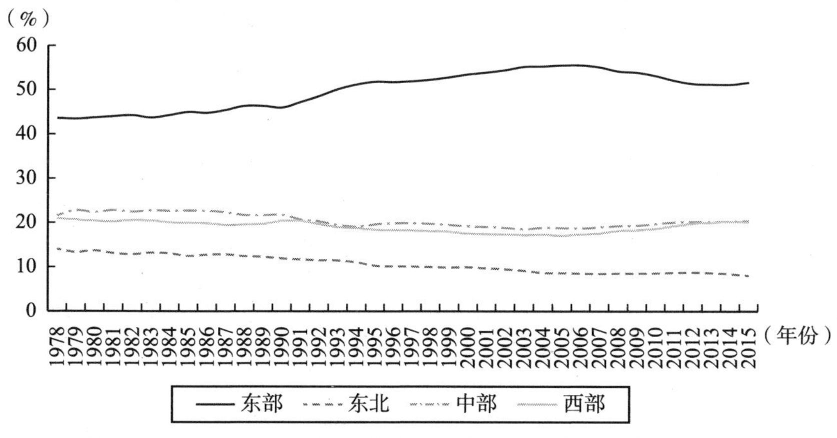

图 2-2　1978~2015 年四大地区生产总值占全国生产总值比重

三、四大区域之间人均生产总值差距

从2015年人均生产总值的区域分布来看，人均生产总值较高的省级行政区大部分都为东部省份，东北三省居于中间位置，而中部和西部省份人均GDP普遍低于东部地区和东北地区（如表2－3所示）。

表2－3　　2015年全国各省份人均生产总值汇总

地区	地区生产总值（亿元）	人均地区生产总值（元）	地区	地区生产总值（亿元）	人均地区生产总值（元）
天津	16538.19	107960	青海	2417.05	41252
北京	23014.59	106497	海南	3702.76	40818
上海	25123.45	103796	河北	29806.11	40255
江苏	70116.38	87995	新疆	9324.80	40036
浙江	42886.49	77644	黑龙江	15083.67	39462
内蒙古	17831.51	71101	河南	37002.16	39123
福建	25979.82	67966	四川	30053.10	36775
广东	72812.55	67503	江西	16723.78	36724
辽宁	28669.02	65354	安徽	22005.60	35997
山东	63002.33	64168	广西	16803.12	35190
重庆	15717.27	52321	山西	12766.49	34919
吉林	14063.13	51086	西藏	1026.39	31999
湖北	29550.19	50654	贵州	10502.56	29847
陕西	18021.86	47626	云南	13619.17	28806
宁夏	2911.77	43805	甘肃	6790.32	26165
湖南	28902.21	42754			

资料来源：各省份2016年统计年鉴。

我国各省份2015年的人均生产总值分布状况如图2－3所示，少数东部沿海省份人均生产总值较为突出，北京、天津和上海是仅有的人均GDP过100000元的三个城市，2015年这三个直辖市分别实现了106497元、107960元和103796元的人均生产总值。大部分中西部地区人均生产总值差距不大，其中云南、贵州、甘肃、西藏等西部地区人均产值最低。2015年，我国人均产值的极值差率为4.13，即人均产值最高的天津大约是人均产值最低的甘肃的4.13倍。另外，从图2－3所标注的对数趋势线，我们还可以看到，趋势线由陡峭逐渐变得平缓，这意味着人均产值高的省份之间贫富差距较大，而人均产值较低的省份之间贫富差距较小。

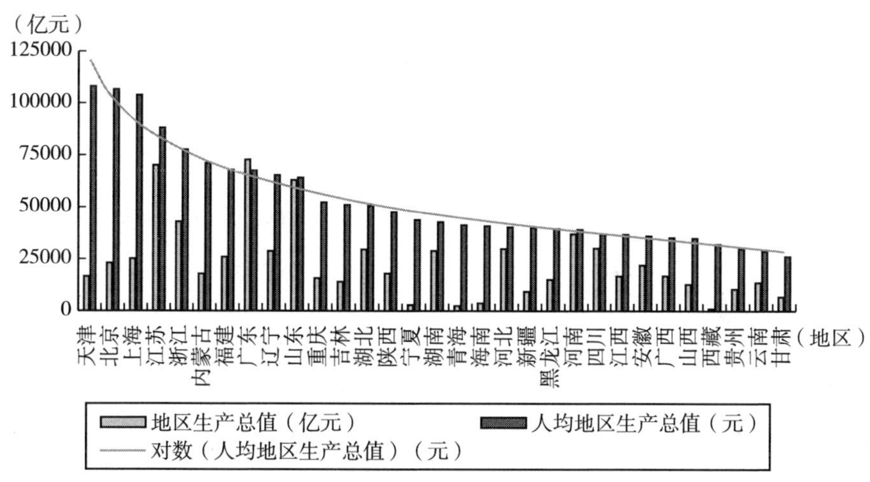

图2－3　2015年各地区生产总值及人均生产总值

四、四大区域产业结构差距

从总量指标的国民经济核算出发，我们可以得到表2－4所示的四大经济板块结构概况。从三次产业产值比例角度来看，东北、中部和西部地区三次产业产值比例相差不大，而东部地区第二、第三产业产值分别是其第一产业的7.73倍和9.02倍，第二、第三产业较其他地区而言显著发达。从三次产业增长率来看，各板块的第三产业都是发展最迅猛的部门，第一产业也全部保持正的增长速度，但第二产业则呈现出较大差异性。就第二产业而言，东部地区继续保持了增长的势头，而东北和西部地区出现了负增长，另外广大中部地区第二产业的增量在此期间也很微弱。尤其是，东北地区作为老工业基地，在经济转型中，第二产业受到了较大冲击。

表 2 – 4　　2015 年四大经济板块产业结构概况

地区	地区产值（亿元）	地区产值占全国比重（%）	三次产业产值比例	三次产业增长率（%）
东部	372982.67	51.60	1∶7.73∶9.02	4.38；2.10；10.92
东北	57815.82	8.00	1∶3.76∶3.99	2.99；–8.71；10.59
中部	146950.46	20.33	1∶4.34∶3.93	3.34；0.02；14.19
西部	145018.92	20.06	1∶3.73∶3.62	5.67；–1.08；11.91

注：①第三次产业产值比例是指，第一产业产值∶第二产业产值∶第三产业产值。
②第三次产业增长率是指，较上一年而言的第一产业增长率、第二产业增长率和第三产业增长率。

另外，东部、东北部、中部、西部四大地区的第一产业产值之比为 3.18∶1∶2.40∶2.63，第二产业产值之比为 6.54∶1∶2.77∶2.61，第三产业产产值之比为 7.19∶1∶2.36∶2.39。从四大地区在此期间的地区生产总值、相应的产业结构比例及三大产业产值的相关数据可以看出，四大经济板块之间仍然存在较大差距。

五、四大区域对外贸易差距

如表 2 – 5 所示，从对外经济贸易方面来看，2015 年我国进出口贸易总额为 39569 亿美元，其中东部地区占全国比重为 83.92%，达到 33024.9 亿美元；东北地区进出口贸易总额占全国比重为 3.63%，全年总计 1434.6 亿美元；中部地区进出口贸易总额为 2518 亿美元，占全国比重 6.36%；西部地区进出口贸易总额在全国比重最小，为 6.55%，全年总计 2591.7 亿美元；东部、东北、中部、西部三大地区的进出口总额的比值为 23.01∶1∶1.76∶1.81。以进出口贸易总额衡量区域经济发展情况来看，四大地区之间的差距较大，尤其是东北地区与东部地区之间的进出口贸易总额存在 23 倍左右的差距，而中西部贸易指标之间则相差不大。

表 2－5　　2015 年全国及各省份进出口贸易总额

地区	金额（亿美元）	地区	金额（亿美元）
广东	11658.6	江西	407.1
江苏	5810.4	陕西	298.8
上海	4230.0	湖南	293.3
浙江	3595.7	新疆	270.7
山东	2795.4	吉林	200.3
福建	1479.2	云南	190.2
北京	1307.9	山西	175.2
天津	1190.6	黑龙江	163.1
辽宁	1071.2	海南	155.1
河北	802.0	内蒙古	139.2
河南	770.1	贵州	78.3
重庆	587.2	甘肃	44.1
四川	472.2	宁夏	34.4
广西	464.0	西藏	6.7
湖北	446.1	青海	5.9
安徽	426.2	东部	33024.9
东北	1434.6	中部	2518.0
西部	2591.7	全国	39569.0

资料来源：中华人民共和国商务部网站，http：//www.mofcom.gov.cn/。

从图2－4中我们可以看出，进出口总额最高的广东、江苏、上海、浙江、山东，都是东部沿海省份；进出口总额所占比重最低的青海、西藏、宁夏、甘肃，都是西部地区省份。而且，进出口总额的排名与地区生产总值排名几乎一致，即进出口总额较高的省份，其地区生产总值一般也较高，进出口总额较低的省份，其地区生产总值一般也较低。

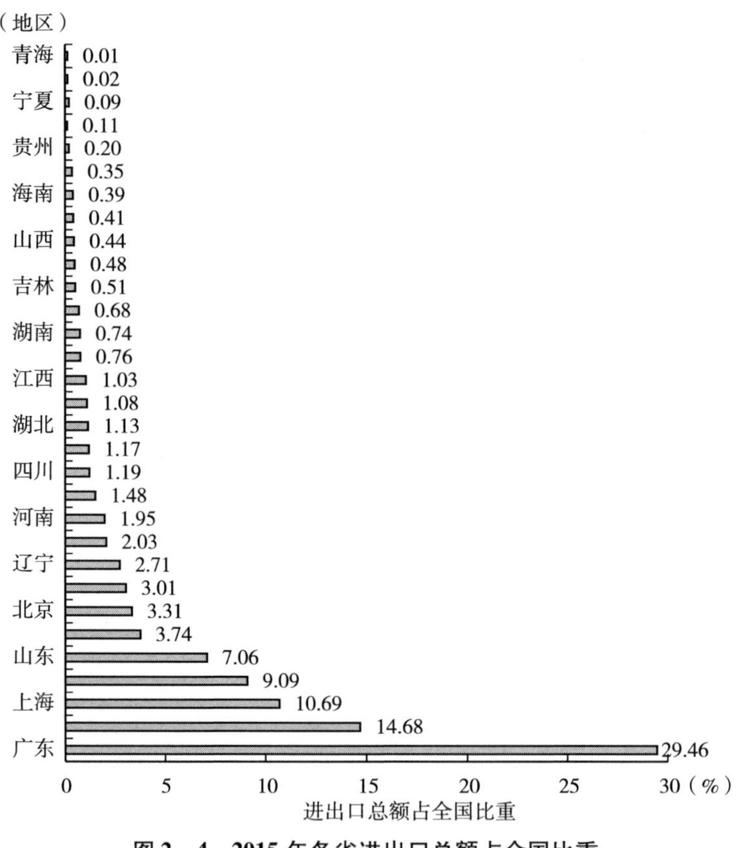

图2－4　2015年各省进出口总额占全国比重

六、四大区域全社会固定资产投资

我们通过表2－6绘制出图2－5的1978～2015年四大地区全社会固定资产投资额曲线，并计算出表2－7的1978～2015年四大地区全社会固定资产投资比重，从总体上来看，东部地区全社会固定资产投资约占全国的1/2左右，东北地区占全国的1/10左右，中西部各占1/5左右。然而，自1978年以来，各地区全社会固定资产投资比重仍显现出明显的变化趋势。1978年至1995年间，东部地区投资额所占比重持续增长，1995年达到最大值58.9%，在此期间，东北、中部和西部几乎都呈比重下跌趋势。1995年至2013年间，东部地区全社会固定资产投资比重开始下降，而其他地区的比重则有所回升。2013年后，除中部和西部地区投资比重持续稳步增长外，东部地区比重开始回升，东北地区投资比重开始下降（如图2－6所示）。

表2－6 1978～2015年四大地区全社会固定资产投资额 单位：亿元

年份	东部	东北	中部	西部	年份	东部	东北	中部	西部
1978	238.64	45.16	108.15	93.93	1997	13961.77	1988.11	4419.52	4260.89
1979	285.81	46.44	112.24	100.64	1998	15312.01	2259.53	4821.49	5046.80
1980	337.72	112.98	156.29	133.05	1999	16210.80	2371.15	4965.37	5421.30
1981	430.01	128.88	172.46	153.44	2000	17484.79	2703.83	5597.39	6110.72
1982	541.04	161.21	235.57	187.80	2001	19452.97	3086.47	6393.70	7158.76
1983	610.93	175.43	292.27	210.70	2002	22577.92	3485.95	7455.81	8515.36
1984	775.39	226.13	388.27	276.62	2003	30063.77	4211.57	9485.51	10843.51
1985	1133.10	316.16	529.84	458.38	2004	37431.90	5579.51	12529.08	13754.42
1986	1345.00	365.21	609.50	494.38	2005	45626.29	7678.81	16145.57	17645.04
1987	1670.67	437.40	699.08	580.73	2006	54637.12	10519.98	20896.57	21996.96
1988	2106.39	523.43	828.22	692.32	2007	64875.97	13920.09	27746.16	28250.92
1989	1914.16	491.60	721.42	674.09	2008	77735.48	18713.96	36695.24	35948.77
1990	2082.53	519.31	791.77	732.92	2009	95548.03	23732.92	49851.80	49686.34
1991	2608.70	621.57	959.57	933.12	2010	115853.99	30725.97	62890.52	61892.23
1992	4039.78	832.08	1305.94	1293.89	2011	130262.90	32643.38	70823.56	72103.99
1993	6738.15	1300.49	1911.65	2026.85	2012	151922.50	41042.50	86614.80	89008.50
1994	9143.03	1595.77	2569.88	2524.86	2013	179097.59	46540.00	105740.23	109260.92
1995	11341.30	1714.35	3267.82	2942.99	2014	206411.73	45899.41	124249.76	129191.36
1996	12881.10	1839.27	3969.93	3691.57	2015	232107.21	40806.13	143117.58	140416.56

资料来源：根据国家统计局数据整理。

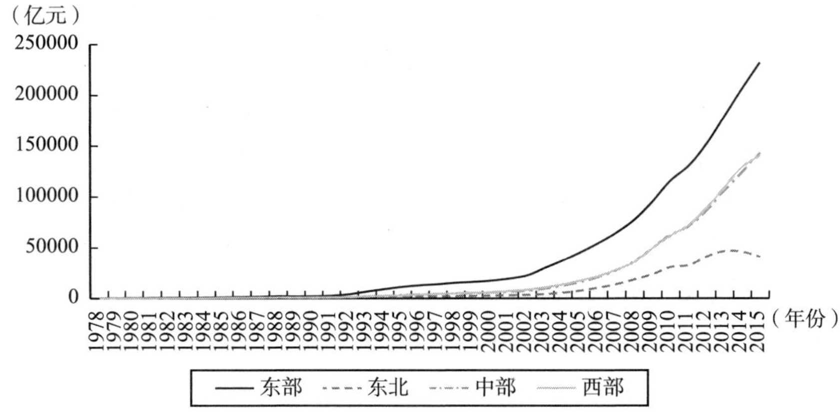

图 2 -5　1978 ~ 2015 年四大地区全社会固定资产投资额

表 2 -7　1978 ~ 2015 年四大地区全社会固定资产投资比重

年份	东部	东北	中部	西部	年份	东部	东北	中部	西部
1978	0. 491	0. 093	0. 223	0. 193	1997	0. 567	0. 081	0. 179	0. 173
1979	0. 524	0. 085	0. 206	0. 185	1998	0. 558	0. 082	0. 176	0. 184
1980	0. 456	0. 153	0. 211	0. 18	1999	0. 56	0. 082	0. 171	0. 187
1981	0. 486	0. 146	0. 195	0. 173	2000	0. 548	0. 085	0. 175	0. 192
1982	0. 481	0. 143	0. 209	0. 167	2001	0. 539	0. 086	0. 177	0. 198
1983	0. 474	0. 136	0. 227	0. 163	2002	0. 537	0. 083	0. 177	0. 203
1984	0. 465	0. 136	0. 233	0. 166	2003	0. 551	0. 077	0. 174	0. 199
1985	0. 465	0. 13	0. 217	0. 188	2004	0. 54	0. 081	0. 181	0. 198
1986	0. 478	0. 13	0. 217	0. 176	2005	0. 524	0. 088	0. 185	0. 203
1987	0. 493	0. 129	0. 206	0. 171	2006	0. 506	0. 097	0. 193	0. 204
1988	0. 508	0. 126	0. 2	0. 167	2007	0. 481	0. 103	0. 206	0. 21
1989	0. 504	0. 129	0. 19	0. 177	2008	0. 46	0. 111	0. 217	0. 213
1990	0. 505	0. 126	0. 192	0. 178	2009	0. 437	0. 108	0. 228	0. 227
1991	0. 509	0. 121	0. 187	0. 182	2010	0. 427	0. 113	0. 232	0. 228
1992	0. 541	0. 111	0. 175	0. 173	2011	0. 426	0. 107	0. 232	0. 236
1993	0. 563	0. 109	0. 16	0. 169	2012	0. 412	0. 111	0. 235	0. 241
1994	0. 577	0. 101	0. 162	0. 159	2013	0. 406	0. 106	0. 24	0. 248
1995	0. 589	0. 089	0. 17	0. 153	2014	0. 408	0. 091	0. 246	0. 255
1996	0. 576	0. 082	0. 177	0. 165	2015	0. 417	0. 073	0. 257	0. 252

资料来源：根据表 2 -6 计算得出。

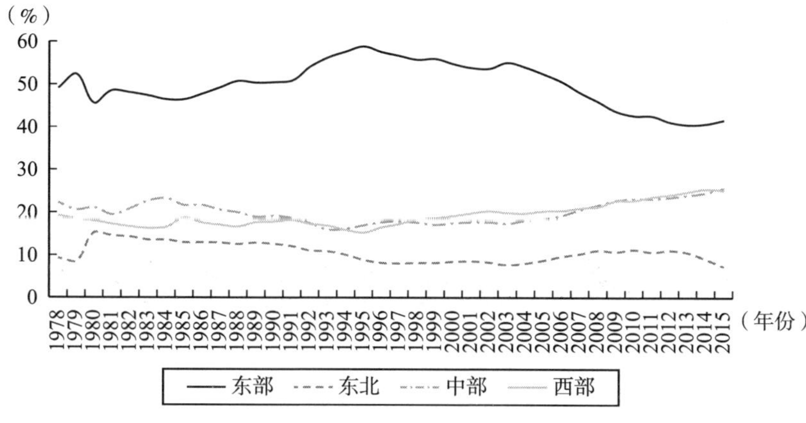

图 2-6 1978~2015 年四大地区全社会固定资产投资比重

总而言之，近些年来，固定资产投资呈现出了一些新的特点与格局。从空间流向上来讲，越来越多的投资流向西部地区。一部分原因在于东部地区产业向西转移加快，另一部分原因在于国家区域发展政策。从当前情况来看，东部地区正在调整升级产业结构，劳动密集型产业、高能耗及资源密集型产业以及一部分加工贸易企业向中部和西部地区转移。

另外，近年来国家更加注重经济的全面协调发展，强调要使市场在资源配置中起决定性作用的同时，更好地发挥政府的宏观调控作用。到目前为止，在全国范围内劳动力和资金两大要素基本能够自由流动，在市场化过程中区域经济一体化已经开始显现。与此同时，地方政府也逐渐改变了治理观念，有越来越强烈的动机进行区域合作。

第三章

我国区域经济发展不平衡的成因

近些年来，虽然中西部地区保持着相对快于东部地区和东北地区的经济增速，但区域之间的绝对差距仍处于不断扩大之中。造成区域经济发展不平衡的原因是多方面的，诸多学者对此进行了较为细致的研究。在接下来的部分，我们将从历史因素、自然地理因素、人口与劳动力因素、资本与技术因素、体制政策因素等方面，来分析区域经济发展不平衡的成因。

第一节　历史及自然地理因素

东南沿海地区，地理条件优越，较早接触到西方世界文明，思想较为先进，从近代以来便打下了坚实的工业基础。1840 年的鸦片战争打开了中国国门，大量的外国商品涌入中国，外商将中国视为攫取财富的宝地，开始在华投资建厂，同时刺激了国内一批官僚、地主和商人开始投资近代工业的欲望。洋务运动中，李鸿章、张之洞等在东部沿海地区兴建了一系列军事企业和民用企业，带动了东部地区的通信、交通等基础设施的发展。洋务运动虽然没有使中国富强起来，但引进了西方先进的科学技术，使中国出现了第一批近代企业。中国市场大门的打开，使商品贸易首先在沿海地区展开，工商业日益充满活力，大批新兴城市兴起，打下了沿海成为中国经济最发达地区的基础。在新中国成立前夕，东部沿海地区以占全国不到 12% 的面积集中了全国 70% 以上的交通运输设施和工业，优势非常明显。虽然新中国成立后，中央政府曾制定了倾斜于中西部发展的经济政策，在一定程度上缓和了区域间经济发展水平的差距，但是，由于中西部基础设施薄弱，交通运输不便，工业基础羸弱，在经济发展上依然未能赶上东部沿海地区。

自然地理环境包括两部分：自然资源和地理环境。具体包括区位、气候、土壤、地质地貌、矿产、水文、海洋和森林等。由于自然条件在人类生产活动中的重要性，这些自然地理因素对区域经济发展的影响不容忽视。

自然条件因素主要通过以下四个方面对区域经济发展不平衡产生影响：第一，区域产业结构的分布直接受到自然条件差异的影响。农业等第一产业的地域分布会受到自然条件差异的直接影响，而第一产业的地域分布又会对接下来第二、第三产业的地域分布在一定程度上产生影响，从而形成不同的产业结构布局。第二，区域的空间结构布局受自然条件的不均衡影响，自然条件的分布特点在很大程度上能够决定经济地域空间结构。第三，区域经济发展地域的形成很大程度上由自然条件的禀赋差异决定。第四，地区的社会文化发展一定程度上受自然条件的影响，自然条件的差异导致我国文化出现明显的多样化和地域化特色，地区社会文化的发展进而影响区域经济的发展速度。

虽然有研究表明，自然条件因素对区域经济发展的影响会随着生产力的提高而逐渐减弱，尤其是在商品经济日益发达的当下，区域经济发展的决定性因素绝非只凭自然条件的优劣程度。但是，自然条件的区域差异对区域经济发展的影响也不会彻底消失。

总体来看，我国幅员辽阔，东西距离约 5200 公里，南北距离约 5500 公里。历史因素加上先天的地域条件使得各个区域经济发展情况呈现出较大差别，根据相关数据有些沿海地区已经达到了当今发达国家的水平，而西部在贫困线以下的还有很多地区。

从地形来看，我国地势西高东低，呈阶梯状分布。我们通常所说的三级阶梯中，第一阶梯主要指西部的青藏高原，平均海拔 4000 米以上。第二阶梯以高原和盆地为主，包括内蒙古高原、黄土高原、云贵高原、四川盆地、准噶尔盆地和塔里木盆地，平均海拔介于 1000 米和 2000 米之间。第三阶梯以位于东部的平原和丘陵为主，主要包括东北平原、华北平原、长江中下游平原、辽东丘陵、山东丘陵和东南丘陵，平均海拔在 500 米以下。这三大阶梯基本与我们从经济角度划分的东、中、西三大地带吻合。

第一阶梯由于海拔高、气温低，天然牧场广阔，适合发展牦牛、藏绵羊等畜牧业；其绵延的边境线，有利于发展边境贸易；其丰富的石油、天然气储量以及风能、光能，使得西部地区的能源产业得以发展，“西电东送”和“西气东输”便得益于西部能源充沛、地广人稀的非均衡分布状况。但是，西部山区面积广大，地形崎岖，交通闭塞，地形的阻隔使地域之间文化交流存在一定的困难，经济文化常常相对落后。

东部地区和东北地区位于第三阶梯，多由平原和低矮丘陵构成，气候温润，适宜种植各种粮食作物和经济作物。例如，长江中下游平原河汊纵横交错，湖荡星罗棋布，气候温和，无霜期为 240 ~ 280 天，可种植双季稻，粮、棉、水产在全国占重要地位，故被誉为“鱼米之乡”。东北地区拥有肥沃的黑土地，粮食年产量约占全国的 1/5，是中国重要粮食主产区之一，孕育了中国知名农业品牌北大荒集团等。另外，东部地区濒临海洋，交通便利，与外界联系较为方便，国际化程度高，区域内人均文化水平也较高，更加适宜发展外向型经济，无论是服务业还是进出口贸易都走在全国最前列，经济呈现出多元化的特征，成为我国对外交流的前沿阵地。

而中部地区主要坐落在第二级阶梯上，自然地理条件介于一、三阶梯之间，其经济发展水平和经济结构几乎同样介于一、三阶梯之间。比如，从某种程度上就三次产业比重而言，东部沿海地区第三产业产值占比最大，中部地区的工业产值比重最大，而西部由于自然地理条件的限制，与农业相关的产业产值占比要高于东部沿海地区和中部地区。总之，无论从经济总量、人均经济总量还是经济结构来看，都呈现出东强西弱的结构特点。

第二节 人口与劳动力因素

从生产角度而言，一切物质财富的生产，都来源于生产要素的投入。所以，区域经济增长差异在很大一部分是源于要素投入的差异。按照经济学对要素的分类，生产要素可以分为土地（泛指自然资源）、劳动、资本和企业家才能。其中，土地这一要素是自然界长期积累的结果，在区域间不易流动，土地存量在短期内也不易改变。而且根据研究，随着经济发展水平的提高，自然条件对经济发展的作用是逐渐减弱的。然而，劳动这一生产要素却不同于土地，它可以在区域间进行流动，在相对短的时间内，影响经济增长。劳动力数量和质量是最简单的劳动衡量指标。

从劳动力数量的角度而言，除了当地自身的劳动人口外，还包括其他区域劳动力的流入和本地区劳动力的流出。查阅我国各省份的人口增长率数据可以看出，大多数东部和东北部省份人口增长率是明显低于中西部地区的，但东部地区经济发展水平却始终高于中西部地区，所以，中西部地区较高的人口增长并没有十分明显地带动经济快速发展。这就说明，劳动力在很大程度上并没有固守在当地，而是通过区域间的流动，改变了劳动力布局，进而导致区域间经济增长差异。

改革开放以来，中国社会劳动力的流动受到了经济的快速变化的推动，加快了从欠发达地区向经济发达地区、农村向城市流动的步伐。主要体现在以下几个方面：农业生产率随着农业现代化的提高，农业劳动强度随之降低，对农业劳动力的需求也持续减少；在经济全球化的大背景下，沿海地区经济转型及工业化合力使得劳动密集型产业得到了持续飞速发展，对农村劳动力有很大的需求；改革过程中对相关政策和制度的变革减少了农民到城镇务工的限制，提高了劳动力在农村和城市间流动的便利性；在改革开放后沿海地区和大城市经济得到了快速增长，需要大量年轻的劳动力。然而沿海地区 20 世纪 90 年代完成人口转变之后生育率长期保持在较低水平，每年新生劳动年龄人口逐渐减少；农村在快速发展的生产力中被解放出来的劳动力在以上诸多因素合力下加速流动。

中国在改革开放以来流动人口的规模持续增长，并且在 20 世纪 90 年代以后人口流动的增长速度明显加快。中国人口流动的规模从 1982 年的 657 万人[①]到 2018 年达到了前所未有的 2.41 亿人，这一数量占到了当年全国总人口的 17% 左右。流动人口呈现出向大城市集中的趋势，其中在北京、上海和广州等一线城市中流动人口约占当地常住居民的 40%。[②] 而从广大中部西部地区向东部及东南沿海一带流动一直是中国人口流动的主要趋势。20 世纪 80 年代和 90 年代前期，全国劳动力流入的方向主要是珠三角地区，90 年代以后，中国人口流动的主要趋势逐渐由珠三角转向长三角地区，随着长三角地区对流入人口的吸引力逐渐增强，我国目前经济发展最好的京津冀、长三角、珠三角三大都市圈成为流入人口最为集中的地区。

从劳动力素质角度而言，东部地区教育体系完善，各类高校数量远超其他地区，人口受教育程度更高。而且，研究发现流动人口受教育水平的快速提高是近年来流动人口构成的一个重要变化。2010 年的数据显示跨省流动人口中受过高中及以上教育的男性和女性分别占 30% 和 27%，受教育程度在小学及以下的人口所占比例显著下降。归结起来有两个因素促使流动人口受教育水平的提高：第一，青年人口总体的受教育水平得益于全国教育事业的快速发展与普及；第二，受教育程度高的年轻人愿意流向能够提供更好的就业和发展机会的沿海地区。与之相应的变化是，流动人口中从事农业的人口比例大幅度下降，从事专业技术的人口比例显著提高。

---

① 国家统计局官网数据库，https：//data. stats. gov. cn/.

② 国家卫生健康委员会．中国流动人口发展报告 2018［M］．北京：中国人口出版社，2019：20 -60.

根据古典经济学家亚当·斯密的理论，人口数量增加导致经济增长，经济增长又可以提供更多就业岗位，进而使人口增长和经济增长相互促进。在当今中国人口面临老龄化威胁的情况下，年轻劳动力日趋紧张，而东部地区仍吸引了大量来自中西部的劳动人口，这一方面促进了东部地区的发展，另一方面限制了中西部地区的生产和消费以及人力资本的积累，使得区域间经济发展水平更加悬殊。

第三节　资本与技术因素

资本因素是最重要的生产要素之一，没有资本因素与其他生产要素的结合，社会生产就不会顺利进行。资本存量的变动，来源于两个方面：一是原有资本，二是新增投资。对区域经济增长发挥着基础性作用的原有资本，保障区域经济增长；而区域经济增长所必备的物质技术条件则来自固定资产投资。

第三章关于中国区域经济发展现状的分析，已经指出了全社会固定资产投资在各区域间存在的巨大差别。由于东部地区很早就奠定了中国最发达地区的地位，固定资产存量大，投资环境更加优质，投资回报率也更高，加上事物发展都具有的马太效应，使得东部地区有更多的机会获得新的投资，不断获得累积优势进而取得更大的成功和进步。虽然在全社会固定资产投资方面，各大区域所占比重基本没有太大变动，但是，基于东部地区巨大的固定资产基数，东部地区每年获得的全社会固定资产投资绝对额仍遥遥领先其他地区。资本供给的区域性差异对区域经济的不平衡发展产生了重大影响。

现代生产力的最重要体现就是科学技术，在要素投入保持不变的情况下，更先进的生产技术将带来更高的产出。科学技术的进步在很大程度上提高了劳动生产率，同时不断进步的科学技术持续改善生产工具的性能，还在很大程度上提升了生产者的素质。而且，经营管理水平的提高在很大程度上得益于技术因素的改善，这又会进一步促进区域经济的发展。

相关的研究显示技术进步是一个不平衡的过程，技术差异和梯度差在区域之间非常明显。区域经济发展水平的高低与技术水平的高低联系紧密，一个经济发展水平越高的区域具备更充足的资本，也就拥有更强的技术力量和创新能力，而技术和创新能力反过来又推动区域经济的发展。因此，技术要素丰富的先进区域往往是经济发达的区域，而经济不发达的区域则通常缺乏技术和创新能力。

技术进步一般采用区域内授予的专利数量来衡量。根据中华人民共和国国家知识产权局发布的《2014 年中国有效专利年度报告》，我国的地区之间经济发展水平和科技实力差异显著，其中东西部地区之间有效专利数量也呈现出明显的差异。我国东部地区有效发明专利数量截至 2014 年底为 478989 件，相应的中部地区为 75632 件，西部地区为 74255 件，东北地区为 34538 件，分别占全国专利总数的 72.20%、11.40%、11.19%和 5.21%。有效专利呈现出由东部向中西部递减的阶梯特征，差异十分明显。有效发明专利排名前五位的省份分别是广东（111878 件）、北京（103638 件）、江苏（81114 件）、上海（56515 件）、浙江（52418 件），都位于东部地区，其专利拥有的数量也远大于其他地区，这与我国经济结构的基本特点吻合。可以看出有效专利给地方经济带了有力的支撑，同时因各地区经济发展水平的不均衡，技术研发投入不均衡，人才培养建设水平不均衡，最终导致科技创新能力不均衡。由此可见，区域经济发展过程中技术因素已逐渐成为主导，对区域经济发展的作用和影响日趋重要，因而地区间技术因素的差异对区域经济不平衡的影响至关重要。

第四节　体制与政策因素

新中国成立初期，我国实行计划经济，生产力布局极不平衡，加工工业大都集中在东部沿海地区，加工工业在内陆地区几乎是一片空白。

当时，中央政府考虑到平衡生产力布局以及军事安全等方面的因素，开始有计划地将一些工业搬迁到中西部内陆地区，投资的重点区域也集中到了中西部地区。中西部地区经过近 30 年的重点建设，与东部沿海地区的差距逐步缩小。然而，这种为平衡生产力布局所做的努力，是建立在低效率的基础之上的。因为中西部地区基础设施落后，生态环境脆弱，投资效益是低下的。从整个社会角度来看，这种牺牲东部快速发展来换取中西部发展的做法是不合理的。

党的十一届三中全会以来，我们国家逐渐摒弃过去全盘计划经济的发展模式，开始探索市场经济体制。在计划经济下，政府会事先安排好资源分配、生产计划以及产品消费各方面，然后依照行政指令进行生产、消费，因而，市场很难达到供求均衡的出清状态。而在市场经济体制下，经济发展更加遵循市场规律，供求可以自行调节，劳动力、资本等要素都可以自由流动，从而大大提高了经济效率。率先进行市场经济体制改革和试点的区域，多为东部沿海地区，凭借良好的根基，其经济水平进一步提高。而中西部地区的市场经济体制改革相对较慢，经济体制僵化，进一步被东部地区拉开了差距。

我国在党的十一届三中全会之后确立了改革开放的基本方针，我国的对外开放出于慎重考虑采取了由点到面、逐步推进的战略。沿海经济特区作为试点首先开放，然后沿海开放城市跟进，再进一步扩大到珠江三角洲、长江三角洲等沿海地带，最后开放内陆地区。与对外开放相应地，东部沿海地区的市场经济体制改革也要快于内陆地区。为了充分发挥东部地区的优势，国家的相关政策也向东部地区倾斜。在政策倾斜条件下，结合已有的基础，东部地区经济迅速与中西部地区拉开了差距。

从某种程度上讲，在市场经济体制下，由于各区域条件千差万别，经济差距的进一步扩大是有一定必然性的。

首先，区域经济发展基础不同。我国东部地区具有完善的工业体系，基础设施发达，教育水平和劳工素质都较中西部更高，这种优势有利于东部获得境内外投资，开展对外交流，提升经济整体发展水平。中西部地区虽然自然资源丰富，但基础设施落后，开发成本较高，投资效益较低。在市场规律的作用下，投资将从低回报率的中西部地区流向高回报率的东部地区，从而引起地区差距的扩大。

其次，市场经济体制转轨时间不同。全国建立市场经济体制时间并不一致，在党的十四大提出建立市场经济体制后，东南沿海地区的深圳、厦门、珠海、汕头特区率先拉开了改革开放的序幕并较早转入市场经济发展时期。在市场经济下，灵活自由的体制给东南沿海地区带来了巨大发展契机，企业实行现代企业管理制度，自负盈亏、政企分开、管理科学、产权明晰、权责明确，能够灵活捕捉各种市场机会，适应市场的变化，从而使经济取得快速发展。而在传统计划经济体制下的企业，由于国家管得过严使得企业缺乏活力，经济效益较为低下。因而，东部地区领先的市场经济体制使得东部地区具有更强的经济活力，在竞争中往往能处于有利地位，东部与中西部之间差距的扩大变得不可避免。

再次，地方政府执政方式的转变不同。由于对外交流方便，更容易接触到西方国家先进的理念，东部地区尤其是东南沿海的很多地方政府大刀阔斧地转变执政方式，强化其服务职能并弱化政府的管理职能，这种转变有利于市场规律发挥作用，从而促进当地经济发展。

最后，政策扶持程度不同。由于我国之前确立了东部沿海地区优先发展的策略，并在一系列相关政策上向东部地区倾斜，给予东部地区设立经济特区、减免税收、增加投资、财政放权等特殊优惠政策，使东部地区经济增长速度高居全国之首，而内陆地区却被置于相对严苛的开放政策环境之下。这种政策的实施，一方面提升了全国平均经济增长速度，另一方面却也加剧了地区间经济发展的不平衡。

第二篇

我国区域政策发展演变及与国外区域政策的比较

第四章

新中国成立以来区域政策演变分析

第一节　我国典型区域政策回顾（1949～1991 年）

一、改革开放前区域平衡发展政策（1949～1978 年）

（一）区域平衡发展政策形成的背景

1949 年，新中国成立，当时我国面临的政治形势比较复杂，从不利的方面看：外部有以美国为首的资本主义阵营对新生政权的经济封锁和军事威胁，内部国民党残余反动势力还进行着一系列的破坏性活动；从有利的方面看，苏联作为社会主义阵营的老大哥，无论是从对抗美国资本主义阵营，还是从密切建立与中国关系的角度出发，在 20 世纪 50 年代初，从工业项目、资金及进出口方面加强了对新中国的支援。我国中西部地区地处内陆，以丘陵高山地形为主，自然资源丰富，基于战争形势考虑，新中国将苏联援建项目多数布局于中西部地区。20 世纪 60 年代初期，中苏关系恶化，台海局势紧张，导致了当时国家领导人对战争形势的过度估计，由此形成的三线建设将工业项目进一步向中西部等内陆地区布局。因此，新中国所处的政治环境为平衡我国区域生产力布局、加强中西部工业基础的建立创造了机遇。

我国幅员辽阔，陆地面积960万平方公里，地区间经济发展很不平衡，地区间自然禀赋、交通区位、资源要素等存在着较大的差异。新中国成立前，我国各区域之间的分工格局极不合理，工业分布极不均衡，70%的工业主要集中于东部沿海地区，中西部的工业产值占全国工业总产值比重不到10%。为打破这种不平衡，客观上要求加快在中西部地区的工业布局。①

（二）区域平衡发展政策的主要内容

这一时期的区域政策是在计划经济体制下制定实施的，主要通过国家计划调整区域项目布局来实现的；同时，对少数民族地区实施了特殊扶持政策，为协调区域经济发展，设立了经济协作区。

一是实施了以重工业为主的发展战略，中央计划投资向中西部倾斜的区域平衡政策。新中国成立以来，中央开始着手社会主义制度的建立和区域生产力布局等重点任务，主要经历了“一五”“二五”“三年调整”“三线建设”几个阶段。

“一五”时期，苏联援助我国开展了以重工业为主的工业建设。1953～1957年，苏联援建我国156项重点工程项目，其中进入实际施工的共有150项，主要包括106个民用工业企业和44个国防企业，分布在17个省（区），一汽、一重、洛阳拖拉机、包头钢铁、武汉钢铁等一批关系国计民生的大项目都是在这一时期建立的。此阶段我国基本建设的重点在内陆地区，大部分布局在东北和中西部。150项进入实际施工的重点工程中，中西部占4/5，东部仅占1/5；国内自行设计建设的494个限额以上工程中，68%在内陆地区，东部地区仅占32%；在“一五”期间（1952～1957年），内陆地区工业增长速度为17.8%，沿海

---

① 姚鹏，张明志．新中国70年中国中部地区工业发展——历程、成就、问题与对策[J]．宏观质量研究，2019，7（2）：103－113.

为14.4%。[①]

从“二五”计划到“三年调整”，工业布局主要从战备角度和巩固国防的角度出发，选择靠近原料、燃料及消费地。总体来看，工业布局的重点仍是中西部地区，通过平衡工业布局逐步提高落后地区的生产力水平。但在“大跃进”实现高速赶超战略的指导下，中央试图通过将权限下放给地方，实现工业特别是重工业在全国各地全面赶超发展。受“大跃进”政策的影响，工业特别是重工业和农业比例严重失调，同时受中苏关系恶化影响，全国经济出现了严重困难，从而中央对政策进行反思，开始了对这一时期的政策调整。

在1965年8月召开的全国计划会议上，党中央把“国防建设放在第一位，加快三线建设，逐步改变工业布局”确定为新的战略方针，“大三线”地区成为国家投资重点，区域政策的特点是突击进行“三线”建设，向“大三线”实施“战略转移”。所谓“大三线”指陇海线以南、京广线以西、韶关以北的腹地，多为山区，包括四川、贵州两省，陕西、甘肃、云南的大部分地区，以及中部的豫西、湘西、鄂西等地区。在实施“大三线”建设战略的同时，每个省区划分了“小三线”地区作为建设重点。从1964年至1980年的三个五年计划中，中央将2052.68亿元投向三线地区的13个省和自治区，超过同期全国基本建设总投资的40%。[②] 与此同时，位于北京、上海、江苏、辽宁等省市一批工厂和研究机构也搬迁到“大三线”地区。

二是中央对少数民族地区实施了特殊资金扶持政策。主要包括：（1）每年按地区财政支出经常开支数的5%安排一笔机动金；（2）按总数的5%计算预备费，而一般的省级地区为3%；[③]（3）按年分配补助金、民族地区基本建设和边境事业补助费；（4）与一般省级地区财政按一定比例与中央分成不同，当少数民族财政超收时，超收部分全部留

① 王荣科．我国区域发展政策的回顾与展望［J］．安徽大学学报，2002，7（3）：65.

② 张国宝．新中国工业的三大里程碑：苏联援建、三线建设及大规模技术引进［J］．发展，2014（9）：38－39.

③ 黄雪林．财税金融会计实务精要［M］．郑州：河南人民出版社，1993：135－136.

给地方自行安排；（5）少数民族地区税收减免的权限大于一般的省级地区。通过加大财政转移支付等手段，加快这一地区的发展，是我国整体区域协调发展的重要内容。

三是通过经济协作区的方式协调区域经济的发展。新中国成立初期，政务院的代表机关是大行政区，地方一级政权机关为大行政区军政委员会或人民政府委员会。随着战争的逐步结束，1954 年中央撤销了大区委员会，减少了地方的行政层级，建立了中央直管下的省及省以下的行政体制，各省及省辖市等地方管理部门成为贯彻中央计划指令的地方管理机构。此后，中央发现高度集中的计划经济体制不利于发挥地方的积极性，中央希望通过调整中央和地方的权力关系，实现调动地方积极性的目标。1958 年 2 月 6 日，《中共中央关于召开地区性的协作会议的决定》正式发布，主要决议为按全国需要将全国划分为七个协作区，有关省、市、自治区党委举行定期性的和不定期性的会议，更加多、快、好、省地建设社会主义。1961 年 1 月 18 日，中共八届九中全会批准设立六大中央局，并通过了相应的决议。经济协作区的领导机构主要是贯彻中央指令的区域性经济协调机构。随着“文革”的开始，中央局逐步被取消，“革委会”成为一种特殊的体制在政治生活中发挥作用。

新中国成立后实施的区域平衡发展政策具有两面性。从积极的方面看，以战备角度出发实施的向内陆地区的工业项目布局，客观上有利于实现中西部工业体系的构建，涵盖了几乎所有的工业门类，为一穷二白的中国建设现代工业奠定了基础。从不利的方面看，主要体现在所布局的工业项目经济效益普遍不高。1953 ~ 1978 年，尽管内陆地区基本建设投资占 60%，但 GDP 平均增速只有 5.7%，低于全国的平均水平；而沿海地区基本建设投资仅占约 40%，但 GDP 增速为 6.6%，明显高于内陆地区。①

---

① 黄茂兴，叶琪．我国工业区域竞争格局演进分析［J］．当代经济研究，2013（8）：14 - 21，95.

（三）区域平衡发展政策的制定及执行

从上述实施的区域政策看，新中国成立后向中西部倾斜的平衡性区域政策，国家计划投资是主要的政策手段。这既是时代背景的产物，也是由国家经济、政治体制决定的。新中国成立后，我国逐步建立了高度集中的计划经济体制和政治制度，区域政策的制定和执行集中反映了这一特点。

从政策的制定看，这一时期的区域平衡发展政策思想来源于以毛泽东为核心的党的第一代领导集体。毛泽东在《论十大关系》中提出："我们的国家这样大，人口这样多，情况这样复杂，有中央和地方两个积极性，比只有一个积极性好得多。我们不能像苏联那样，把什么都集中到中央，把地方卡得死死的，一点机动权也没有。"① 国家计划委员会于 1957 年 12 月 31 日传达了毛泽东的六条指示，其中第二条指出："是否考虑按过去的大区，以一个大城市为经济中心结合周围省市考虑通盘的协作规划。"② 毛泽东针对区域平衡发展进一步提出"我国全部轻工业和重工业，都有约 70% 在沿海，只有 30% 在内地。这是历史上形成的一种不合理的状况。沿海的工业基地必须充分利用，但是，为了平衡工业发展的布局，内地工业必须大力发展"。"新的工业大部分应当摆在内地，使工业布局逐步平衡，并且利于备战，这是毫无疑义的。但是沿海也可以建立一些新的厂矿，有些也可以是大型的。至于沿海原有的轻重工业的扩建和改建，过去已经做了一些，以后还要大大发展"。"好好地利用和发展沿海的工业老底子，可以使我们更有力量来发展和支持内地工业。如果采取消极态度，就会妨碍内地工业的迅速发展"。③

从政策的执行看，计划经济体制和中央集权式领导是这一阶段区域政策的典型特征：

①③ 毛泽东著作选读（下册）［M］. 北京：人民出版社，1986：720－744.

② 王进. 毛泽东大辞典［M］. 南宁：广西人民出版社，1992：720.

一是新中国成立初期至“一五”时期，在党中央的领导下完成了统一财税、物资、价格、货币等，实施了三大改造，建立了高度集中的计划经济体制。1949 年 11 月，中央人民政府在北京召开了全国税务会议，制定出台了《全国税政实施要则》12 条，统一了税收制度，由政务院公布实施。政务院在财政、税收、金融统一方面制定了多项政策措施。1950 年 3 月，政务院发布了《关于统一国家财政经济工作的决定》《关于统一管理 1950 年度财政收支的决定》《工商业税暂行条例》29 条及《货物税暂行条例》15 条，核定了政府编制、实施物资、公粮等统一调配；中央政府财政部统一调度使用所有关税、盐税、货物税、工商税等，进一步统一税收。同时，政务院通过了《关于实行国家机关现金管理的规定》《货币管理实施办法》《关于收回东北银行和内蒙古人民银行所发行的地方流通券的命令》，进一步统一了全国的货币。1953 ~ 1956 年，中央推动开展了将生产资料私有制改造为社会主义公有制的改造。通过这次改造，农民个体经济逐步转变为社会主义集体经济，个体手工业转变为社会主义劳动群众集体所有制经济，资本主义工商业改为全民所有制企业。三大改造在 1956 年基本完成，确立了社会主义公有制占绝对优势的生产资料所有制结构，这是整个社会主义经济体制的基础。我国在经济上建立了以国家所有制和计划经济为基础的经济体制，从生产过程中资金的筹集、原材料的提供到产品的销售，价格不再是调节经济的手段，即物价不再反映供求关系，经济活动的每一环节都由中央来计划和管理。这就决定了中央计划投资、财政统收统支及中央统一安排经济运行等经济手段是这一时期区域政策实现的主要形式。

二是中央的高度集权。新中国成立初期的行政体制是以马克思、列宁的议政合一思想为基础的，体现了高度的中央集权。中央人民政府委员会是最高权力机关和行政机关，具有最高权力和最高行政的双重属性，这种双重属性是通过《共同纲领》和《中华人民共和国中央人民政府组织法》而确立的。议政合一体制的典型特征是中央高度集权，实行计划指导、部门管理、条块分割、对口管理。此后，1954 年第一届全国人民代表大会召开，通过了《中华人民共和国宪法》和《中华人民共和国国务院组织法》，成立中华人民共和国国务院。按照国务院《关于设立、调整中央和地方国家机关及有关事项的通知》，国务院机构撤销了四个委员会，形成了新的机构体系。第一届全国人民代表大会确立了国家的政体，为中央统一领导夯实了体制基础。

中央高度集权领导主要体现在：党在行政体制中具有绝对的领导权。在这一时期，共产党领导行政表现为党对行政工作领导的制度和党管干部两个方面。一方面，党的领导人同时兼任政府的重要职务。另一方面，在政府机关中建立党的组织以实现党对政府工作的领导。新中国成立之初，党中央就在中央人民政府内设立了党委会。为了在政府各部门贯彻党的政治路线及各项方针政策，党中央依据党章规定，在中央人民政府中又建立了由共产党员组成的党组。因此，党处于国家权力体系的最高层次，掌握最高领导权、决策权。决策权不仅集中于上级，而且在同级的党政权力机构中，决策权又集中于党委，即中国政策决策的核心机构是中国共产党的各级党委。

政企不分，中央政府及其部委除管理中央企业外，还管理着财税、物资、物价等经济领域。例如，1953～1957 年，中央直属企业由 2800 个增加到了 9300 个，国家统配物资由 227 种增加到 532 种，国家计委管理的工业产品总产值约占全国的 60%，中央政府支配的财力达 75%。在农村，人民公社是统一协调农村经济的组织。在城市，国有企业则是贯彻执行城市经济的重要载体。中央部署的企业随着中央在不同时期的收权和放权，数量上有着很大的不同。如中央直属企业 1957 年比 1953 年多 6100 个；1958 年底，中央各部所属企业仅有 1075 个，比 1957 年减少 84%；到 1965 年，中央直属企业又随着中央集权达到 10503 个，产值占工业总产值的 42.3%；而 1969 年中央又把 2600 多个大型骨干企业统统下放地方管理。①

① 王沪宁．中国变化中的中央和地方政府的关系：政治的含义［J］．复旦学报（社会科学版），1988（5）：1－8，30.

综上所述，计划经济体制和党的中央集权是这一时期政策制定的经济和政治基础，决定了这一时期区域政策制定的内容和形式。从其形成看，以毛泽东为核心的党的领导人思想是区域政策制定的指导思想，对这一时期区域政策的提出具有决定作用；从政策的执行看，高度集权的行政体制下的中央部委、地方政府、国有企业及人民公社是改革开放前政策主要的执行载体，中央和地方存在着权力的博弈，但受制于高度集中的计划经济体制，无法实现真正意义上的分权。高度集中的计划经济体制由于脱离了市场规律，不能反映供求关系，资源配置经济效率低下，最终不能满足社会生产力的发展需求。因此，随着经济和社会的发展，国家的经济发展酝酿着新的变革。

二、改革开放下率先发展东部沿海地区政策（1979～1991年）

（一）率先发展东部沿海地区政策形成的背景

从国内政治局面和国际关系发展看，“文化大革命”结束和“四人帮”被粉碎，为经济发展创造了稳定的政治环境。同时，20世纪70年代末，和平与发展成为国际关系的主导趋势，中国与美、日等主要经济体及周边国家的关系进一步改善。政治稳定和国际关系趋于和平，客观上为我国加速发展经济创造了有利条件。东部沿海地区与西部地区相比在区位条件、产业基础、基础设施等方面具有更有利的比较优势，满足国家实施对外开放战略的需求。

从我国经济的发展水平看，经过新中国成立以来30年左右的建设，我国仍然没有摆脱贫困和落后的状况。而周边亚太“四小龙”，适应当时国际形势的转变，加快了调整产业结构的步伐，提高了经济增长速度，创造了经济增长的奇迹。我国发展的现状动摇了人们对社会主义的坚定信念和信心，并引发了社会各界对“什么是社会主义”的深入探讨。理论界、中央决策层开始反思新中国成立后我国经济发展的经验教训。1978年，邓小平以其对社会主义生产布局规律的深刻认识和对当时国际政治的科学判断，推动了改革开放和沿海发展战略的实施。

从世界经济的发展趋势看，20 世纪 80 年代，新技术革命加速了经济全球化进程，世界经济更加体现了这一特征。邓小平敏锐地把握全球化的时代潮流并指出："现在的世界是开放的世界。"① 在小平同志改革开放思想的指导下，我国逐步改变闭关自守的局面，实行改革开放。

因此，改革开放战略和东部沿海地区率先发展的区域政策相辅相成，东部沿海地区的区位优势是改革开放战略实施的主要阵地。政治稳定、国际关系缓和是这一时期改革开放的保障，经济发展是内生需求，经济全球化在一定程度加速了中国的改革开放。

（二）率先发展东部沿海地区政策的主要内容

为改变我国贫困落后的面貌，提升我国的经济发展水平。党的十一届三中全会提出了改革开放的总体战略部署，率先发展东部沿海地区正是这一战略的具体实践。这一时期的东部沿海地区，既享受了国家的投资倾斜、财政税收优惠等直接的政策优惠，又比中西部更多地获得了因体制变革带来的政策红利。在这一过程中，中西部地区与东部地区的差距逐步拉大，特别是中西部及少数民族聚居地区仍然存在着大量的贫困人口。因此，扶贫和支持少数民族地区的发展始终贯穿于我国的区域经济政策中。这一时期的区域政策主要表现在以下方面：

一是率先在东部沿海地区分步设立改革开放的试验基地，从"经济特区""经济开发区"到"沿海经济开放区"。党的十一届三中全会确定了中国实行对外开放、对内搞活经济的重大战略方针。为了加快对外开放的步伐，1979 年 7 月，广东、福建两省最先被中央及国务院批准实施特殊灵活的政策措施。1980 年以来，中央在深圳、珠海等 5 个经济特区实行特殊的经济政策、管理体制。如深圳将发展成一个多种行业的综合性特区，兼营"工、商、农、牧、住宅及旅游"等，而厦门经济特区将建设成综合性的外向型经济特区，以工业为主，兼营旅游、商

① 邓小平文选（第 3 卷）[M]. 北京：人民出版社，1993：64.

业、房地产业。1984 年以后，国家决定进一步推进开放进程，确定开放了大连等 14 个沿海港口城市，在此基础上设立了 14 个经济技术开发区，实行类似经济特区的政策。随后，在长江三角洲、珠江三角洲、闽南厦漳泉三角地区、辽东半岛、胶东半岛等地区开辟设立了沿海经济开放区，经济特区—经济技术开发区—沿海经济开放区的沿海开发战略逐步形成。到了 20 世纪 90 年代，改革开放得到了进一步的深化。1990 年 6 月，开发开放浦东新区提上了历史日程，对外开放和沿海发展战略提升到了新的高度。

二是在经济特区、开发区实施特殊的财政、税收优惠政策。沿海经济特区、开发区等享有特殊财政税收、产业优惠政策，主要体现为：(1) 所得税优惠。企业所得税在区域内减按 15% 的税率征收；经营期在 10 年以上的生产性、科技性企业，从开始获利年度起，实施二免三减半的方针政策。特别是被确认为先进技术或产品出口的企业可再延长三年减半征收企业所得税；当年出口产值达到 70% 以上的产品出口企业，减按 10% 的税率征收所得税。(2) 流转税（工商统一税、产品税、增值税）优惠政策，如在特区、经济技术开发区、经济开放区的企业所生产的出口产品，除国家另有规定的少数产品外，一律免征工商统一税等。除此之外，东部省市除用足中央制定的税收优惠政策外，还运用自有财力，“放宽”中央制定的税收政策，如乡镇企业的税收优惠政策、引进外资的税收优惠政策等，客观上促进了多种经济性质的企业发展，包括集体、私营及外资经济。① (3) 浦东开发享受的更加优惠的政策。一方面是更加优惠的税收政策，在广东、福建等地举办的实验农场，从获利年度起的五年内豁免一切税收。允许在保税区利用非保税区的原材料、零部件等制造出口产品；保税区内的生产企业之间的贸易往来实行保税，其产品在区内销售时，免征生产环节的工商统一税或产品税（增

① 国务院．国务院关于经济特区和沿海十四个港口城市减征、免征企业所得税和工商统一税的暂行规定：国发〔1984〕161 号，[1984－11－15]。

值税)。[①] 这一系列税收优惠政策对东部沿海地区吸引外资，搞活地方经济起到了极其重要的作用。另一方面是特殊的产业政策，通过发展高新技术、外向型产业为经济特区吸引外资创造有利条件。随着特区经济的发展，中央政府在 1986 年对特区产业结构提出了明确而又具体的规定。特区以具有先进技术水平的工业为主，以吸引外资为主，投资产品以出口为主，外汇收支平衡并有节余。这些特殊的财政税收及产业政策有效推动了东部沿海地区的提档升级，加速区域经济的发展。

三是中央加大了对东部沿海地区计划投资的比重。从“五五”到“六五”时期，基本建设投资分配沿海地区占全国的比重由 42.2% 提高到 47.7%，内地由 50% 下降到 46.5%；全国更新改造投资比例为：沿海地区占 51.5%，内地占 45.8%，中国生产力布局进一步向沿海地区倾斜。“七五”时期，基建投资在沿海与内地之比高达 1.29∶1，远高于“六五”时期的 1.03∶1。基建投资有利于进一步完善东部地区的基础设施配套条件，区域基础配套设施的差距进一步拉大，助推东部吸引外来投资，客观上拉大了东西差距。除直接的政策支持外，经济体制改革推动了东部沿海地区发展。[②]

四是改革开放为东部沿海地区率先发展创造有利条件。(1) 由农村地区率先展开的经济体制改革逐步拓展到城市。家庭联产承包责任制、统分结合的双层经营体制开始在全国农村普遍实行，逐步取代“三级所有、队为基础”的人民公社制度。农村经济体制改革极大地激发了农民的积极性，农民成为推动农村多种经营形式的重要主体。此后，农村个体经济的日益发展为农村剩余劳动人口的转移创造了渠道。家庭联产承包责任制为我国东南沿海地区率先崛起增添了动力。1979 年，《中共中央关于加快农业发展若干问题的决定》明确提出“社队企业要有一个大发展”，并随之制定了一系列的政策。在中央政策的支持下，上海、江苏、浙江等沿海少数地区因基础好、起步快，其乡镇企业率先获

① 摘自朱镕基市长在 1990 年 4 月 30 日浦东开发新闻发布会上的讲话。

② 国家统计局官网官网数据库，http：//www. stats. gov. cn/.

得了迅速发展。东部地区的区位优势、产业基础及交通优势等吸引着乡镇企业的集聚，导致东西部农村居民家庭人均纯收入的差距逐步拉大。1980 年，东部与西部地区间农民家庭人均纯收入差距仅有 27.9% 来源于乡镇企业的工资收入差距，1985 年这一比例已提高到 43.2%，1990 年提高到 44.6%，1993 年又提高到 54.2%。[①] 乡镇企业作为农村经济体制改革的重要产物对东西部农村发展的差距产生了重要的影响。20 世纪 80 年代，国有企业改革以放权让利、政企分开为指导，从而激发了市场活力。经济体制改革更有利于东部沿海的率先搞活。（2）财政体制改革由原来的高度集中的中央统收统支的财政体制逐步演变为财政包干制的“分灶吃饭”体制。在包干制财政体制中，中央和地方收入分享比例以一年或前几年的地方财政收支平均数为基础，地方超基数越多，可得的财力也越多，地方政府增加收入的积极性较高。东部地区财力高，包干制财政体制更有利于东部地区，但对中西部地区不利。（3）价格改革逐步发挥价格的引导作用，打破了价格管制，引入了双轨制。价格改革的措施主要包括两方面内容：第一，包括提高粮食和棉花等 18 种主要农产品的价格等，对产品价格进行调整；第二，实施了生产资料和消费品的双轨制定价。[②] 首先工业制成品价格被放开，而农产品、原材料和能源制品的价格却受到较严格管制。价格双轨制客观上有利于东部地区经济的发展，西部地区的发展属于资源导向型，这种经济发展模式使东西部之间形成资源--加工型垂直分工格局。在这种分工格局下，西部地区向东部地区输出大量的资源性初级产品，输入大量的机械设备和轻工产品，由于价格方面的“剪刀差”，使东西部在产品交换过程中出现了不平等的交易。一方面，因其初级产品的价格低于其价值，这一部分价值被转移到了东部；另一方面，西部地区在经济利益上遭受双重损失，因为从东部输回的工业品把西部创造的

① 国家统计局国民经济综合统计司，新中国六十年统计资料汇编［M］. 北京：中国统计出版社，2010.

② 陈宗胜，高连水，周云波. 基本建成中国特色市场经济体制——中国经济体制改革三十年回顾与展望［J］. 天津社会科学，2009（2）：73－80，93.

一部分价值也留在了东部。因此，从某种意义看，西部地区资源性的初级产品输出越多，遭受的损失就越大，东西部的差距也就越大。(4) 东部地区在吸引外资特别是港澳台资金具有地缘和亲缘优势，改革开放为东部沿海地区创造了有利条件，使东西部差距进一步拉大。1979～1991 年，沿海地区实际利用外资共 800 多亿美元，①借助大量外资加速了地区的开发建设，极大地增强了东部地区的经济实力和发展后劲，也拉大了东部与中西部地区的发展差距。

因此，20 世纪 80 年代我国实施的区域政策主要体现了改革开放的特征，东部沿海地区受其良好区位因素的影响，充分享受到了改革开放带来的政策红利，率先在国家经济发展中实现了快速发展。改革开放政策对中国经济的腾飞发挥了举足轻重的作用，但不容忽视的是，中西部地区在这一过程中，逐步拉大了与东部沿海地区的发展差距。因此，扶持中西部贫困地区、少数民族地区发展，逐步实现区域经济的协调发展是推动经济实现和谐发展的内生需求。东部地区率先发展战略实施的同时，中央也开展了一系列扶持中西部贫困地区的区域政策。我国与世界银行合作于 1982 年在甘肃、宁夏的“三西”进行扶贫试点；1984 年，中央进一步提出帮助贫困地区的人民摆脱贫困；1986 年，国家成立了贫困地区经济开发领导小组，确定了扶贫标准，有针对性地扶贫。通过发达省市对口支援少数民族地区，对其进行财政补贴和专项补助，加快了少数民族地区的发展。

(三) 率先发展东部沿海地区政策的制定及执行

党的十一届三中全会确定了我国改革开放的方针，成为率先发展东部沿海地区的战略前提。高度集中的计划经济体制和政治体制逐步得到了改变，以价格调节的市场机制逐步发挥作用，这对我国此阶段区域政策的内容和实施手段具有重要的影响。

① 李中　. 中国地区经济发展不平衡的原因分析 [J]. 黑龙江史志，2009 (18)：121－122.

从政策制定看，这一时期政策的制定更多的是来自中央和地方的实践过程，体现了中央和地方集体的智慧。1977 年 9 月邓小平在全国计划会议上确定了经济战线的三个转变，肯定了积极地引进国外先进技术、利用国外资金、大胆地进入国际市场的思想和经验。1978 年春，中央派出代表团访问南斯拉夫，此次访问为中央改变对社会主义模式多样性的认识创造了有利条件。1978 年 5 月，全党开展了关于真理标准问题的大讨论，逐步冲破“两个凡是”的思想束缚，进一步恢复和确立党的“实事求是”思想路线，为党的工作重心转移和改革开放战略的确立奠定了基础。在此基础上，1978 年上半年，中央派出多个经济代表团出访欧洲和日本等发达国家，学习日欧等经济发达国家的先进经验。邓小平于 1978 年赴缅甸、尼泊尔、朝鲜、日本、泰国、马来西亚和新加坡访问，第二年又访问了美国。这些考察强化了中国领导人的紧迫意识和改革意识，并推动了改革务虚会的召开。

创办经济特区吹响了改革开放的号角。1979 年 4 月，邓小平提出了办特区的设想。1979 年 7 月 15 日，中共中央、国务院批复了广东、福建上报的《关于发挥广东优越条件，扩大对外贸易，加快经济发展的报告》和《关于利用侨资、外资，发展对外贸易，加速福建社会主义建设的请示报告》两个报告，批准广东、福建两省实行特殊灵活政策。1984 年 3 月 26 日至 4 月 6 日，按照邓小平要“办好经济特区，增加对外开放城市”的意见，中央书记处和国务院召开了沿海部分城市座谈会，会议决定对大连等 14 个沿海港口城市实行对外开放；1985 年 2 月，国务院决定开辟长江三角洲、珠江三角洲和闽南厦漳泉三角地区为沿海经济开发区，享有经济特区某些优惠政策。1988 年 2 月，根据党和国家领导人的意见，中共中央政治局提出包括首都北京在内的沿海 12 个省、区、市“实行外向型经济发展战略”，从这个战略提出到 1992 年，我国东南沿海地区逐步形成一个总面积达 42 万平方公里的经济开放地带。①

---

① 陈瑞莲，谢宝剑．回顾与前瞻：改革开放 30 年中国主要区域政策［J］．政治学研究，2009：61.

从政策的执行机制看，高度集中的计划经济体制基础开始动摇，商品经济或价格调节机制逐步在经济中发挥了作用。1979 年前后安徽、四川等省的农村地区自发形成的“包产到组”和“包产到户”逐步确立了家庭联产承包责任制，并确立为我国农村基本的经营制度。中央通过改革逐步调整价格机制，提高了农产品的收购价格，农副产品逐步走向市场调节，这不但激发了亿万农民的积极性，而且动摇了高度集中的计划经济体制的基础。随着农村经济体制改革的深入，在城市以放权让利为核心的企业承包经营责任制在国有企业中的实施，进一步推动了企业的市场化改革，1987 年 4 月以后各种形式的企业承包经营责任制在全国普遍实行。从农村到城市，原有的高度集中的计划经济体制基础发生了根本性的变化。与此同时，在以公有制为主体的前提下，集体经济、个体私营经济等多种经济成分适度发展，中外合资企业、合作经营企业和外商独资企业进一步活跃。市场体系建设的加快使价格、财政、金融等发生了深刻的变化。由价格双轨制逐步形成价格机制，统收统支的财政政策逐步转变为包干制，进一步分离中央银行与专业银行。

同时，中央高度集权的政治体制发生了变化，党政关系、政企关系及中央和地方关系逐步理顺。一是改变党政关系形式。“文革”后，中央首先废除“革命委员会”这种党政合一的政权形式，重新确立“一府两院”政治架构，在基层政权的建设中废除人民公社制度，恢复乡镇建制。首先是各级政府实行行政首长负责制，改变了过去把行政权力集中于党委书记，行政首长有职无权的局面。同时科学划分党委与政府的职权范围，明确各自的职能和工作范围；重新确立全国人民代表大会的权威，1978 年宪法重新确立人大是最高的权力机关，1982 年宪法进一步强化人大的权威，规定党的主张只有经过人大的同意才能变成国家的意志。其次是协调中央和地方的关系。中央推动向地方放权，由过去一味向省级政府放权转变为逐级向市级特别是中心城市的放权，兴办沿海经济特区、沿海开放城市，给予特殊的优惠政策；为民族区域颁布《中华人民共和国民族区域自治法》，创立民族区域自治法律依据。再次是推进政企关系的变革，确立企业的市场主体地位，企业享有独立的经营自主权。最后是推进政府机构改革，降低行政成本。适应计划经济体制改革，减少政府的经济职能部门。

经济和政治体制改革改变了区域政策实施的土壤，使得区域政策的制定和执行更加科学规范。在区域政策实施的内容和手段上，与之前的中央大规模计划投资有了本质的区别，通过体制的变化，逐步引入市场机制，借助价格机制对经济的调节，实现调动各方积极性的目的。设立经济特区、沿海经济开发区等东部沿海率先发展的政策就是在这种背景下应运而生的。政策执行不再是条块分割，是对应部门的一种计划指令下的企业。随着改革开放，涌现出更多的经济组织，乡镇企业、个体户、私营企业、中外合资或合作企业与国有企业共同成为政策执行的主体。中央由传统的计划指令逐步转变为对市场的宏观调控，逐步推进商品经济的发展和市场经济体制的建立。

综上所述，东部沿海地区是20世纪80年代改革开放的先锋，是加速提升生产力水平的集中体现。经济政治体制的一系列改革为东部沿海地区的率先发展创造了有利条件，充分发挥了市场调节的作用，推动了东部沿海地区成为引领我国经济发展的重要区域，推动我国经济取得了举世瞩目的成就。但与此同时，经济发展过程中，中西部与东部地区差距逐步拉大，如何缩小区域发展差距，实现区域的可持续发展成为新的课题。

第二节　20世纪90年代以来区域协调发展政策（1992~2012年）

一、区域协调发展政策形成的背景

改革开放以来，我国沿海地区经济发展速度显著快于内陆地区，经济资源不断向大城市聚集，呈现“城市化”趋势，区域经济呈非均衡发展态势，区域间发展差距逐渐扩大。1992 年，中国确定建立社会主义市场经济体制，中央开始注重区域协调发展。党中央的“八五”计划中提出“促进地区经济朝着合理分工、各展其长、优势互补、协调发展的方向前进”，政府的中长期规划中首次提出“协调发展”；《国民经济和社会发展十年规划和第八个五年计划纲要》进一步明确指出：要“促进地区经济朝着合理分工、各展其长、优势互补、协调发展的方向前进”。在“八五”时期，国家提高对西部地区的投资比重，而减少对东部地区的投资比重。对西部地区的投资重点是跨区域的能源、交通、通信等重大基础设施项目。

1995 年 9 月，《中共中央关于制定国民经济和社会发展“九五”计划和 2010 年远景目标的建议》经中共十四届五中全会审议通过。远景规划明确把“坚持区域经济协调发展，逐步缩小地区发展差距”作为今后 15 年经济和社会发展必须贯彻的重要方针之一。文件进一步指出：从“九五”开始，要更加重视支持内地的发展，实施有利于缓解差距扩大趋势的政策，并逐步加大工作力度，积极朝着缩小差距的方向努力。

二、区域协调发展政策的主要内容

（一）西部大开发战略

西部大开发的范围包括四川省、重庆市、陕西省、云南省、贵州省、青海省、甘肃省、广西壮族自治区、内蒙古自治区、宁夏回族自治区、新疆维吾尔自治区和西藏自治区共 12 个省、自治区、直辖市，面积 685 万平方公里，约占全国的 71.4%。[①] 西部地区地域辽阔、资源丰富，市场潜力巨大，具有非常重要的战略地位。由于地处内陆，与东中部地区相比，西部地区经济发展一直相对落后，人均国内生产总值不到

① 国家发改委官员解读西部大开发“十二五”规划［J］. 人民日报，2012.

东部地区的40%，西部地区有待向东部地区看齐，加快改革开放和现代化建设步伐。

根据邓小平同志“两个大局”的伟大构想，中央政府在2000年提出西部大开发战略。所谓“两个大局”，一个大局就是加快东部沿海地区对外开放，先发展起来，中西部地区要顾全这个大局；另一个大局就是当发展到一定时期，比如20世纪末全国达到小康水平时，就要拿出更多力量帮助中西部地区加快发展，东部沿海地区也要服从这个大局。西部大开发战略提出以来，中央与时俱进，适应时代和社会发展的新要求，使得区域政策的内涵和外延发生了深刻的变化。

一是成立国务院西部开发领导小组及办公室加快中西部地区发展的重大战略决策，加强西部开发的组织领导。领导小组的设立增强了西部大开发的顶层设计，有利于从长期和整体规划方面推进实施。

二是西部大开发上升为国家战略，中央对西部开发进行了长期的总体规划。“十五”计划至“十三五”规划，中央对西部大开发的战略重点均进行纲领性论述，为西部大开发在不同阶段如何推进指明了方向。西部大开发的历次规划既有共同点，又各有侧重点。其中加强西部地区基础设施建设、生态环境保护、发挥资源优势，加快资源的利用转化、打造特色农业，加强对民族地区等欠发达区域的扶持力度等在各次总体规划中均有体现。但在不同阶段，也有新的侧重。如“十五”计划中提出“大力发展多种所有制经济，积极吸引社会资金和外资参与西部开发和建设”；“十二五”规划提出“坚持以线串点、以点带面，推进重庆、成都、西安区域战略合作，推动呼包鄂榆、广西北部湾、成渝、黔中、滇中、藏中南、关中—天水、兰州—西宁、宁夏沿黄、天山北坡等经济区加快发展，培育新的经济增长极。”“十三五”规划把深入实施西部大开发战略放在优先位置，更好发挥“一带一路”建设对西部大开发的带动作用。从“十五”计划到“十三五”规划，西部大开发发展规划与时俱进，日益丰富。

三是财税金融政策是支持西部大开发的重要区域政策工具。首先，健全财政转移支付制度，加大转移支付力度，确保基层财力。如2002

年，中央决定实施所得税收入分享改革，打破原来按隶属关系和税目划分所得税收入的办法（一定程度上，所得税按隶属关系划分导致一些地方为追逐税收利益搞地方保护主义），除少数特殊行业或企业外，绝大部分企业所得税和个人所得税实行中央与地方按比例分享，分享范围和比例全国统一。改革后中央从所得税增长中特别是东部地区多分享的收入，主要用于中西部地区的转移支付。在此基础上，2005 年起中央为缓解县乡财政困难，实施了“三奖一补”的财政激励约束政策，财政困难县主要集中于中西部地区，该政策有利于缓解中西部财政困难状况、均衡财力分配、促进地区协调发展。该政策实施后，中央对地方转移支付由 1994 年的 550 亿元增加到 2011 年的 34881 亿元，增长 62.4 倍，年均增长 28.4%，转移支付的 90% 左右用于中西部地区，进一步增加对中西部地区转移支付的力度。[①] 其次，加大对基础设施、生态保护财政扶持力度。开工建设了一批重大基础设施项目，典型项目包括青藏铁路、成都至都江堰铁路、西部第一条地铁——成都地铁一号线、紫坪铺水利枢纽工程、溪洛渡电站等。同时，支持农村基础设施建设，实施了油路到县、送电到乡、广播电视到村的农村基础设施的改造提升工程；加强对西部生态环境的保护，从 2002 年起，以中西部地区为重点的 25 个省、自治区、直辖市全面启动退耕还林工程。最后，针对西部地区资源丰富的特点，调整了资源税政策。2004 年提高了煤炭、有色金属等资源税税额标准。2012 年，由从量征收改为从价计征，有助于增强西部的财政实力。

除财税政策外，中央还充分发挥政策性金融对西部的支持。国家开发银行发挥开发性金融和规划先行的优势，为西部开发构筑起基础设施的动脉与脊梁。西部大开发十年之际，国开行在西部 12 个省区市累计发放人民币贷款 1.7 万亿元；人民币贷款余额逾 1 万亿元，占全行的比例为 28.2%，比 2000 年底增长一倍。在西部大开发过程中，中央也充

① 苏明．中国包容性发展与财政政策选择［J］．农村财政与财务，2013（11）：10－21.

分利用世界银行等国际金融组织贷款支持西部大开发建设。[①] 2016 年 9 月 9 日，中国证监会公布实施了《中国证监会关于发挥资本市场作用服务国家脱贫攻坚战略的意见》，明确贫困地区企业申请首发上市实行"即报即审、审过即发"政策，根据国务院扶贫开发领导小组办公室官网发布的《国家扶贫开发工作重点县名单》，全国共有 592 个国家级贫困县，中部 217 个，西部 375 个，其中民族八省区 232 个。中央借助资本市场加强对贫困地区特别是中西部地区的发展支持。

四是通过重大项目投资带动西部发展。一方面是国家投资的重大工程项目。据统计，国家在西部新开工 50 余项重点工程，投资总额 7300 多亿元。西气东输工程、西电东送工程是最为典型的大项目，2005 年四川最大 80 万吨乙烯工程项目获得国务院批复。[②] 另一方面中央先后制定或修订了促进西部地区产业发展的产业目录。2006 年制定《关于促进西部地区特色优势产业发展的意见》、2008 年又修订了《中西部地区外商投资优势产业目录》、2010 年制定了《关于中西部地区承接产业转移的指导意见》。

五是优化空间战略选择，设立国家级新区，着重培育西部地区经济增长极。中央立足不同的功能定位，先后批复了若干个重点打造的国家级新区。《关中—天水经济区发展规划》于 2009 年 6 月获批，打造全国开发开放的内陆高地，重庆两江新区于 2010 年 6 月获批。随后，兰州新区、西咸新区、贵安新区、四川天府新区相继成立。

（二）振兴东北老工业基地战略

狭义上讲，东北主要指辽宁省、吉林省和黑龙江省三省区域，总面积 152.0784 万平方公里。东北地区战略位置十分重要。一方面东北是我国的粮食主产区。肥沃的黑土地和良好的自然条件使东北成为粮食的

---

① 中国新闻网站，国家开发银行支持西部大开发 10 年贷款 1.7 万亿，http://www.chinanews.com/fortune/2011/03-21/2920326.shtml.

② 季永宝，吴辉航，刘潇，豆建民．西部大开发政策影响企业生产率的财税效应研究[J]．产业经济评论（山东大学），2018，17（1）：71-93.

主产区。另一方面东北资源丰富，这里蕴藏着丰富的煤炭、铁矿石、石油等资源，为工业化创造了有利条件。这些优势在东北解放前早已被日俄等帝国主义所觊觎，为了开发该地区的资源，早在 1903 年东清铁路哈大线就已开通，1930 年哈大线成为东北交通大动脉，沈阳、长春、哈尔滨分别成为东北地区和中、北部地区的经济中心，大连成为东北地区的海上门户。新中国成立后，中央加大了对东北地区的工业布局。从“一五”“二五”“三线建设”时期，逐步形成了以自然资源为依托，以机械、石油、化学、冶金为主，包括建材、电力、煤炭、轻纺等部门的工业体系。构建了以沈阳为中心的辽中工业区、以大连为中心的沿海工业区、以哈尔滨为中心的黑南工业区和以长春为中心的吉中工业区。东北已成为我国的重工业和装备制造产业基地，钢铁、机械、能源化工等资源型重化工业占有举足轻重地位。此外，从农业产品看，东北建立了商品化大农业结构，涵盖了粮豆、林畜产品、水产品等多种农产品。从农业地域结构看，中农、东林、西牧、南渔的农业地域格局更为鲜明，不断强化各类基地功能。从交通上看，综合性交通运输网络体现出结构完备、布局合理、功能齐全的特点，它的形成反过来又推动了沿线经济的发展和地域格局的变革，特别是哈大交通运输干线演变为影响东北区域经济发展的主轴线。

随着改革开放和东部沿海地区率先发展战略的实施，东南沿海地区在市场经济的大潮中，逐步领跑全国。东北受计划经济体制、国有企业（以重化工为代表的大型央企为主）比重过高、产业结构不合理等因素的影响，区域经济发展陷入困境，很多国有企业经营困难、企业包袱重，下岗职工多等，形成了著名的“东北现象”。在这一背景下，国务院参照西部大开发成立了振兴东北老工业基地领导小组及办公室。中央于 2003 年 3 月提出“东北振兴战略”，8 月批复《东北地区振兴规划》，9 月发布《关于实施东北地区等老工业基地振兴战略的若干意见》；2009 年 9 月进一步发布《关于进一步实施东北地区等老工业基地振兴战略的若干意见》。通过查阅相关文献发现，从 2003 年至 2010 年，中央制定出台了涵盖产业政策、财税金融政策、资源型城市转型、社会保障、开放政策、空间布局政策和其他共7大类26项政策。这些政策相互交叉、相互联系，共同形成了区域政策组合（见表4－1）：

表4－1　　　　东北振兴政策汇总

政策类型	具体内容
（一）产业（企业）政策	（1）粮食直补、良种补贴和农机具购置补贴；（2）加快东北地区中央企业调整改造的指导意见；（3）振兴东北老工业基地高技术产业化项目；（4）东北地区军品和高新技术产品生产企业实施扩大增值税抵扣范围；（5）第二批中央企业分离办社会职能工作；（6）东北地区电力工业中长期发展规划；（7）东北地区开展厂办大集体改革试点；（8）辽宁省外商投资优势产业目录；（9）东北地区振兴规划；（10）大连、哈尔滨等20个城市为服务外包示范城市；（11）在绥芬河设立综合保税区；（12）东北资源型城市首批专项投资计划；（13）进一步实施老工业基地振兴战略的若干意见
（二）财税金融政策	同（一）（1）、（4）、（12）；（14）免征农业税改革试点；（15）东北老工业基地企业所得税优惠范围；（16）调整部分矿山油田企业资源税税额；（17）东北地区扩大增值税抵扣范围若干问题（后来废止）；（18）落实振兴东北老工业基地企业所得税优惠政策；（19）吉林省三地采煤沉陷区投资计划；（20）落实东北地区扩大增值税抵扣范围政策的紧急通知；（21）东北等地国债投资计划；（22）东北地区扩大增值税抵扣范围明确；（23）豁免东北老工业基地企业历史欠税；（24）东北老工业基地部分财税政策延伸至蒙东地区；（25）中央财政下达资源枯竭城市年度财力性转移支付资金
（三）资源型城市转型	同（一）（12）；（二）（15）、（17）、（24）；（26）企业资产折旧与摊销政策执行口径；（27）东北地区老工业基地土地和矿产资源若干政策；（28）促进资源型城市可持续发展的若干意见；（29）确定第二批资源枯竭城市名单
（四）社会保障政策	（30）吉林省完善城镇社会保障体系试点实施方案；（31）黑龙江省关于完善城镇社会保障体系试点实施方案；（32）东北地区棚户区改造工作
（五）开放政策	（33）促进东北老工业基地进一步扩大对外开放；（34）中国图们江区域合作开发规划纲要政策类型划分
（六）空间布局	（35）辽宁沿海经济带发展规划上升为国家战略；同（二）（24）

续表

政策类型	具体内容
（七）其他政策	（36）加强东北地区人才队伍建设的实施意见；（37）国务院关于松花江、辽河和海河流域防洪规划的批复

资料来源：金凤君、陈明星．“东北振兴”以来东北地区区域政策评价研究［J］．经济地理，2010.

东北振兴战略及相应区域政策的实施助推东北经济上升到了新的台阶。主要表现为：一是通过中央政策推动东北地区国计民生的战略领域达到新的水平。辽宁号航母、舰载机、直升机、歼击机等一大批国防尖端武器出自东北老工业基地。高铁、核电、石化、钢铁等领域，东北在全国仍占有较大比重。二是通过大型骨干企业重组、社会保障、财政税收等政策，为国有企业减轻了负担，增添了动力。三是通过资源型城市转型、棚户区改造、新型城镇化、工业信息化、农业现代化等政策的实施，东北开启了新的局面。四是通过辽宁沿海经济带的打造，对外开放水平上升到新的高度。东北振兴战略在取得巨大成就的同时，在发展中仍受国有企业比重高、体制僵化等老问题的制约，同时也面临着国际金融危机、世界经济下行等多重负面因素的影响。

（三）中部崛起战略

中部地区包括山西、安徽、江西、河南、湖北和湖南六省，土地面积占全国比重为10.9%，人口占全国的28.1%，城市数占全国的1/4多，地区生产总值占全国23.5%。首先，中部是我国重要的粮食生产基地。中部六省为全国提供了39.13%的小麦和39.37%的稻谷。其次，它是能源原材料基地、装备制造业基地和综合交通运输枢纽。拥有全国30%左右的矿产资源，矿种最多的达140多种。按照矿产分布及储量状况，中部六省形成了三大基地，即：以山西、河南、安徽为三角的煤炭基地，2015 年煤炭储量为 1104.5 亿吨，占全国 45.3%；[①] 以江西、湖北、湖南为三角的有色金属基地；以湖北、湖南为中心的磷化矿基地。最后，中部地区综合交通枢纽地位进一步凸显。郑州、武汉等历来是我国重要的综合交通枢纽城市。近年来，高速铁路、高速公路的规划、建设和运营，进一步彰显了中部地区的这一优势，在经济社会发展格局中占有重要地位。

中部崛起战略是在“中部塌陷”和“中部边缘化”背景下提出的。从 20 世纪 90 年代至 2004 年，中部地区的经济增长速度放缓，大部分年份低于全国平均水平。经济发展水平与全国、东部的差距逐步拉大。三农问题严重，城乡二元结构问题突出；产业结构层次较低，优化升级缓慢；资源型城市转型任务艰巨，环境负荷过重等；城市化与工业化不同步；对外开放程度不高。

2004 年，时任总理温家宝首次提出中部崛起战略，中部崛起是继西部大开发、振兴东北老工业基地之后，中央提出的又一项区域协调发展战略。中央通过一系列规划和支持政策，有序推进中部经济崛起。

一是从“十五”计划至“十三五”规划，中部崛起战略随着国家整体经济发展部署深入推进，国家顶层设计更有利于中部崛起战略目标的实现。“十五”计划从农业、资源、工业化、城市化、环境保护、交通网络及沿长江、京九等主要交通线打造城市增长极等方面提出了新的要求；“十一五”规划、“十二五”规划提出进一步巩固提升全国重要粮食生产基地、能源原材料基地、现代装备制造及高技术产业基地和综合交通运输枢纽地位；推进太原城市群、皖江城市带、中原经济区、武汉城市圈、环长株潭城市群等区域发展。

《促进中部地区崛起“十三五”规划》是依据我国《中华人民共和国国民经济和社会发展第十三个五年规划纲要》所做的专项区域规划，全面阐述了为中部未来五年到十年的发展所制定的目标、路径，对中部崛起具有更加科学的指导性。主要具有如下特点：

---

① 国家统计局官网数据库，http：//www. stats. gov. cn/.

第一，为区域空间优化、城乡统筹发展、城镇化升级指明了方向。全面落实主体功能区战略，以资源环境承载力为基础，科学划定城镇、农业、生态三类空间，合理优化国土空间开发保护格局，推进区域良性互动、协调发展；统筹城乡推动新型城镇化取得新突破；坚持以人的城镇化为核心，以城市群为主体形态，以城市综合承载能力为支撑，以体制机制创新为保障，加快新型城镇化建设，提高社会主义新农村建设水平，形成城乡共同发展新格局。

第二，构筑现代产业新体系，注重产业竞争力的提升。围绕建设新型工业化基地，促进制造业向高端、智能、绿色、服务、集群方向发展，大力发展战略性新兴产业，加快形成中部地区特色产业体系。

第三，从供给侧改革的角度出发，强调现代化基础设施网络、生态和谐环境及公共服务能力的建设。构筑纵横联通现代基础设施新网络。先行实施一批重大交通、能源、水利、信息等基础设施工程，加快构建安全高效、智能绿色、互联互通、功能完善的现代化基础设施网络；加大生态建设和环境保护力度，逐步恢复生态系统和生态服务功能，提高资源利用效率，构建人山水林田湖和谐共生的美好家园；增进福祉促进人民生活迈上新台阶。坚持共享发展，努力缩小区域、城乡发展差距，提高基本公共服务供给能力，创新供给方式，完善社会治理体系，不断提高人民群众获得感和幸福感。

第四，开放合作上升到了新高度。充分发挥中部地区区位优势，适应经济全球化和区域一体化趋势，全方位扩大对内对外开放，强化区域次区域合作，在更大范围配置各类要素资源，建设开放型经济新高地。

二是国务院出台促进中部崛起的具体支持政策。2006 年发布《中共中央国务院关于促进中部地区崛起的若干意见》，2012 年发布《国务院关于大力实施促进中部地区崛起战略的若干意见》。这两个文件从财税金融、土地、产业、生态补偿及两个比照等方面给予中部地区特殊的优惠政策。

（四）关于主体功能区发展规划

中央加强了规划及区域政策的制定，确保区域经济协调可持续发展，制定了主体功能区战略目标，《国民经济和社会发展第十一个五年规划纲要》规划了四类主体功能区的发展方向，提出了实施分类管理的区域政策的基本思路。国务院办公厅下发的《关于开展全国主体功能区划规划编制工作的通知》对我国的主体功能区划工作进行了具体安排，国家、省级主体功能区区划方案分别在2007年底、2008年底出台。在此基础上，2010年，国务院制定出台了《全国主体功能区规划》。从国家层面设置了主体功能区，分为优化开发区域、重点开发区域、限制开发区域（农产品主产区）、限制开发区域（重点生态功能区）、禁止开发区域。其中，优化开发区域包括环渤海的京津冀、山东半岛和辽中南、长江三角洲及珠江三角洲。国家将冀中南地区、太原城市群、呼包鄂榆地区、哈长地区（哈大齐工业走廊和牡绥地区、长吉图经济区）、东陇海地区、中原经济区、江淮地区、海峡西岸经济区、长江中游地区（武汉城市圈、长株潭城市群、鄱阳湖生态经济区）、成渝地区（重庆经济区、成都经济区）、黔中地区、北部湾地区、滇中地区、藏中南地区、兰州—西宁地区、关中—天水地区、宁夏沿黄经济区、天山北坡地区列为重点开发区域。除优化开发和重点开发区域外，还规划了限制开发区域和禁止开发区域，加强对农业和生态资源的保护。

同时，为确保主体功能区战略及各项规划的推进。从财政、投资、产业、土地、农业、人口、民族、环境及应对气候等方面提出了明确的政策规定，按照主体功能区统筹协调经济发展与土地、人口、资源、环境的关系，对加快转变经济发展方式，促进经济长期平稳较快发展和社会和谐稳定，实现全面建设小康社会目标和社会主义现代化建设长远目标，具有重要战略意义。

三、区域协调发展政策的制定及执行

（一）区域协调发展政策制定

1992～2000年是我国社会主义市场经济体制初步建立的阶段。党的十四大确立了社会主义市场经济体制的改革目标，中国经济体制改革进入以制度创新为主要内容的新阶段。党的十四届三中全会通过《关于建立社会主义市场经济体制若干问题的决定》，决定指出“建立社会主义市场经济体制，就是要使市场在国家宏观调控下对资源配置起基础件作用”，并提出社会主义市场经济体制的基本框架。1997年，党的十五大确立了以公有制为主体、多种所有制经济共同发展的基本经济制度，实现了思想理论上的一系列新突破，推动以建立社会主义市场经济体制为目标的改革进一步向纵深发展。这一阶段，“八五”和“九五”计划逐步提出了区域协调发展的理念。

2002年召开的党的十六大提出，21世纪头20年改革的主要任务是完善社会主义市场经济体制。即在2020年建成完善的社会主义市场经济体制和更具活力、更加开放的经济体系。党的十六届三中全会通过《关于完善社会主义市场经济体制若干问题的决定》，对建成完善的社会主义市场经济体制进行了全面的部署。党的十八届三中全会通过《关于全面深化改革若干重大问题的决定》，决定指出，全面深化改革的重心是经济体制改革，经济体制改革的主要问题是处理好政府和市场的关系，重点在于更好发挥政府宏观调控作用和市场的资源配置功能。

经济体制改革稳步向前。我国已经建立了以公有制为主体、多种所有制经济共同发展的基本经济制度；资源配置方式基本实现了由国家计划配置为主向市场配置为主的转变；全国农村基本上确定了以家庭联产承包经营为基础、统分结合的双层经营体制。大部分国有企业改制为多元股东持股的公司制企业，建立了现代企业制度，一批国有企业公开发行股票并在境内外上市；国有经济布局和结构调整取得重大进展，极大激发了企业的活力，增强了国有经济的控制力和影响力；分配制度实施以按劳分配为主体、多种分配方式并存的制度，同时生产要素按贡献参与分配。

政治体制改革稳步推进。党的十一届三中全会以来，中央从党政关系、中央和地方的关系，政府和社会的关系着手，逐步完善了中国特色的政党政治，使执政党依法执政、参政党依法参政；建立和完善了公民舆论监督和信访制度，把党内监督、行政监督、法律监督与公民直接监督结合起来。重建司法体系，维护司法公正。在此基础上，把选举票决民主与协商民主结合起来，完善了公民有序的政治参与形式。把发展民主与健全法制结合起来，强调民主要制度化、法律化，坚持依法治国。把政治体制改革与保障人权结合起来，依法治国，保障全体社会成员平等参与和平等发展的权利。把发展民主法制与完善基层群众自治制度和改善民生结合起来，让人民群众在改革中享受到直接的实惠。深化政府机构改革，建立健全基层民主。

综上所述，经济、政治体制改革的不断深入是区域协同发展的前提条件，通过体制改革进一步降低市场经济发展的阻力，提升政府宏观管理的水平，从而推动区域之间的协调发展。

（二）区域协调发展政策的执行

区域协调发展政策是随着经济政治体制改革，由党中央、国务院立足国家区域整体作出的战略规划。从“八五”“九五”到西部大开发的提出，再到振兴东北和中部崛起战略，体现了政策逐步推进的特点；从不同区域发展存在的问题出发，制定了规划和相关的财税、金融、投资等配套政策。各战略在提出后，伴随着经济发展，在此后国家的规划中都有新的提升。政策措施与之前相比更具针对性，这不仅体现在国家规划中，也体现在各部门政策文件中。为了更好地贯彻战略的执行，从国务院层面成立了区域战略领导小组，负责统筹领导战略的实施，使政策的制定和提出更具有规范性。

建立市场经济体制的目标确立后，我国的经济政策也是沿着市场经济的道路不断推进的。市场经济的主体地位逐步确立，突出地表现在价格在经济生活中发挥着主导的调节作用，我国的价格体系日益完善；伴随着科学技术的进步，各种市场主体层出不穷，区域政策实施的主体日益多样化。随着国家财税体制改革，中央进一步划分了中央和地方的财权和事权，地方政府有了更大的发展地方经济的主动权，成为实现区域发展目标、执行国家制定的区域政策的重要载体。各区域在贯彻执行中央统一政策的同时，争相加快本地区经济的发展。为了实现区域的发展目标，地方政府与中央政府、地方政府之间存在着不同的博弈，这在客观上也不利于实现区域资源的合理有效的分配。

为了实现国家区域间的协调发展，在新的时代、新的背景下，需要从建立新的经济秩序的角度出发，建立更加公平、公正的适合区域协调发展的新的经济秩序。时代在不断地发展，生产力也在不断地进步。所以，适应不同时期生产力发展需求，及时更新适应生产力发展的经济政策，才能实现解放和发展生产力的目标。世界发展的实践证明，经济全球化必然加强各国的联系，任何隔断本国与世界联系的政策都是不可取的。在新的历史时期，进一步扩大对外开放的水平，引进其他国家的先进发展思想、先进的技术、先进的文化等，都是我国不断走向繁荣、区域走向更加协调的必经之路。

第三节 新型区域协同发展政策（2013～2016年）

一、新型区域协同发展政策背景

（一）我国的经济实力取得了举世瞩目的成就

截至2016年，我国已成为世界第二大经济体、第一大贸易国、第一大吸引外资国、第二大对外投资国。2001年我国进出口总额为0.51

万亿美元到2015年达到3.96万亿美元，15年翻了8倍。改革开放把一个封闭和半封闭的中国融入全球，又使一个开放的中国成为推动全球化的重要力量，成为世界经济增长的重要引擎。在改革开放促进经济大发展的基础上，我国人民生活实现了从温饱不足发展到总体小康的历史性跨越。1978年至2017年，我国农村贫困人口从7.7亿人减少到3046万人，减少了96.1%。[①] 城乡居民收入大幅增加，生活水平显著提高。政治、文化和社会建设全面进步，人们的精神面貌、整个社会的面貌都发生了巨大变化。

（二）经济进入新常态，区域发展面临着新的挑战

一是中西部地区增速提升明显，但与东部地区相比，区域发展差距依然较大。以人均GDP为例，2010年至2015年，东部地区人均GDP增长了57.8%；中部地区人均GDP增长了86%；西部地区人均GDP增长了77.3%。西部大开发、中部崛起战略发挥了重要作用。从绝对数值看，2015年人均GDP东部为7.1万元、中部为4万元、西部为3.9万元，中部和西部分别占东部的56.3%和54.9%。这是由自然、地理和社会历史等多重因素形成的。[②]

二是东北振兴以来面临的经济困境。一方面是2012年以来，东北经济增速放缓。2016年，GDP平均实际增速仅为3.5%，低于全国的平均水平。东北经济下滑既反映了我国经济增速整体放缓，产能过剩等共性因素，也是长期以来东北国有企业比重过高，体制机制僵硬等多种问题的体现。另一方面东北的新问题一定程度体现在人口的净流出。根据辽宁省社科院公布的《辽宁蓝皮书：2016年辽宁经济社会形势分析与预测》，2000年第五次人口普查时东北三省人口净流入为36万，十年后的“六普”则显示，东北人口净流出200万人。人口的净流出不仅仅是劳动力的输出，更重要的是人才、资金等多种要素的外流，对东北经济有着重要的影响。

---

①② 国家统计局官网数据库，http：//www.stats.gov.cn/.

三是经济进入新常态以来，经济增长不仅在东部、中部、西部发展趋势发生变化，而且经济增长也呈现南北分化的趋势，南北区域增长分化影响存在着多种因素。首先，经济体制因素。我国南方市场经济发展较为充分，三大产业结构优于北方；北方尤其是东北地区，国有企业比重较高，产业结构有待加快转型升级。南方市场经济效率高，经济增速明显高于北方。其次，人口、资源等要素影响。与北方相比，南方的就业机会更多。从人口流向看，人口更多地由北向南流入。近年来，大宗商品资源能源价格下滑明显，对东北、华北及西北这些资源能源地区影响很大。再次，铁路特别是高速铁路网的建设改变着我国的区域经济增长格局。截至 2016 年底，我国铁路营业总里程达到 124 万公里，其中高速铁路超过 2.2 万公里。[①] 高铁改变着人们的生活，也改变着区域经济格局；同时，外需市场扩张放慢，内需市场份额相对提升，为内陆一些人口较多、市场规模较大的省份加快发展创造了条件。最后，比较优势区域转移。东部沿海地区生产要素成本上升较快，使内陆地区要素成本低的比较优势显现出来，促进沿海失去比较优势的产业加快向内陆地区转移。

四是从珠三角、长三角再到环渤海，京津冀之间发展不平衡在环渤海经济圈中最为明显。京津冀地缘相近、人缘相亲，但长期以来，京津冀作为环渤海区域的核心都市圈发展并不协调。主要表现为：第一，北京的“大城市病”日益严重。人口过多、交通拥堵、房价高涨，还面临着十分严重的环境问题——雾霾笼罩、河水断流、地下水超载、地面下沉等。第二，发展地位的不平等。长期以来，北京作为国家首都，凭借其首都优势，集聚了周边乃至全国大量优质资源，这种强大的“虹吸”效应，导致北京与周边地区存在巨大的发展鸿沟，甚至出现了“环首都贫困带”。河北定位是服务京津，缺乏合理的利益补偿机制，河北在发展中始终处于一种“弱势”地位。第三，京津冀产业发展的不协调。按照孙久文的研究，北京已迈向后工业化社会，产业结构呈现

① 中国铁道统计年鉴［M］. 北京：中国铁道出版社，2016.

出第一、第二产业比重逐年下降，第三产业比重持续上升的趋势；天津处于工业化后期，第一产业持续下降，第二产业和第三产业比重呈现此消彼长的波动变化，且第二产业始终是第一大产业；河北正处于工业化中期。第四，京津冀在区位交通、资源及产业方面存在着协同发展的有利条件。京津冀相邻，有利于实现交通的一体化；三地比较优势明显，北京作为首都，其政治、文化、科技优势十分明显，天津制造业发达，河北资源能源优势明显。

（三）科技和社会的不断进步对转变区域发展模式提出了新的要求

人类社会发展的历史证明，只有适应了生产力发展水平的生产关系才能推动经济社会的快速发展。农耕时代决定封建制生产关系，土地及其生产工具的改造提升是重要标志；从蒸汽机的发明到电气的应用，推动了资本主义的诞生，经济的发展主要依赖资源能源的不断开发利用。我们已进入互联网时代，科学技术远超过去的水平，互联网技术日益普及，不但改变了人们的生活，而且在制造业、商业及金融服务业等各个领域也正在发生着不同程度的变化。据国际电信联盟发布的最新报告称，截至 2016 年年底，全球互联网用户人数达 35 亿，相当于全球人口的 47%。中国互联网用户人数达 7.21 亿，位居全球第一，印度互联网用户人数达 3.33 亿，超越美国位居第二。① 人工智能正在逐步代替人类开展多种多样的工作。生产力的进一步发展，客观上要求改变过去过度依赖资源能源的经济增长模式，提升经济效率，满足生产力发展的要求。

经济发展的实践再一次证明，区域经济的发展必须与资源能源的合理开发利用、环境改善相协调。李兰冰采用绿色全要素生产率指数对我国经济增长进行了研究。研究发现，我国的区域经济发展具有典型的不平衡特征。2001 ~ 2010 年，东部地区是我国四大区域中唯一一个绿色

---

① 联合国宽带状况报告：中国成全球第一大互联网市场［J］. 新闻世界，2016（10）：6.

全要素生产率指数大于1的地区，也是唯一一个实现绿色生产力增长的地区。同期，东北、中部和西部三大地区的绿色生产力呈现衰退的趋势。研究进一步指出，新疆、福建、江西等共计22个省份表现出粗放型经济增长方式，其共同特征表现为全要素生产率的贡献为负值，要素投入的贡献大于1，要素投入效率低下，资源浪费现象严重。

因此，生产力的不断进步对区域内部及区域之间寻找新的平衡提出了更高的要求，区域创新协同发展的新型关系逐步走上了历史舞台。

二、新型区域协同发展政策的主要内容

（一）“五位一体”总体布局、“四个全面”战略布局及新发展理念

“五位一体”是党的十八大报告中推进中国特色社会主义事业做出的总体布局，是党中央在领导人民建设中国特色社会主义的实践中认识不断深化的结果，是总揽国内外大局、贯彻落实科学发展观的一个新部署。“五位一体”包括统筹推进政治、经济、文化、社会和生态文明建设，旨在全面建成小康社会、实现社会主义现代化和中华民族伟大复兴。“四个全面”，即全面建成小康社会、全面深化改革、全面依法治国、全面从严治党。“四个全面”战略布局的提出，更完整地展现出新一届中央领导集体治国理政总体框架，使当前和今后一段时期，党和国家各项工作关键环节、重点领域、主攻方向更加清晰，内在逻辑更加严密，这对推动改革开放和社会主义现代化建设迈上新台阶提供了强力保障。

党的十八届五中全会提出“新发展理念”，要不断培植经济发展优势，解决发展中出现的难题，切实实现“十三五”时期发展目标，就必须贯彻落实创新、协调、绿色、开放、共享的发展理念。创新发展，是在理论、制度、科技和文化等各领域贯彻创新理念，创造新产业、创造新技术、创造新产品。协调发展，包括统筹城乡协调发展、区域经济

协调发展、社会协调发展、人与自然和谐发展以及国内发展和对外开放协调发展。绿色发展，是以效率、和谐、持续为目标，坚持环境保护和资源节约，坚持可持续发展，坚持人与自然和谐发展，助力与全球生态环境保护。开放发展，是鼓励参与世界经济竞争与合作，本着互利共赢原则，创建开放型经济，提高对外开放水平。共享发展，是鼓励全体人民共建共享发展成果，增进人民团结，增强社会安定，健全社会保障，使人民更有幸福感、安全感。

（二）新型区域协同发展的政策

1. 西部大开发、振兴东北及中部崛起被赋予了新的时代特色

适应“一带一路”建设的要求，中央将西部大开发提升到新的高度。“一带一路”是西部大开发的升级版，是西部大开发的内在驱动，“一带一路”给西部提供了跨越式发展的机会，西部发展又有了重大机遇。“十二五”规划明确指出加快内外联通通道和区域性枢纽建设，进一步提高基础设施水平，明显改善落后边远地区对外通行条件。提升西部地区基础设施水平，降低对外交流的交易成本。“十三五”规划更进一步指出的是加大门户城市开放力度，提升开放型经济水平。这是新时代背景下赋予西部大开发的新的含义。2013 年修订了《中西部地区外商投资优势产业目录》，2014 年修订了《西部地区鼓励类产业目录》。

加大了东北振兴发展的力度。2014 年中央在进一步分析调研的基础上，制定出台了《国务院关于近期支持东北振兴若干重大政策举措的意见》，分为 11 个方面 35 条政策措施。如表 4 - 2 所示。

表 4 - 2　国务院关于近期支持东北振兴若干重大政策举措的意见

政策条目	内容
着力激发市场活力	（1）进一步简政放权；（2）促进非公有制经济大发展
进一步深化国有企业改革	（1）深化地方国有企业改革；（2）大力推进中央国有企业改革；（3）妥善解决国有企业改革历史遗留问题

续表

政策条目	内容
紧紧依靠创新驱动发展	（1）开展产学研用协同创新改革试验；（2）完善区域创新政策；（3）加强创新基础条件建设
全面提升产业竞争力	（1）做强传统优势产业；（2）加快培育新兴产业；（3）推进工业化与信息化融合发展；（4）大力发展现代服务业
增强农业可持续发展能力	（1）巩固提升商品粮生产核心区地位；（2）创新现代农业发展体制；（3）加强粮食仓储和物流设施建设
推动城市转型发展	（1）全面推进城区老工业区和独立工矿区搬迁改造；（2）加快城市基础设施改造；（3）促进资源型城市可持续发展
加快推进重大基础设施建设	（1）加快综合交通网络建设；（2）构建多元清洁能源体系；（3）大力发展水利设施
切实保障和改善民生	（1）加快推进棚户区改造。打好棚户区改造攻坚战；（2）完善社会保障体系；（3）努力促进就业稳定
加强生态环境保护	（1）推进重点生态功能区建设；（2）推进工业废弃地和老矿区环境治理
全方位扩大开放合作	（1）扩大向东北亚区域及发达国家开放合作；（2）打造一批重大开放合作平台；（3）完善对外开放政策；（4）加强区域经济合作
强化政策保障和组织实施	（1）财政政策；（2）金融政策；（3）投资政策

资料来源：国务院关于近期支持东北振兴若干重大政策举措的意见．中央政府网，2014年8月8日。

2016年4月发布《中共中央国务院关于全面振兴东北地区等老工业基地的若干意见》。同年8月22日国家发改委印发《推进东北地区等老工业基地振兴三年滚动实施方案（2016～2018年）》，从深化体制机制、国有企业改革、产业改造提升等方面对已有政策进一步完善提升。该方案提出了拟于2016～2018年开工建设的对东北振兴有全局性重要影响的，能够有效补短板和培育新动能的重大项目，共127项，其中2016年62项，2017年33项，2018年32项，主要涉及交通（含铁路、高速公路、机场、轨道交通）、能源、水利、工业、农业、城乡建设等多个领域。主动融入、积极参与“一带一路”建设；对接京津冀等经济区构建区域合作新格局等新的指导意见。《促进中部地区崛起“十三五”规划》是中央适应国际国内新情况、新问题，立足中部发展的实际情况提出的长远发展规划，有利于协调解决中部地区城乡二元结构、工业化与城市化、产业升级等多个方面存在的问题，有利于中部地区走科学可持续发展之路。2017 年，河南、湖北两个中部省份的自贸区挂牌顺应了时代发展潮流。

2. 京津冀协同发展

京津冀三地重点从体制机制、非首都功能向外疏解、产业共建、交通设施及公共服务一体化，共同治理生态环境等方面实施了具体的政策措施。主要表现在：（1）逐步理顺协同发展机制。三省市建立常务副省（市）长定期会晤、京津冀协同办主任联席会议、各部门常态化会商等三级会商制度，签署了多项合作协议。2014 年 7 月，北京与河北省签署了《共同打造曹妃甸协同发展示范区框架协议》七份合作协议及备忘录；2016 年天津市与河北省签署了“1 +4”合作框架协议。探索建立行政管理协同机制、生态环保联动机制、产业和科技创新协同机制等。（2）建设首都副中心城市，缓解北京大城市病。通过首都副中心的建设，进一步将人口、非首都功能产业等向外转移。（3）加速交通一体化。编制了城际铁路网规划（2015 ~2030 年），成立京津冀城际铁路投资公司，京滨城际、京唐高铁 2016 年底开始建设；京津城际延伸至滨海新区中心商务区；津保铁路与京广高铁连通。打通了京昆、京台等多条高速公路及一批省内干线、农村公路“断头路”“瓶颈路”，将逐步形成京津冀 1 小时都市圈。北京、天津、石家庄海关全面启动实施区域通关一体化改革。（4）产业协同发展。北京与河北共建曹妃甸协同发展示范区、北京 · 渤海新区生物医药园、北京 · 张北云计算产业基地、北京 · 正定集成电路产业基地；北京推动中关村示范区、亦庄开发区与津冀合作共建大数据走廊、保定中关村创新中心等科技园区。（5）加强金融支持，推动设立产业基金。设立了 200 亿元的首钢京冀协同发展投资基金；在天津成立了100亿元规模的京津冀产业结构调整引导基金。（6）加速公共服务一体化。京津冀三地取消移动通信漫游收费。为打造轨道上的“京津冀”，推进京津冀三地公交“一卡通”。京津两地高铁有望率先实行月票制，高速取消通行费，津冀市民持京津冀互通卡可刷北京公交地铁。推动社保统一，2017年京津冀医保报销将实现异地结算。北京与河北在医疗、教育等方面开展了合作，北京友谊医院在曹妃甸建立了分院，北京景山学校在曹妃甸生态城建立了分校。（7）生态环境保护的协作。三地建立大气污染会商、联防联治机制。

3. 长江经济带战略

2014年《国务院关于依托黄金水道推动长江经济带发展的指导意见》提出将长江经济带建成综合立体交通走廊。长江经济带横贯东西，占地面积205万平方公里，涉及上海、江苏、浙江、安徽、江西、湖北、湖南、重庆、四川、云南、贵州等11省市，人口5.84亿，占全国42.88%，生产总值28.46万亿，占全国的41.6%。[①] 改革开放以来，长江经济带在其独特地理优势和经济潜力的基础上，已逐渐发展成中国具有较强综合实力的区域之一。长江经济带横跨我国东部、中部、西部，有着长江这条黄金水道，在国际和国内环境深刻变化和矛盾众多的背景下，不断挖掘长江中上游广阔地域的巨大需求潜力，并促进经济发展空间从沿海向沿江内陆扩展；不断推进沿江产业结构的优化和城镇化布局的改善，推动长江经济带各省经济转型升级，提质增效；促进长江沿线各地区合作共赢、优势互补，逐步缩小东中西部地区差距；重视长江流域生态环境保护，加强社会生态文明建设。长江经济带的发展方向包括：

（1）建设长江内河经济带。发挥长江黄金水道的独特优势，发展现代化综合运输体系，推动沿江产业结构升级转型，合理布局推进城镇化，增强具有综合实力的城市群，积极参与国际竞争与合作，发展长江内河经济。

① 推动长江经济带发展网，推动长江经济带发展战略基本情况［J］. http：//cjjjd. ndrc. gov. cn/zoujinchangjiang/zhanlue/.

（2）促进长江流域经济协调发展。长江横贯中国东西，流域各省市都有各自的比较优势。充分分析各地区人口、经济和环境，统一调配资源，发挥沿海地区的经济带动作用，促进沿江和内陆地区有序承接产业转移，激发长江经济带内生发展力量，促进长江流域经济协调发展，缩小东西部地区经济差距。

（3）利用沿海沿江沿边的区位优势，全面对内对外开放。长江经济带横跨东中西部，东部靠海、中部沿江、西部沿边，具有纵深广阔的开放优势。充分利用长江经济带的区域优势，加强对内对外的开放布局。加强基础设施建设，贯通与内陆地区和周边国家的联系，拓展内陆地区的需求，并加强同周边国家的互通。将长江经济带建成横贯东中西的综合开放合作走廊。

（4）加强长江经济带生态文明建设。长江沿岸支流很多，江河湖泊资源丰富，河流水质优良、物种丰富。加强对长江干支流、湖泊及农田的保护，构建绿色生态体系，将长江经济建成天蓝地绿水清的生态走廊。

4.“一带一路”建设

2013 年 9 月至 10 月，习近平主席在哈萨克斯坦及印度尼西亚访问期间，分别提出“丝绸之路经济带”与“21 世纪海上丝绸之路”两大构想。2015 年 3 月 28 日，经国务院授权，国家发展改革委、外交部、商务部联合发布了《推动共建丝绸之路经济带和 21 世纪海上丝绸之路的愿景与行动》，标志着“一带一路”的建设构想进入实施阶段。世界发展史也是一个全球分工合作不断加强、全球化进程不断深入的过程。全球化进入当今时代，绝大部分国家都期望出现一个平等互惠的交易平台，构建新型的全球经济体系。中国国内经济高速发展，经济规模不断扩大，深入对外开放是中国未来的发展方向。中国在内外部环境日趋成熟的条件下，高瞻远瞩提出“一带一路”建设是符合历史契机的。

“一带一路”建设的内在本质—区域协调发展 4.0 即将区域协调发展划分为 1.0 至 4.0 四个阶段。区域 1.0 即从 20 世纪 90 年代初区域协调发展的提出到 2004 年提出区域总体发展战略，主要经历了我国的

“八五”和“九五”时期；区域 2.0 即由提出区域发展总体战略的 2004 年到提出生态文明的 2007 年，主要是西部大开发、振兴东北老工业基地和中部崛起战略的制定实施阶段；区域 3.0 即从 2007 年到 2013 年区域协调发展总体战略与主体功能区战略的融合期，这一阶段在区域协调发展战略基础上，政府提出了主体功能区战略；区域 4.0 即始于 2013 年提出的以“一带一路”为支点的全方位开放的区域经济协调发展战略。此前的区域协调发展战略着眼于国内区域经济的协调，提出“一带一路”建设后，区域协调发展战略一定程度上超越了国家行政区域限制，开始兼顾国际经济的协调，展示了中国希望与周边区域以及众多国家共建互惠互利、平等合作的新型区域合作发展模式的愿景和诚意。

纵观我国的区域政策发展历程，首先是协调东西发展差距的均衡发展战略，虽然存在着生产力浪费的问题，但对于中西部地区工业体系的构建发挥了重要作用，一定程度缩小了东西差距。20 世纪 80 年代以来，从东部沿海的率先发展至西部大开发、中部崛起，再到东北老工业基地振兴，形成了东部、中部、西部及东北四大板块的战略格局。从效率优先，逐渐向协同发展的公平导向转变，在讲求效率的同时注重缩小区域发展的差距，为人民创造福祉。东部沿海率先发展的核心是改革开放。通过体制改革，释放市场主体活力，解放和发展生产力；通过对外开放，将国外的技术、资本、人才、思想引进来，为区域的发展创造有利条件。东部沿海地区是改革开放红利的最大受益者，东部沿海地区以世界经济全球化、产业转移，劳动力比较优势等有利条件为契机，实现了经济腾飞。改革开放提升了我国综合国力的整体水平，但也拉大了东部沿海地区与中西部及东北地区的差距，区域人民收入水平差距较大，这种不平衡发展不利于我国长期的可持续发展。西部大开发、振兴东北老工业基地和中部崛起战略在这一背景下应运而生，三大战略对缩小区域差距发挥了重大作用，但实现区域协同发展仍任重道远。随着我国工业化和城市化建设进程的加快，经济发展面临着土地、人口、资源能源、生态环境等多方面因素的制约。因此，如何优化利用各类要素资源，实现空间的优化配置成为新的课题。主体功能区规划对此进行了系统的谋划，京津冀协同发展、长江经济带发展及“一带一路”建设是横跨东中西、连接南北方的重要轴带，提升轴带结合对统筹区域发展的引领和带动作用，在现阶段对区域协同发展具有重要意义。

第四节　新时代区域协同发展政策（2017 年至今）

一、新时代协同发展区域政策背景

（一）经济建设成就卓著，经济结构不断优化

党的十八大以来，我国面临着全球经济低迷、复苏乏力，社会问题加剧、局部地区矛盾严重等外部环境，本着全面建设小康社会的奋斗目标，坚定不移贯彻创新、协调、绿色、开放、共享的新发展理念。我国协调推进“四个全面”的战略布局并统筹推进“五位一体”总体布局，经济工作取得了突出业绩，从 2012 年到 2017 年，国内生产总值从 54 万亿元增长到 80 万亿元，其中服务业占比超过了 50%，中国经济增长对促进世界经济发展做出了重要贡献，经济结构不断优化，人工智能、大数据等新兴产业兴起，供给侧改革深入推进，高新技术产业增加值占规模以上工业增加值比例已达到 12.4%，高铁、公路、机场、港口等基础设施建设大规模快速建设，城镇化率逐年提高，已达到 57.4%，2013～2016 年，城镇新增就业都在 1300 万人以上，人民生活水平显著提高，全国居民收入年均增长 7.4%，农村贫困人口逐年下降，贫困发生率已下降到 4.5%。[①] 进入“十三五”时期，我国东部沿海已经有相

① 国家统计局官网数据库，http：//www. stats. gov. cn/.

当一些区域的人均 GDP 超过 10000 美元。[①] 北京、上海、天津、广东、江苏、浙江等地，都将进入注重增长质量、注重城市民生、注重区域环境的发展时期。在区域产业创新发展、区域环境建设、区域与城市交通改善等方面都取得了令人瞩目的成就，居民人均收入也有较快的增长，但是过度的开发，使得资源紧缺，环境退化，区域空间紊乱，区域发展也遇到了一些瓶颈问题。

（二）区域协调发展、绿色发展、生态文明建设纵深推进

经济发展水平是国家发展水平的重要体现。党的十八大后的五年间，我国推出了 1500 多项改革举措，包括财政、金融、国企、“放管服”等方面改革，为经济社会协调发展增强动力，我国区域经济发展协同性显著增强，“一带一路”建设、中部崛起、西部大开发、振兴东北老工业基地、长江经济带和京津冀协同发展有序推进且取得卓越成绩，同时我国经济发展坚持绿色发展理念，绿水青山就是金山银山的理念开始深入人心，生态文明制度体系不断完善，制定并深入实施大气、水、土地污染防治行动，鼓励节能减排，鼓励开发利用新能源，能源资源消耗强度大幅下降，生态环境治理明显加强，环境状况得到改善。把生态文明建设融入经济建设、政治建设、文化建设、社会建设各方面和全过程，形成环境保护和能源节约的产业结构、生产和生活方式。

（三）我国社会主要矛盾发生变化

党的十九大提出，我国社会主要矛盾发生了历史性变化。改革开放以后，我国社会主要矛盾一直是人民日益增长的物质文化需要与落后的社会生产之间的矛盾。2017 年党的十九大报告重新定义，我国现阶段社会主要矛盾已经变成“人民日益增长的美好生活需要和不平衡不充分的发展之间的矛盾”。当前社会主要矛盾的变化使得未来我国很多政策

---

① 孙久文．从高速度的经济增长到高质量、平衡的区域发展［J］．区域经济评论，2018（1）．

的着力点发生变化。经济发展存在不平衡、不充分的问题有待解决，经济发展质量有待提高，国民经济创新能力有待增强，生态环境有待进一步保护和优化，城乡经济差距和人们生活差距仍然很大，在人们劳动就业、社会养老、医疗、接受教育及生活居住等各方面仍存在诸多问题，社会精神文明水平更待提高。

我国社会发展总目标发生改变，从原来全面建成小康社会变为两个百年奋斗目标：第一个百年目标是把我国全面建成小康社会；第二个百年目标则是在第一个百年目标基础上继续努力，到 21 世纪中叶把我国建成富强民主文明和谐美丽的社会主义现代化强国。

（四）新时代中国特色社会主义经济思想体系持续完善

党的十九大的召开标志着中国特色社会主义进入了新时代。以习近平同志为核心的党中央审时度势，根据国内外经济、政治形势的发展变化，不断调整经济政策和经济发展方向，逐渐形成新时代中国特色社会主义经济思想，这一经济思想在 2018 年中央经济工作会议中更加明确，坚持加强党对经济工作的统一领导；坚持市场在资源配置中的决定性作用，更好发挥政府作用；坚持以人民为中心的发展思想；坚持引领经济发展新常态；坚持适应我国经济发展的主要矛盾变化，完善宏观调控；坚持问题导向部署经济发展新战略；坚持正确工作策略和方法。

二、新时代协同发展区域政策主要内容

党的十九大报告提出，要强化四大区域的协调发展，发挥三大支撑带的示范引领作用，以城市群为主体构建大中小城市和小城镇协调发展的城镇格局，加大力度支持革命老区、民族地区、边疆地区、贫困地区、资源型地区的快速发展。2017 年 12 月国家提出“实现基本公共服务均等化、基础设施通达程度比较均衡、人民生活水平大体相当”的区域协调发展目标。2019 年 8 月又正式明确区域协调发展的总体思路，即“按照客观经济规律调整完善区域政策体系，发挥各地区比较优势，

促进各类要素合理流动和高效集聚，增强创新发展动力，加快构建高质量发展的动力系统，增强中心城市和城市群等经济发展优势区域的经济和人口承载能力，增强其他地区在保障粮食安全、生态安全、边疆安全等方面的功能，形成优势互补、高质量发展的区域经济布局。”新时代的区域协调发展，既鲜明提出通过要素流动提高经济集聚效益，又强调提升不同区域特别是问题区域的发展能力。

（一）我国经济发展阶段和经济工作总基调发生转变

1. 经济由高速增长阶段转向高质量发展阶段

由于世界经济复苏乏力，还有像印度、巴西等新兴经济体发挥其劳动力低成本优势吸纳投资，加快工业化步伐，加剧世界市场竞争，而我国经济发展进入新常态，人口老龄化程度持续提高，劳动力人口进入下降阶段，同时我国国民的生活需求不断提高，对消费品的品质要求不断提高。这些内外环境和条件的变化，使我国迫切需要转变发展方式，优化经济结构，转换增长动力，我国的经济社会发展阶段发生转变，由经济高速增长阶段转向了经济高质量发展阶段。为提高经济质量，必须推进供给侧改革，鼓励高新技术企业发展，鼓励科技落地，增加高端产品和服务的提供，推动产业结构转型升级，不断提高高新技术企业竞争力。

2. 延续“稳中求进”的工作总基调

从 2012 年起，“稳中求进”就一直是中国经济工作的主基调。2016 年末的政治局会议进一步升级了稳中求进的重要性，2018 年中央经济工作会议中再次强调，我国经济发展要继续保持稳中求进的节奏和力度。推行积极的财政政策，优化财政支出结构，加强对政府债务的管理，重点支持重大项目建设。推行中性稳健的货币政策，建立货币政策和宏观审慎政策协调配合良性互动的体制机制，防范金融风险，维护宏观经济稳定，更好为实体经济服务。进一步优化资源配置，实施一系列结构性调整政策。鼓励创新产业、服务业的发展，提高产品质量，加强基础设施建设，解决突出的民生问题。党的十九大报告作为一个重要的分界点，未来将淡化 GDP 增速目标，但 GDP 增速指标仍是衡量经济增长的重要指标，未来我国将保持经济稳定增长、调整经济结构、促进经济改革的整体均衡发展。

（二）进一步深化推进区域协同发展战略

我国自 20 世纪 90 年代提出区域协调发展战略，实施了西部大开发、振兴东北老工业基地、中部崛起、长江经济带、“一带一路”、京津冀协同发展等战略，取得了显著成效，区域发展差距趋于缩小，但差距依然较大，近年来又面临不少新情况新问题，如一些地区人才储备和技术支撑缺口较大、新动能培育相对较慢，一切地区产业转型困难等。为进一步促进各地区经济协同发展，党的十九大提出以下任务和举措：

第一，深入推进东部、中部、西部及东北“四大板块”协调发展。围绕基础设施建设、生态环境保护、绿色新兴产业和新型城镇化等重点项目，大力推进西部大开发形成经济发展新局面；东北等老工业基地振兴存在体制机制难题，制约着国企改革、市场机制维护、营商环境改善、思想观念更新等，通过营造更好的振兴和发展环境，激励各类市场主体广泛参与结构调整与升级，深化改革加快东北等老工业基地振兴；充分发挥中部地区链接东西南北的区位、四通八达的基础设施网络、产业基础和资源条件较好等优势，推动中部地区崛起；发挥东部地区高端要素聚集、创新能力较强、开放条件和市场环境好等优势，加快创新驱动发展，尽快实现发展动能变革，通过创新引领率先实现东部地区优先发展。

第二，推进京津冀协同发展。疏解北京非首都功能，带动天津和河北产业的协调发展，完善区域内基础设施网络，健全区域合作机制，在区域内进行合理的产业布局，北京侧重首都功能，是全国政治、文化、外交和科技中心，天津侧重发展制造科技研究、航运和金融创新，河北建设雄安新区，承接北京非首都功能和天津非核心功能产业。形成合理分工、相互协作、共享利益的区域合作新局面。

第三，推动长江经济带发展。长江经济带的开发建设必须坚持“共抓大保护、不搞大开发”的原则，必须走绿色、生态的发展道路，坚持将生态环境保护放在第一位，形成高效可行的上下游联动保护机制，重点发展绿色低碳和高附加值产业，推动长江绿色生态和经济协调发展。

第四，深化区域合作，建立更加有效的区域协调发展新机制，坚持陆海统筹，加快建设海洋强国区域协调发展机制是区域协调发展的制度基础。为更有效推进区域合作，要不断健全区域协调发展机制。建立奖惩措施，激励先进，帮扶落后，促进区域经济协同；建立相关政策，促进区域内生产要素自由流动、合作利益公平分享。海洋是日益重要的国土空间和资源，要加强陆海开发和保护的统一规划与协调，在大力发展海洋经济的同时保护好海洋生态，提高海洋科技水平，加快建设海洋强国步伐。

（三）以绿色发展和生态文明建设为主题

新时代我国的经济发展将从单纯关注经济增长转为既关注经济增长又兼顾注重生态文明建设和经济绿色循环发展，兼顾各地区经济的均衡协调发展。一是推进绿色发展。绿色发展是以效率、和谐、持续为目标的经济增长和社会发展方式。绿色发展已成为重要趋势。绿色发展是将环境保护作为实现可持续发展重要支柱的新型发展模式，为推进绿色发展，我国号召每个部门、企业和个人都身体力行，节能减排，推行低碳经济。为创建绿色低碳循环经济体系，国家层面应鼓励绿色环保创新，大力发展节能环保产业和清洁能源产业。加强能源管理，鼓励资源的节约利用和循环再利用，节能减排，保护水资源，实现社会生产和生活全方位的循环链接。反对铺张浪费和过度消费，倡导简约低碳的生活和出行方式，谋求人与自然的和谐共生。二是解决突出环境问题。开展持续高效的大气污染防治活动，号召全民参与治理，减少排放。加强对水污染的防治、加强企业排放的监督检查，培养更为专业的环保监督队伍，健全环境评价和信息披露制度，提高监督标准，强化责任人的法律责任，加大惩处力度，培养更为专业的生态保护治理的专业化团队，对污染的流域和海域开展综合治理。加强对土壤污染的控制和整改，加强农村环境治理，优化农村人居环境。加大对环保理念的宣传，构建政府主导、企业主力、社会组织和公众共同参与的环境治理体系。未来环保防治相关产业将积极参与全球环境治理，落实减排承诺，在加大生态系统保护力度，改革生态环境监管检查体制的政策保障下得到长足发展。

（四）建立现代化经济体系，深化供给侧结构性改革，加快建设创新型国家

我国经济发展阶段已发生转变，经济发展方式和经济结构需要调整和优化，建设现代化经济体系势在必行。把提高供给体系质量作为主攻方向，彻底改变过去主要依靠要素投入、规模扩张，忽略质量效益的粗放式增长等问题，提高质量和经济效益，实现我国经济的良性循环。坚持供给侧改革，提升经济发展质量。促进实体经济、创新产业和现代金融产业相互促进，协同发展，建立现代经济产业体系。建立高效可行的机制体制，健全区域经济协调机制，搭建公平有序的经济平台，保障经济实体的发展活力，并加强对社会经济的宏观调控。不断健全市场进入机制，完善国有企业改革方案，支持民营企业发展，构建新型政商关系。尊重企业的经济主体地位，发挥企业的经营自主权，顺应市场经济规律，激发市场主体活力，培育更多有竞争力的一流企业。

深化供给侧改革是以加快发展先进制造业为重点全面提升实体经济，重点在于提高供给体系质量，提高产品和服务质量，实现更高层次的供需平衡。坚持质量第一，实现由原来以价取胜转向以质取胜。培养先进制造产业，发展世界级的制造水平，促进中国制造立足世界，同时在技术创新、低碳环保、人力资本服务和共享经济等领域不断创新，创造新增长点。加大对高素质企业家和高新技术人才的培育。通过关停并转、完善市场优胜劣汰机制等有效措施有效推动传统产业优化升级，去产能、去杠杆、降成本。

建设成为创新型国家是我国新的发展理念和重大战略任务，依然推行科教兴国战略、人才强国战略和创新驱动发展战略，这是我国全面建成小康社会的重大措施，大幅提升科技实力、跻身创新型国家前列是我

国2035年要实现的目标。2016年《国家创新驱动发展战略纲要》明确提出，我国2020年要跻身创新型国家行列，到2030年跻身创新型国家前列，到2050年建成世界科技创新强国。为把我国建成创新型国家，中国必须向世界科技前沿看齐，鼓励企业自主创新和引进外来技术的融合，全面增强自主创新能力，同时要夯实基础研究，突破前沿科技，深入开展工程、科技等各领域的技术研发和创新，努力把我国建设成为科技强国、质量强国。

（五）推动形成全面开放新格局

近年来世界经济格局正在深度调整，新兴市场和发展中国家崛起，全球经济“东升西降”“南升北降”态势明显。我国坚持开放发展新理念，推动“一带一路”建设，对外开放取得重大成就，对国际经济的影响力更加强大。加快培育竞争新优势是我国开放型经济的发展方向，我国对外开放新格局内涵主要新在4个方面：

（1）扎实推进“一带一路”建设，将沿海开放与内陆沿边开放更好结合。党的十八大以来，“一带一路”建设从愿景转变为现实，遵循共商共建共享原则，积极促进“一带一路”国际合作，加大了中西部地区的开放力度。2017年5月“一带一路”国际合作高峰论坛成功举办，为推动各国共商合作发展大计奠定了基础。我国开放型经济发展空间广阔，未来，要把“一带一路”建设成和平之路，加强与沿线国家发展战略对接，以“六廊六路多国多港”为主体框架，大力推动与各国的互联互通和产业合作，提高自由化贸易和投资的便利化水平，加强创新能力开放合作，将“一带一路”建成文明、创新的开放之路。在继续深化沿海开放同时，推动内陆和沿边地区逐步开放，形成贯通东中西部，海陆联动的开放格局，形成区域协调发展新格局。

（2）培育贸易新业态新模式，将制造领域开放与服务领域开放更好结合。改革开放40年来，我国已成为贸易大国，货物出口规模领先全球。当今国际环境和国内发展条件均发生了重大变化，我国要坚持创新，有序放宽市场准入，扩大服务业对外开放。鼓励教育、金融、文化、医疗等服务领域有序开放，放开养老、建筑设计和物流贸易等领域外资准入限制。从货物贸易为主向货物和服务贸易协调发展转变，从依靠模仿向依靠创新创造转变，从大进大出向优质优价、优进优出转变。培育贸易新业态新模式，逐步完善监管制度、服务体系和政策框架，支持跨境电商、市场采购贸易、外贸综合服务企业加快成长。

（3）坚持引进来与走出去更好结合，拓展国民经济发展空间。一方面，我国拥有强大产能，拥有较充裕的外汇和成熟的对外投资的条件，新形势下，我国鼓励有实力的企业走出去，促进国际产能合作。加强对海外并购的引导，扩大市场渠道、打造国际品牌，规范海外经营、增强企业核心竞争力。加强和改善信息、法律、领事保护等服务，保障海外人员安全。促成我国从贸易大国向投资大国、从商品输出向资本输出转变。另一方面，外商拥有先进技术和经营理念，引进外商投资对我国推进供给侧结构性改革、实现经济向更高形态发展起到了重要作用，我国应进一步扩大市场开放、加强利用外资法制建设、完善外商投资管理体制、营造公平竞争的市场环境、强化外商权益保护等途径，增强我国国际引资竞争力，吸引更多优质的外国投资者参与我国建设。

（4）坚持多边开放与区域开放更好结合，优化区域开放布局，促进贸易和投资自由化便利化。世贸组织代表的多边贸易体制和自由贸易区代表的区域贸易安排，是驱动经济全球化发展的两个“轮子”。要加大西部大开发力度，完善口岸、跨境运输等基础设施，建设自贸实验区、国家级开发区、边境经济合作区、跨境经济合作区等开放平台，打造一批贸易投资区域枢纽城市，扶持特色产业开放发展，在西部形成若干开放型经济增长极。要赋予自贸实验区更大的改革自主权，提高自贸实验区建设质量，鼓励其大胆闯、自主改，形成更多制度创新成果。探索建设自由贸易港，实施自由贸易政策，提高贸易便利化水平。新加坡港和中国香港是目前世界排名第一、第二的自由贸易港。我国海岸线很长，自然条件优越，有设立自由贸易港的充分条件。

第五章

国内外区域政策的比较分析

第一节　不同体制框架下的我国区域经济政策

德国经济学家欧肯（2001）[①] 断言，经济调节有两种基本形式，以经济权力对立的情况为特征。在可能的多种经济秩序选择中，个人被最大限度地剥夺权力而失去影响是集中管理经济的特点。中央拥有最大的权力，同时为经济上的下属制定经济计划。与此相对立的是完全竞争，在完全竞争市场，没有人在经济上拥有控制他人的权力，生产由价格机制决定。在这里，每个人都实施自己的经济计划，这些计划通过协调以非等级制的方式结合起来。

新中国成立以来实施的区域平衡发展的政策，是在高度集中的计划经济体制下实施的。从政策工具看，中央计划投资是这一时期政策的典型特征。与之相伴随的是，财政体制主要以中央统收统支为主，价格在市场调节中并不发挥决定作用。从生产到消费，国家计划分配贯穿于整个过程。这些政策手段的表现，从根本上都是由计划经济体制决定的。从政策实施效果看，以国家计划为主导，对中西部地区工业基础的建立

---

① 瓦尔特·欧肯．经济政策的原则［M］．上海：上海人民出版社，2001：300－301.

奠定了坚实的基础，但由于脱离市场规律，国家计划投资往往不注重效率，如“大跃进”和三线地区建设，造成了很大的浪费。因此，新中国成立后在特定背景和计划体制下实施的区域平衡政策，尽管有利于国家工业布局整体平衡，但政策的实施并未实现预期的效果。

改革开放后，为改变中国贫穷落后的局面，在邓小平为核心的党的领导集体充分尊重地方和民意，实施了以东部沿海地区为样板的新的政策。改革和开放是这一时期的两条主线：一是改革，逐步引入价格机制、个体、私营及外资等新的经济成分，改革税收机制由统收统支逐渐改为包干制，改革国有企业、政治体制等，可以说改革激发了市场活力，推动我国经济成为世界第二大经济体。二是开放，改革与开放相辅相成，开放使中国融入世界经济，分享世界经济发展的成果，有利于更好地推进改革；同样，改革原有体制，逐步确立市场经济在我国经济发展中的决定性作用，有利于实现更好地对外开放。

随着改革开放的不断深入，区域之间发展的差距日益明显。既有地区要素的差异因素，也有经济政治体制改革程度不同的影响。例如价格体制、财政体制改革都拉大了东西部之间差距。缩小区域发展的差距逐步成为区域政策的目标，西部大开发、振兴东北老工业基地及中部崛起都反映了这一特点。此阶段市场机制更加灵活，市场体制更加完善，区域政策正是在市场经济目标确立并不断完善的情况下丰富发展，指导区域走向协调发展。

区域政策是为实现既定的战略目标，在现有的经济政治体制下，由中央政府制定实施的一系列政策。经济和政治体制对区域政策的制定及执行起决定性作用。

欧肯（2001）从经济秩序的角度分析了市场经济体制（交换经济）和计划经济体制（集中管理经济）。从形态学分析，不管何时何地，一切经济行为都是建立在计划基础之上的。物质的稀缺决定了从远古到现在的人们都需要有自己的计划，无论何时何地的经济行为都是以计划为基础的。在不同的历史时期，只有两种基本的经济形式：一种是“集中指导经济”的纯粹基本形式。如果这个团体不大，例如一个封闭式的小家庭，那么一个人就可以总揽全局。我们称这种经济形式为“自给自足经济”。或者整个国家的经济过程的集中计划，这就需要有一个管理机构，即“中央管理经济”。另一种纯粹形式是“交换经济”，在这种经济中，众多的企业和家庭自主地制定计划，相互进行经济交往，并存在一个协调它们经济活动的市场机制。计划经济和市场经济体制是两种不同的经济调节模式，从上面的分析可以看出，在两种不同的体制下，区域政策的内容和手段是不同的。因此，需要对政策形成机制进行比较，从而找出区域政策形成的根源。

（1）区域政策形成的经济秩序不同。新中国成立后，我国建立的是高度集中的计划经济体制。计划经济体制是一种中央集中管理经济的经济秩序。在这种体制下，经济调节过程可以被分为四个阶段。第一阶段是统计部门负责收集计划统计资料。统计部门的主要任务是利用统计数据制定“物资数量的平衡表”。第二阶段是计划。它以需求计划、供给计划以及需求和供给的平衡为内容。集中管理经济的计划是由一系列长长的、交互连接的各专业部门相互并列的物资数量平衡表组成。各个计划之间的协调则通过上级机构制定的普遍准则（紧迫程度等级）以及由它直接插手许多个别决策来实现；虽然专业部门也是计划的承担者和编制者，然而它们依赖和从属于国家各个部门及其他中央机构，从而保证计划的统一性。第三阶段则将生产指令下达给各个企业。在这里，确定了企业的生产数量、时间和品种。征收来的原料交给企业用于生产，同时也下达了关于生产出来的产品用途指令。最后是第四阶段计划监督。企业有义务不断呈报自己的存货和生产情况，专业部门则不断将企业完成数字和应完成的计划数字加以比较，检查二者是否相符。

市场经济的本质是对经济过程的研究从单个企业或家庭开始，比如从一个皮革厂开始。在那里人们看到，企业按照价格制订自己的计划，特别是预期成本，即产品与生产资料之间的价格比例决定了对生产的调节。由于每个企业都以此方式调节本领域发生的局部经济过程，所以在交换经济中对总过程的调节就得通过价格来进行。在市场经济体制下，消费者的需求（市场需求）决定生产什么，消费者的支付能力决定了生产多少，消费者主权对资源分配具有约束；在经济和法律地位上，消费者和生产者是平等的，经济决策主体不存在人身依附关系，决策的过程是分散的；经济发展的动力是对利益的追求，通过买者和卖者之间的横向渠道传递信息。通过竞争分散的决策主体谋求各自的利益，主要是在事后通过市场来进行决策的协调，整个资源配置过程是以市场机制为基础的。市场运行的制度安排或运行方式是市场经济，市场在资源配置中起基础性调节作用。

（2）区域政策作用的经济过程不同。集中管理经济中的调拨取代了市场经济中的交换，价格不再起决定作用。在整个经济过程中，储蓄、投资、分配、国际贸易等不同于交换经济。集中管理经济最大限度地集中了经济权力，在这种制度下，各个参与者没有权力，而只是对经济过程具有某些非常小的影响。这种经济秩序反映了一个重点的转移，市场的决定者不再是消费者或者企业家，而是中央管理部门。中央计划经济的形式要素一旦在一种经济制度中开始占支配地位，一切经济机构也就改变了自己的性质，合作社、工会、银行等都不同于市场经济体制的含义。不同经济秩序下，就连法律都发生了本质的变化，必将继续导致新的法律形式出现和旧的法律形式功能的改变。

从投资过程看，在市场经济条件下，投资是以现有价格和预期的价格为依据的。换句话说，投资是建立在固定投资的费用、原料和产品预期的价格的基础上。同时起决定作用的是投资期的长短，经济核算对每笔投资都产生刹车的作用。在集中管理经济下，由于投资是一种专业部门的调拨，投资的成本和投资的期限并不受到重视。中央管理部门将劳动力和生产资料最大限度地引入投资领域，消费者在此体制中不能发挥调节作用，政府以最低限度供应来维持劳动者的劳动能力。建立在调拨基础上的集中管理经济不仅是将生产资料从消费领域调转到生产资料工业，而且是一种无等价物抵偿的调拨。在这种体制下，一定会造成比例失调，难以实现投资平衡。

从生产和分配过程看，在市场经济体制下，收入的形成好像是机械的。资本、劳动力和物化生产资料的结合，产生生产力价格。生产和分配是一个过程，它们不可分地相互结合在一起，似乎是从不同方面来观察同一事件。在集中管理经济中，一个庞大的中央机构控制着分配，并规定收入。生产贡献不是由价格计算机自动计算出的，而是由中央部门的计划决定的。生产和分配相互分离。

从国际贸易看，在市场经济体制下，以何种关系、多少数量进行交易，如何调节资本流动，是由有关国家的价格体制和汇率决定的。在集中管理体制下，由于价格不再反映商品稀缺的情况，这种两国之间的贸易只能基于一种粗略的估算。为了给这些估计和由此产生的交换提供依据，中央管理部门也采取统计手段，并征求相关专业人士的意见，经济权力集团的利益通过中央管理部门发生作用。

（3）实践证明了市场经济体制符合我国国情，有利于解放和发展生产力。新中国成立至改革开放前，我国实施的是一种高度集中的计划经济体制，中央统一了物价、统一进行物资分配等，国有企业完全执行中央部委指令，按计划进行生产。计划体制不可避免地导致经济的失衡，主要表现在：一是计划结构问题，因为在计划中，通常存在一个强大的投资倾向，忽视消费品供应；二是完成规定计划的方法失灵，因为缺少调节体系；三是人的积极性在经济过程中没有得到充分发挥。这种计划经济体制的影响，不仅体现在经济领域，也反映在社会领域。

改革开放以来，中央以东部沿海地区为突破口，实施了改革开放。从改革开放发展商品经济，再到1992年确立市场经济体制的目标，这是对高度集中的计划经济体制的根本性变革。改革开放使得我国的经济社会取得了巨大的成就，综合国力和经济实力在世界上的地位明显增强。主要体现在：1979年到2015年，我国国内生产总值从4100亿元增加到689052.1万亿元，增长了168倍，经济总量跃升至世界第二位。财政收入从1146.38亿元增加到152269.23亿元，增长了132倍。[①]

① 国家统计局官网数据库，http：//www.stats.gov.cn/.

第二节　国外典型区域政策

一、美国的区域政策

美国工业化进程起步早、水平高，因此其问题暴露得比较早、比较充分，这成为美国制定实施区域经济政策的重要因素之一。20 世纪 30 年代的经济危机，引起了西方经济思潮的巨大变动，其直接产物是凯恩斯的代表作《就业、利息和货币通论》①，这为美国区域经济政策的制定奠定了理论基础，美国政府以此为依据制定宏观经济政策，加速对经济的干预。美国区域经济政策随经济的发展经历了演变完善的过程，大致具备以下四个方面特征：

（1）制定区域开发规划，以开发落后地区为先导的区域经济政策，其重要特征是完善区域开发法律制度和建立健全管理机构。1933 年 5 月美国国会通过了《麻梭浅滩与田纳西河流域开发法》；1961 年，美国政府颁布实施了《地区再开发法》，随后又颁布了《公共工程和经济开发法》《阿巴拉契亚区域开发法》等一系列法规，为区域开发提出法律依据（张秉福，2006）②。为保证各项法律的实施，美国还设立了区域开发机构。伴随着法律的出台，田纳西河流域管理局依法成立，该局负责领导、组织和管理田纳西河和密西西比河中下游一带的水利综合开发和利用，并作为开发美国 7 块集中连片的贫困落后地区的试点。在此基础上，为促进落后地区经济发展，美国联邦政府又成立了地区再开发管理局、设立了阿巴拉契亚区域委员会以及一些其他的州际开

① 约翰·梅纳德·凯恩斯．就业、利息和货币通论［M］．西安：陕西人民出版社，2006.

② 张秉福．国外区域经济政策实践及其对我国的启示［J］．城市问题，2006（3）.

发委员会，后来又将地区再开发管理局升级为经济开发署，以加强援助困难地区经济。

（2）实施了“市场导向为主 + 政府适度宏观干预”的重要政策。长期以来，美国联邦政府在促进区域经济发展方面，主要凭借市场手段引导资本、人口、资源等在地区间相互流动，通过市场竞争优化资源配置，改善经济结构，激发市场活力，促进经济发展。

（3）以间接的财政税收手段为主。为促进落后地区的发展，联邦政府对落后地区税收做了优惠安排。首先，为降低工业生产和商业活动中的企业成本，提升了州和地方政府税收豁免权的比重。其次，鼓励州政府实施税收减免政策，激发工商企业投资的积极性。同时，高收入与低收入地区的差距可以通过累进税制实现自动调节。最后，联邦政府通过转移支付直接补贴落后地区。一般情况下，落后的州和地方可以获得联邦政府财政收入的10%左右补助，落后地区产品享有被联邦政府优先购买的权利。

（4）美国政府更强调通过为欠发达地区造血的方式支持其发展，欠发达地区自我发展的创造力和持续发展的竞争力得到了有效的提升。联邦政府采取的主要措施包括鼓励私人资本投资、提升劳动者素质、促进中小企业发展、创造新的就业机会等。“由输血变为造血”是政府对欠发达地区的态度，教育、培训事业在联邦政府对各级政府援助资金占据首要地位，其重点是加强培训失业人员，提高他们的文化技术水平。同时联邦政府会聘请社会服务机构、组织社会志愿者提供培训指导，或组织社区管理人员到外地考察学习。

二、英国的区域政策

英国作为老牌资本主义国家，其区域政策的历史可以追溯到“二战”之前。相关资料显示，英国区域经济政策以“二战”为分水岭，具有不同特征：

（1）鼓励劳动力迁移的政策。“二战”前英国为解决北部老工业基地衰落和高失业率问题，采取经济手段鼓励劳动力由经济萧条区向繁荣区转移。1928 年英国政府设立“工业转移委员会”（Industrial Tarnsference Board），该项区域政策开始实施标志着英国政府开始加强对落后地区进行援助。但该项政策导致那些受过良好教育或技术熟练的工人迁出旧工业区，而这些人才是为萧条地区创造经济活力的关键，因此，他们的迁移无疑会加剧萧条地区的不景气程度，最终该项政策并未取得理想的效果。

（2）制定实施特殊的招商引资政策。“二战”后英国政府采用财政、金融等手段鼓励企业去经济不发达地区建设项目，从而创造更多的就业机会，拉动欠发达地区经济增长，进而实现区域经济的平衡，1945 年《工业布局法》的颁布是新的区域政策实施的标志。为加强这一政策，1947 年英国政府颁布实施了“工业发展许可证”管理制度，该项制度控制大型工厂在繁荣地区的建设，但鼓励企业在萧条地区选址建设新项目。

三、德国的区域政策

（一）政策背景

第二次世界大战结束后，原德国由一个统一的国家分裂为联邦德国和民主德国。在“二战”后的 40 多年里，分裂形成的两个国家的政治和社会经济发展经历了截然不同的道路。民主德国实行以中央集权为主的计划经济，经济缺乏效率；联邦德国实行市场经济，在市场经济推动下实现了“经济奇迹”。1990 年，联邦德国和民主德国统一，但发达的西部地区与萧条的东部地区经济形成了鲜明对比，地区经济发展不平衡成为现实问题。德国的传统是以“平等”“公正”为核心，统一后的德国政府必须面对区域经济发展严重失衡的困境，区域经济政策正是在这一背景下应运而生的。

（二）德国区域经济政策的特征

德国区域经济政策具有如下特征：

（1）政策目标明确。经济增长、经济均衡和产业平稳发展是德国区域经济政策追求的目标。为实现经济增长目标，德国政府首先加强对贫困地区的经济资助，同时加强基础设施建设；在空间范围内合理配置生产要素，引导生产要素不断流向拥有最大边际效益的领域，从而实现国民经济的最大增长。为实现均衡发展目标，德国政府从就业、居住、服务设施以及良好的自然环境等方面推动东西部的均衡，使各地区在收入和福利方面的差距逐步缩小。为促进各地区产业平稳发展，德国政府鼓励各地区实现产业部门多样化，并尽可能地发展具有潜在能力的产业，以增强各地区适应新经济周期的能力。

（2）政策的法制性。例如《联邦基本法》明确规定各地的发展和居民生活水平应该趋于一致；通过《联邦空间布局法》推动了联邦领土在空间上的普遍发展；为了对落后欠发达地区的开发给予补贴，德国政府出台《联邦改善区域结构共同任务法》，规定由联邦政府和州政府共同出资，各承担一半。由此可以看出，德国的区域经济政策充满法制色彩。

（3）实施财政平衡政策，促进区域经济的空间均衡。为促进国民经济活动的空间均衡，德国政府在地区间实施了财政收入平衡法及财政补贴政策。财政平衡包括两个方面：①横向财政平衡，通过推行法人税的分配、税款转移和联邦特别拨款使各州人均税收平衡；②纵向财政平衡，与横向财政平衡类似，在州与乡镇之间达到财政平衡。

四、日本的区域政策

日本的区域经济政策有如下特点：

（1）日本政府高度重视区域经济政策，政策制定的阶段性明显。在非平衡增长时期，政府政策倾向于支持重点地区，追求经济高速增长，强化市场高效配置资源的功能。20 世纪 60 年代后日本区域经济政策转向均衡发展政策，区域均衡发展的目标主要是缩小区域经济差异，消除经济布局的“过密”和“过疏”等不均衡问题。

（2）日本施行行政导向型市场经济模式，通过制定财政和金融政策、外贸和产业政策、经济计划以及全国综合开发计划等手段来间接干预区域经济。经济计划侧重于开发区域的选定、重点产业的选定，对经济增长速度的把控；综合开发计划则侧重于国土治理及经济的均衡发展。财政政策方面，日本中央财政在全国财政收入中占 70%，其中大部分通过转移支付拨给地方政府。在非平衡增长时期，拨给主要开发区域和重点产业；在均衡发展时期主要拨给有需要的落后区域。1961 年，日本颁布全民年金和全民保险制度，用于保证不会因为区域间经济发展水平的不同而影响各地公民的基本生活水平，使区域经济政策与公民生活水平衔接起来。另外，日本为促进落后区域的经济发展，对落后地区施行减免税收、价格补贴等优惠政策，有效促进了“过疏”地区经济发展。金融政策方面，日本有政府金融体系和私营金融机构两套金融系统，日本开发银行、日本进出口银行和 10 个公库组成政府金融体系，大藏省的“资金运用部”为其提供 70% 的资金来源。为促进落后地区的经济增长，政府金融机构向这些地区发放优惠贷款。在 10 个公库中，“北海道东北开发公库”和“冲绳振兴开发公库”直接为落后地区服务。

（3）日本区域经济政策对交通、通信、电力等基础设施建设的支持力度很大，更加注重对大型开发项目的支持，给予一定的财政贷款，用以提高区域经济的造血功能。“三全综”（第三次全国综合开发计划）以后，日本政府开始注重科技兴地战略，在发展相对落后但发展环境较好的地区建设高科技项目，既推广了科技产业，又促进了区域经济的发展。此外，日本政府还十分注重在发展落后地区建设生活及文化性基础设施。

五、欧盟的区域政策

（一）欧盟区域政策形成背景

欧洲一体化进程推动了欧盟区域政策的逐步形成和完善，1951 年建立欧洲煤钢共同体，1958 年成立欧洲经济共同体，1992 年成立欧盟。从这个发展过程可以看出，一体化发展一直要解决的问题是区域差异问题。1988 年以前，欧共体的区域政策只是其内部区域经济政策的补充，主要协调和指导各成员国的区域政策，或在必要时提供一定的财政转移支付。20 世纪 90 年代以来，欧盟开始重视制定区域经济发展规划，现阶段区域经济规划已经发展成完整的区域政策体系，成为欧盟经济政策的组成部分。90 年代以后欧盟区域政策的发展完善分为四个阶段：第一阶段目标是缩小地区经济差距，主要包括就业、产业等七个方面目标内容，以《1994～1999 年欧盟结构政策》为指导。第二阶段进入 21 世纪，欧盟的区域经济政策发生了深刻的变化，主要是欧洲一体化进程逐渐深化并进一步向东扩展，同时产生了一系列新的经济发展策略。由于 20 世纪 90 年代区域政策目标过于宽泛、覆盖面过大，欧盟修改了区域政策目标，在 1999 年出台的《2000～2006 年欧盟结构政策》中，把原制定的七大目标合并为三大目标，更加集中使用援助资金。第三阶段出台的《2007～2013 年欧盟结构政策》，增加了基金规模来缩小区域差异。2007～2013 年，欧盟计划投入公共财政的 1/3，缩小各成员国的经济差异，以提升欧盟的整体竞争力。第四阶段是 2013 年以来的区域经济政策，欧盟遇到了如英国脱欧等新的问题，面临着如何加强欧盟一体化的局面。

（二）欧盟实施区域政策特点

欧盟区域政策具有如下主要特点：

（1）建设完善组织体制，为区域政策的实施提供有力的机构保证。

欧盟委员会、欧洲理事会和欧洲议会是欧盟最高级别的三个机构，在欧盟内部设立了 24 个事务部，其中区域政策事务部负责区域经济政策制定和成员国间聚集、协调等事务。此外，欧盟还设有顾问机构，下设区域委员会。区域委员会由欧盟国家的区域或地方代表组成，主要职能是向委员会或理事会提供咨询意见，并针对特殊区域利益发表意见。

（2）区域政策分层，针对不同区域采取不同经济政策。欧盟设立了区域划分体系，并针对不同区域政策工具确定不同的受益范围。地理单元是区域划分的基本框架，分为三个层次：第一层是大区或联邦州；第二层是省、较小区域和郡的组合；第三层是法国的省、爱尔兰的规划区域、西班牙的省与英国的郡。

（3）建立完善的区域经济指标和区域统计体系。衡量欧盟区域差距的指标很多，例如各成员国失业率、参与率、人均国内生产总值等。根据衡量目标的不同，选取的经济指标也不同，形成的区域统计体系也不同。四是区域经济政策的主要工具是基金和贷款，另外还有一定的行政辅助手段，包括团结基金、结构基金和欧洲经济区金融机制等，其中最重要的政策工具是结构基金。这些政策工具主要用于以下支出：第一，通过贷款、专利授予、特殊折旧等给相关产业一定的产业补助；第二，用于公共支出，包括基础设施、公路、住房、港口等公共设施；第三，为降低生产成本而给予补贴。为平衡欧盟区域内各成员国经济发展，欧盟建立聚合基金，主要用于帮助欧盟内落后成员国建设基础设施和环境保护。

第三节　国内外区域政策异同及对我国的启示

一、我国与国外区域政策的异同点

与国外区域政策相比，我国的区域政策还尚未形成体系。西方发达国家区域政策为我们制定区域政策提供了可以借鉴的丰富经验，我们在充分借鉴西方发达国家经验的基础上逐步构建符合我国可持续的区域政策体系。从上述对国外区域政策和我国区域政策的总结来看，双方既有共同点，也有各自的特点。

从我国与西方发达国家区域政策共同点看：首先，缩小区域差距、促进地区经济的平衡发展是实施区域政策的主要目的。我国的非平衡的发展战略，也是特定阶段的目标，可认为是整体协调战略的分步实施，其最终目标是要实现区域的协调发展和全民的共同富裕，我国的实践也再次证明了这一点。其次，财政税收、金融、促进就业、产业政策及完善公共服务的基础设施是各国普遍采用的区域政策，在推动区域问题的改善方面发挥了积极作用。最后，主要区域问题可归纳为三类：一是落后区域；二是萧条区域；三是膨胀区域。

从双方区域政策的差异看：一是各国的国情和政策的形成背景不同。西方国家与我国在经济基础和政治体制方面存在巨大的差异，同时西方国家之间的情况也非完全相同。西方发达国家虽然均为资本主义体制，也因历史、经济及社会发展水平等因素的影响存在非常大的差别。因此，不同的国情导致了在区域政策的实施方面是不可能相同的，而我国从计划经济到市场经济体制的转变决定了区域政策演变必须是在这一框架下推进的。二是西方发达国家发展历史悠久，区域政策体系较为完备。主要表现如下：（1）区域政策的目标更加明确。如促进区域经济增长、均衡和稳定目标；解决就业、国土开发等问题。（2）区域政策的实施具有专门机构或完备的组织体系。如美国的田纳西河流域管理局、英国的工业转移委员会、欧盟的欧盟委员会、欧洲理事会和欧洲议会体系。（3）具有相应的法律或制度基础。美国《麻梭浅滩与田纳西河流域开发法》等一系列法律、德国的《联邦空间布局法》、欧盟的《1994～1999年欧盟结构政策》等。（4）政策工具针对性强，更具多元化。如日本将区域政策和公民生活水平相联系，采取两套金融体系及科技兴地战略。

综上所述，新中国成立以来，我国在区域发展方面已经进行了积极的探索，区域战略、区域规划及区域政策已日益走向成熟。区域均衡战略、非均衡战略及协调发展战略的实施是我国区域政策体系初步形成的基础，为我国区域政策科学合理地制定积累了宝贵的经验。随着生产力和科技水平的不断提升，区域发展差异性、不平衡性还将有新的表现，我们应当积极借鉴发达国家的经验做法，推动我国区域政策的制定实施不断走向新的高度，这对我国的协调可持续发展具有重要意义。

二、对我国建立新型区域政策体系的启示

通过对计划经济和市场经济不同经济秩序的比较，进一步得出有利于我国经济发展的经济秩序体制，并获得新的启示：

按照经济宪法的基本原则，建立完全竞争的、有运作能力的价格体制是各种经济政策措施的主要标准。随着工业化的发展，经济过程的调节发展到了一个全新的阶段。由于存在普遍的相互依赖关系，任何一项经济政策的干预都会影响整个经济过程。例如强制性垄断、普遍冻结物价等政策。这种竞争秩序的形成，本质就是让价格机制起作用。

首先，要保持货币政策的优先地位。在经济政策范围内给货币政策以特殊地位的这一原则具有秩序政策的意义。通俗来讲，按照这一原则行事，不是经济为货币作出牺牲，恰恰相反，币值的某种稳定才能为经济过程提供一个适用的调节手段。

其次，应该建立开放的市场。对经济政策来说，原则上应该开放市场，因为封闭市场存在着妨碍完全竞争的突发危险。这里有两个因素在起作用：第一，封锁市场供求容易产生高度垄断，开放供求是工业时代建立竞争秩序的前提；第二，为建立竞争秩序，开放供求是必要的。尽管在个别封闭的市场上可以形成完全竞争，但实施封闭必然阻碍市场之间的联系，完全竞争的整个体制仍然不可能充分运作。

再次，竞争秩序在各种秩序相互依赖关系中所处的地位。在现代工业化经济范围内，只有竞争秩序能使私有制处于可以忍受的程度，而私有制又是国家和社会秩序的前提。同时，应该注重契约的自由，在契约

的约束下竞争秩序可以更好地建立和保持；反过来，也只有在竞争秩序的范畴内契约才具有其原来的意义。但是，不允许具有这样的情况，即通过组织经济权力集团来破坏竞争秩序或者对滥用权力实行保护。

最后，应该强调责任。责任是完全竞争的调节机制，是竞争秩序不可缺少的政策手段。因为竞争秩序的前提是："只有相当的经济效率才能带来盈利；同时必须注意到，经营失误必将导致亏损，并最后通过破产和淘汰给生产负有责任的人以无情惩罚。必须以同样的方式防止骗取收入（没有相应的服务）和不受惩罚的失误（将亏损转嫁到别人身上）的行为"。① 竞争秩序必须遵循的原则是：凡对企业和家庭计划及行动负有责任的人，都必须承担责任（责任原则）。

① 瓦尔特·欧肯．经济政策的原则［M］．上海：上海人民出版社，2001：300－301．

第三篇

区域经济政策实施效果评估及对策建议

第六章

区域经济政策评估框架

当前我国实行的区域政策主要指区域经济政策。区域经济政策是由于各区域经济存在差异而制定，能促进各类经济资源的优化配置，防止区域经济发展差距过大，并协调各经济区域发展关系的一系列政策。作为一种基本政策，区域政策的功能是实现总政策中的“协调区域发展”目标。这一目标在党的十七大报告里表述为“推动区域协调发展，优化国土开发格局。若要缩小各区域的发展差距，必须采取措施引导各要素资源在区域间合理流动，注重实现各区间的基本公共服务均等化。要坚定执行我国区域发展总体战略，支持东部率先发展，促进中部崛起，推进西部大开发和振兴东北老工业基地。加强国土规划，按照形成主体功能区的要求，完善区域政策，调整经济布局。”① 党的十八大报告则把“区域协调发展机制基本形成”作为实现“经济持续健康发展”目标中的一个部分（杨龙，2014）②。中国地区经济发展不平衡，区域经济政策的调节功能必不可少，东部率先发展、西部大开发、中部崛起、东北振兴等战略就是中国经济发展不同时期，为调节各区域发展差距而逐步推出的区域经济政策。

区域经济政策评价是实施并完善区域经济政策体系的重要环节，完

---

① 党的十七大报告，http：//est. ustc. edu. cn/_ t82/2010/0613/c4602a42858/page. htm.

② 杨龙．中国区域政策研究的切入点［J］．南开学报（哲学社会科学版），2014（2）．

整的政策体系除了合理规划和有效执行外，还需对政策实施效果进行判断，评价政策实施的价值和效果，从结果出发反馈区域经济政策的合理性或寻找出存在的不足。同时，通过区域政策评价还可以根据政策实施的投入与产出来评价出区域政策实施的效率，以便对于低效率、效果差的区域经济政策进行及时的修正、调整或终止。通过区域经济政策的客观评价，可确保区域经济政策的有效性和合理性，避免了主观臆断。还可以在现有区域经济政策基础上，根据区域经济发展变化的实际情况加以调整，或根据区域经济发展需要，制定新的区域经济政策。因此，区域经济政策评价对完善区域经济政策体系具有重要意义。

第一节　区域经济政策目标

区域经济政策目标是指运用区域经济政策工具解决区域问题时所要实现的目标的明确表述。[①] 区域政策是区域战略的支撑，因而在确定区域政策目标前，一般需要明确区域政策战略。但在现实中区域政策目标的确定需要综合考虑多种因素，因此其制定过程也存在诸多困难。实际上，区域政策目标的确定往往是一种政治博弈过程，也就是各种政治利益妥协的结果，这主要是由于区域政策目标同其他国家政策目标以及不同区域政策目标之间不可避免地存在一些矛盾或冲突。

区域经济政策目标包括总目标和子目标。区域经济政策总目标包括两个方面，即提高经济效率和实现社会公平。提高经济效率，是指通过进行合理有效的资源调配，提高要素生产率，促进区域经济高速增长，进而带动全国经济实力的提高；实现社会公平，是指利用资源调配等经济手段，推动各区域经济资源的重新分配，缩小区间经济差距，推动区域经济发展协调均衡。社会公平与经济效率问题是当今社会发展中最受关注的问题之一。长期经济发展中，经济效率与社会公平具有内在统一

① 丁四保等．区域经济学［M］．北京：高等教育出版社，2003：314.

性，社会发展既要追求效率也要追求公平，均衡高效的发展才是可持续的发展。实际社会经济发展中，经济效率与社会公平存在一定矛盾，追求高效，需要牺牲一定的社会公平，而追求公平则会降低经济效率。因此国家在制定区域经济政策时，首先要明确提高区域经济效率和实现社会公平二者之间的关系。

区域经济政策子目标分为如下四类。（1）经济目标。经济目标包括：促进生产力合理布局和区域间分工的深化；缩小区域间经济差距；促进落后区域经济增长、萧条区域经济复苏、拥挤地区经济活动扩散、边界地区经济发展、经济空间扩大和新区开发；提高落后地区、萧条地区就业率；降低落后地区、贫困地区人口迁移率；实现经济一体化等。（2）社会目标。社会目标包括：缩小地区间社会差距；缩小地区间生活质量差距；改善落后地区教育、文化、卫生状况等。（3）生态目标。生态目标包括：保护和改善生态环境；促进区域经济发展同人口、资源、环境趋于和谐统一等。（4）政治目标。政治目标包括：政治一体化；国防安全；民族团结等。区域经济政策子目标是一个目标体系，具有动态性和系统性。实际操作中需要根据经济发展的总体要求及区域经济发展的具体状况，并结合区域经济政策总目标来制定区域经济政策子目标。

第二节　区域经济政策工具

一、传统单一的区域政策工具

区域经济政策工具是为实现区域经济政策目标而针对区域经济问题所采用的具体方法与措施。基本政策工具可从多个角度进行归类，政策工具是奖励与政策目标相符的区域经济行为和控制与政策目标相悖的区域经济行为的方法和措施的总和，根据区域政策工具的功能性质将其分为鼓励性政策工具和控制性政策工具。阿姆斯特朗（Armstrong，2007）① 根据经济政策分类将其分为微观政策工具、宏观政策工具和协调政策工具。高国力（2008）② 将其分为财税政策工具、金融政策工具、贸易政策工具、行政审批政策工具、科技政策工具和人才开发政策工具。根据政策工具是否直接作用于目标区域主体，分为直接工具和间接工具两大类。其中，直接工具包括国家给予目标区域的财政拨款、优惠贷款以及各类优惠税收；间接工具主要包括许可证制度，基础设施投资以及工业园区建设。

二、创新型区域政策工具

（一）区域规划

区域规划是国家进行空间管治的重要手段，一般指在一定地域空间内，基于地区发展的条件和存在的问题，对区域经济社会发展和国土综合整治做出的总体部署。按照空间尺度的大小，区域规划具体包括四个层次：第一层次为跨国界规划，如“一带一路”规划；第二层次为全国性规划，包括国家区域总体战略、主体功能区规划以及全国新型城镇化规划等；第三层次为跨省域的区域性规划，如西部大开发、振兴东北老工业基地、长三角以及京津冀协同、长江中游城市群等相关规划；第四层次为各省域内的区域性规划，这个层次规划最多，如珠三角、江苏沿海地区、天津滨海新区以及广州南沙新区等相关规划。

（二）集成政策工具

主要是使用越来越广泛的用于特殊经济区的政策工具和区域经

---

① 哈维·阿姆斯特朗，吉姆·泰勒著；刘乃全等译．区域经济学与区域政策［M］．上海：上海人民出版社，2007．

② 高国力．区域经济不平衡发展论［M］．北京：经济科学出版社，2008．

济合作政策工具：特殊经济区往往涉及深化改革和扩大开放的主要任务，其政策工具必然是集成化工具，通常是多方面的、综合性的，最本质特征是“改革”和“开放”制度政策方面先行先试权。如国家级新区、国家级经济技术开发区、国家级高新区及特殊的海关监管区。

（三）专项政策工具

如主体功能区战略及主体功能区规划。区域经济发展必须考虑区域资源环境的承载力，这是区域经济协调发展的重要问题。党的十八大报告提出，“加快实施主体功能区战略，推动各地区严格按照主体功能区定位发展，构建科学合理的城市化格局、农业发展格局、生态安全格局。”① 党的十八届三中全会进一步明确要求，“坚定不移实施主体功能区制度，建立国土空间开发保护制度，严格按照主体功能区定位推动发展。”② 目前各地已陆续完成了主体功能区规划的编制工作，进入实施阶段（程栋，2016）③。

第三节 区域经济政策评估标准

区域经济政策评估需要根据一定的评价标准，并选择合适的方法，包括效应评价和效率评价两方面。评价维度包括区域政策有效性、政策协同度和完善程度（政策覆盖面）。区域经济政策评价的方向和结果均取决于区域经济政策评价标准，因此区域政策评价必须首先确立评价标准。

很多学者认为区域经济政策评价不同于其他政策评价，有其特定的

---

① 党的十八大报告，https：//jijian. muc. edu. cn/info/1012/1307. htm.

② 党的十八届三中全会公报，http：//www. ce. cn/xwzx/gnsz/szyw/201311/18/t201311181767104. shtml.

③ 程栋. 中国区域经济政策工具创新：理论与实践［J］. 贵州社会科学，2016（4）.

评价标准，布朗（Brown. A，1970）[①] 认为区域经济政策的评价标准有三个：是否推动了区域经济总量增长，是否能够保证公民收入稳定增长，是否满足收入分配的公平性。扎内塔（Zeneta，2005）[②] 认为区域经济政策的评价标准是政策是否能够确保区域经济发展的稳定性和协调性。母爱英（2004）[③] 认为区域经济政策的评价标准和其他政策一样，主要包括实事标准和价值标准。实事标准分为政策投入产出比、政策目标的实现程度和范围、政策对社会的影响程度三项；价值标准则包括政策是否满足大多数人的利益、是否有利于生产力发展、是否有利于社会稳定等内容。保建云（2004）[④] 在从微观角度研究了区域经济政策对生产要素配置和企业经济活动的影响之后，认为应该以区域经济增长、区域经济结构协调性、区域经济运行效率为标准来评价区域经济政策。还有学者认为区域经济政策评价的标准应该根据具体政策的具体目标来确定。如英国 20 世纪 60 年代实行区域经济政策的主要目标是为了改善受援区域的就业状况，穆尔和罗兹（Moore and Rhodes，1974），[⑤] 采用劳动力为评价标准，通过分析英国四部门的劳动力变化情况来评价该项政策是否取得了预期的效果。

本书研究角度主要为评价区域经济政策的有效性和协同性，因此设定区域经济政策的评价标准为区域经济政策的协同性和有效性。具体分为一般标准和特殊标准两类：一般标准是从整体角度全面的、抽象的评价标准，包括：是否促进区域经济增长、是否推进社会公平和是否符合环境保护要求。特殊标准是对一般标准的具体化，反映了评价者的评价

① Brown A J. Criteria of Regional Economic Policy [J]. Bulletin of Economic Research, 1970, 22 (2): 45-53.

② Zeneta, S. The Evaluation of Implementation of Regional Policy [J]. Engineering Economics, 2005, 4 (44): 38.

③ 母爱英，李任均．区域政策成本效益绿色分析浅析［J］．中国软科学，2003（1）．

④ 保健云．要素配置、企业效率与政策效果——区域经济政策微观依据及其评价［J］．甘肃社会科学，2004（3）．

⑤ Moore, B & Rhodes, J. Evaluating the effect of British regional economic Policy [J]. Economic Journal, 1974, 83 (329): 87-110.

角度，我们将特殊标准设定为：区域经济政策的推进是否促进了地区生产总值增长、财政收入支出增长、社会固定资产投资增长和三产占比增长等；区域经济政策推进是否促进了区域内或区域间的社会公平，即是否推动区域内的均衡发展和区域间的协同发展；区域经济政策是否坚持可持续发展理念、推进区域经济增长与环境保护协调发展等。在具体评价过程中，应综合评价各项指标，并检验评价结果是否符合预先设定的评价标准。

对区域经济政策进行定量评价时通常选择面板数据，评价者通过设定不同的评价目标和评价角度来设定不同的评价标准，并选择不同的评价指标，从而构建独特的区域经济政策评价体系。不同的学者也会根据评价目标和评价角度不同而采用不同的评价方法，评价方法直接决定了评价活动的科学性和合理性。本书选择全国各省级面板数据，选取地方生产总值（GDP）、外商直接投资、工业化水平、人力资本、城乡居民收入差距、政府规模和投资环境等一系列指标，构建综合评价指标体系，并选用了双重差分法分别对东部、中部、西部和东北四大经济板块与其他区域相关经济指标进行定量评估。

第四节 区域经济政策评估机制

区域经济政策评价的核心内容包括判断是否应该实行该项政策，以及实行该政策之后的实际效果如何。评价是否该实行该项政策，其实质就是判断政策内容和政策结果之间是否存在可能的因果关系，也就是说是否存在相应的政策效应。在市场经济环境下，某些政策干预是无效的或低效率的，必须正确判断该政策对相关要素配置干预是否能够产生效果。政策效果的评价主要关注的是实际产出的变化，及其与预期产出之间的差异。通常可以细化为两个方面的内容：一方面是多目标政策的整体效果如何，另一方面是单目标政策的影响如何。前者主要评价不同的政策组合构成的区域经济政策实施的整体效果，不强调某项政策内容的具体效果；后者注重的是政策对唯一目标的影响程度。效果评价可以使用一定的技术方法，不过需要注意的是，完全客观的效果评价是不存在的，因而不同的评价主体做出的评价的具体结果可能不同，但应该具有相似性。

区域经济政策评价要既能反映目标区域的经济发展情况，又能体现政策的优势和需要改进的内容，从长远综合角度考察政策的效应。评价区域经济政策应该遵循以下几个方面的原则：

一是客观性原则。区域经济政策往往会涉及多个利益主体，对不同利益主体进行评价时可能会根据相关利益主体的得失来对政策进行褒贬，使评价丧失了客观性。评价区域经济政策的得失成败不能依据主观偏好，而是要根据特定时期的主要任务和目标客观评价。另外，区域经济政策产生的基础是区域问题，而区域问题的产生与发展不是一朝一夕形成的，区域经济政策产生效果也需要一个渐进的过程，不能仅仅依靠一个阶段的效果判断就断定区域经济政策的有效性与否，应该对其潜在影响也进行客观预期。

二是公平性原则。区域经济政策是为了解决区域问题而存在的，但评价时不能仅仅把评价的对象局限于政策实施的区域，必须采取公平性原则，对所有相关区域的利益得失进行判断。不能把某个区域的经济发展建立在其他区域的利益损失上，这就要求从公平原则出发，系统、全面地评价区域经济政策。

三是动态性原则。区域经济政策制定和实施的背景、基础、条件等不断发生变化，对其评价也不能停留在静止状态。要根据宏观经济和区域经济发展形势的变化、区域关系的变化等，不断调整区域经济政策评价的目标，通过对某个区域或某些区域不同阶段的政策效果对比，从中分析总结出区域经济政策的实际效果。

第七章

区域经济协同政策效果评估

第一节 定量分析总体框架

一、国外区域经济协同政策效果评估

世界上经济较为发达的国家，其区域经济的发展也不是一个平稳的均衡增长过程，一般都经历着“不平衡—平衡—新的不平衡—新的平衡”的循环往复过程。在区域经济发展不均衡时，国家一般会采取区域经济协同政策促进区域经济的均衡发展。由于西方国家实施区域经济协同政策的时间较早，因此在20世纪70年代时，国外学者就开始对本国或共同体已实施的区域经济协同政策效果进行评价。摩尔和罗德斯（Moore and Rhodes，1974）① 对英国1963～1974年的四部门就业状况进行分析，表明英国自20世纪60年代实施区域经济政策以来，受援地区的就业状况得到了很大的改善，并进一步得出向开发地迁移的企业中有

① Moore，B & Rhodes，J. Evaluating the effect of British regional economic Policy ［J］. Economic Journal，1974，83（329）：87－110.

87%的企业是由区域经济政策引起的。吉姆·塔洛和伊科林·沃恩(Jim Taylor and Colin Wren, 1997)① 通过对英国20世纪70年代的区域政策进行研究得出，相对于非受援地区，受援地区在区域经济政策的影响下，就业人数、外商投资都有显著增加，经济结构也有了很大的调整。埃文·卡夫（Evan Kraft, 1992)② 对南斯拉夫在1966~1990年期间实行的区域经济政策进行分析，结果表明区域经济政策的实施有利于增加企业的投入产出比。

21世纪以来，随着中国区域经济发展非均衡的不断加剧，国内学者纷纷开始研究国外的区域经济协同政策效果，试图从发达国家的区域经济协同政策中得到对中国区域经济发展的启示。田扬戈（2000)③ 对美国半个多世纪以来的区域经济政策进行了概括，指出这些政策是以提高受援地区的社会福利为核心，致力于改善落后地区的投资环境，注重培育欠发达地区的自我发展能力并依靠法制化管理，保障援助工作顺利进行。区域经济协同政策的实施使美国区域经济不均衡得到了缓和，西部和南部落后地区的经济发展速度不断提高，超越了经济发展水平较高的北部区域，如田纳西和阿巴拉契亚等地区人均收入水平已经接近全国平均水平，贫困问题有所改善。当然，美国区域经济协同政策中有很多值得我们国家借鉴的地方，如逐步加大对社会福利的关注，改善落后地区的投资环境，引导民间资本投资，把援助落后地区的各项工作纳入法制轨道。鲍晓（2004)④ 的研究表明，德国是区域发展较为平衡的国家，在区域政策方面取得了很大成功，自1949年以来，联邦德国各届政府都非常重视区域经济协调发展，认真研究制定了相关政策，从国内不同地区的实际情况为出发，在不同时期设立不同的重点目标。这些政

---

① Taylor, J. and Wren, C., UK Regional Policy: An Evaluation. *Regional Studies*, Vol. 31, No. 9, 1997, pp. 83 - 848.

② Kraft, E., Evaluating regional policy in Yugoslavia 1966 - 1990. *Comparative Economic Studies*, Vol. 34, No. 3, 1992, pp. 13 - 33.

③ 田扬戈．美国的区域政策及其对我国西部开发的启示［J］．世界地理研究，2000（2）．

④ 鲍晓．德国的区域政策及其对我国振兴东北的启示［J］．德国研究，2004（4）．

策的实施，有效解决了德国区域经济存在的问题，促进了德国经济的发展，增加了就业岗位，缩小了区域经济差距。张广翠（2008）[①] 认为我国目前面临的区域经济发展不均衡、“三农”问题、工业化地区衰退等问题，其实欧盟也曾经出现过因成员国数量的增加，地区之间的经济发展水平及收入差距扩大的问题。欧盟经过不断地摸索和实践，形成了完整的区域政策体系，积累了丰富的经验，如确立坚实的法律基础、制定阶段性发展规划、使用专门的区域政策工具、遵循严格的运行机制、实施积极的就业政策、促进农村经济的发展等，对我国制定区域发展政策具有十分重要的借鉴意义。

二、国内区域经济协同政策效果评估

国内学者们对中国区域协同发展政策的评价主要围绕西部大开发政策、东北老工业基地振兴政策以及区域政策整体实施效果的评价。然而，关于中部崛起、东部率先发展的政策评价的研究数量较少。

（一）西部大开发政策实施效果评估

通过对西部大开发政策研究文献的梳理，部分学者认为西部大开发政策的实施提高了西部地区经济发展水平，但与东部地区经济发展的差距并未缩小。淦未宇等（2011）[②] 通过选取宏观经济发展水平、居民生活质量、工业化进程、生态发展状况四类指标对西部大开发政策进行统计分析后认为，西部大开发政策使得地区内的各项发展指标情况均有所改善，但东西部地区之间发展的差距并未缩小。乔宁宁、王新雅（2010）[③] 利用广义矩估计的方法分析西部大开发政策对经济增长的影

① 张广翠．欧盟区域政策对我国区域发展的启示［J］．东北亚论坛，2008（3）．

② 淦未宇，徐细雄，易娟．我国西部大开发政策实施效果的阶段性评价与改进对策［J］．经济地理，2011（1）．

③ 乔宁宁，王新雅．西部大开发对我国区域经济增长收敛性的影响［J］．西部论坛，2010（6）．

响，结果表明，西部大开发政策实施后，中国区域经济由之前的收敛性增长转向发散性增长，也使西部地区内部经济出现显著发散的迹象。刘瑞明、赵仁杰（2015）①采用双重差分倾向匹配得分法研究了西部大开发的政策效应，其研究发现西部大开发政策没有从根本上推动经济增长，而是滑入了“政策陷阱”中。

然而，还有一部分学者对西部大开发政策的效果持有积极的态度。李国平、彭思奇等（2011）②从经济生产率、产业结构升级和企业生产率三个方面评价了西部大开发对西部地区经济增长质量的影响，发现西部大开发政策提高了西部地区经济增长质量，使西部经济又好又快地发展。周端明等学者（2014）③通过研究发现西部大开发改善了西部地区的产业结构、投资效率、人力资本水平等一些区域经济指标水平，促进西部的发展，缩小了与东部地区的差距。刘克非等（2013）④利用截面数据和面板数据分析了西部大开发政策对经济收敛性的影响，分析结果表明，虽然西部地区内部的发散状态仍比较明显，但西部大开发政策部分缓解了区域经济发散增长态势，使中国区域经济呈现出β收敛形式。魏后凯、赵勇（2014）则认为，西部大开发政策实施后，西部地区经济快速增长，不断缩小了与东部地区的差距。

（二）对东北振兴政策实施效果评估

杨东亮（2011）⑤通过对2003~2007年全要素生产增长率的变化情况进行测算，分析了东北三省和全国各省的经济发展状况，其研究发

---

① 刘瑞明，赵仁杰．西部大开发，增长驱动还是政策陷阱［J］．中国工业经济，2015（6）．

② 李国平，彭思奇，曾先峰，杨洋．中国西部大开发战略经济效应评价——基于经济增长质量的视角［J］．当代经济科学，2011（4）．

③ 周端明，朱芸羲，王春婷．西部大开发、区域趋同与经济政策选择［J］．当代经济研究，2014（5）．

④ 刘克非，李志翠，徐波．西部大开发成效与中国区域经济收敛性［J］．云南财经大学学报，2013（5）．

⑤ 杨东亮．东北振兴政策实践效果评价与政策启示［J］．东北亚论坛，2011（5）．

现我国的东北振兴政策虽然一定程度促进了东北地区经济的发展，但并没有达到预期结果。张可云（2015）① 对东北振兴政策整体评价效果进行了分析，认为东北振兴政策实施以来，东北地区经济总量不断扩大，人民生活水平提高，基础设施得到改善，然而东北经济也还存在一些问题，近几年东北地区经济增速放缓，经济结构调整成效不佳，人口外流等问题突出。他进一步指出东北问题是历史遗留问题，短期内要想彻底解决这些问题是不切实际的，也是不可能的，应及时改进政策的不完善之处，关键是要提高效率和效果。杨东亮，赵振全（2015）② 认为，资源能源偏好型的投资结构使得东北地区可持续发展的能力较弱，投资体制问题也较严重。李秀敏等（2015）③ 利用多区域 CEG 模型进行了分析，认为增加对东北地区的转移支付政策可以促进东北地区经济发展。靳继东（2016）④ 认为，一方面，以投资为主的东北振兴政策缓解了困扰东北地区发展的深层次矛盾，增强了东北地区的综合经济实力，使东北地区连续多年以高于全国平均水平的速度增长；另一方面，采取大规模投资的手段促进经济增长也存在很多不利影响，大量资金流入到国有企业，被运用到第二产业中，对第三产业的发展产生了挤出效应，并且阻碍了民营企业发展以及国有企业改革。

（三）对中国区域经济协同政策整体实施效果评估

张军扩、侯永志（2008）⑤ 认为中国的区域经济协同政策使得区域分工比较合理，促进了整体经济的增长，但区域发展不均衡的局面未能

---

① 张可云．专家驳斥“东北振兴失败”论调［J］．环球时报，2015-03-03.

② 杨东亮，赵振全．东北经济失速的投资性根源［J］．东北亚论坛，2015（5）.

③ 李秀敏，王艳真，刘明明．东北振兴中区域财政转移支付政策的效果评价［J］．当代经济研究，2005（11）.

④ 靳继东，杨盈竹．东北经济的新一轮振兴与供给侧改革［J］．财经问题研究，2016（5）.

⑤ 张军扩，侯永志．协同区域发展：30 年区域政策与发展回顾［M］．北京：中国发展出版社，2008.

改变。安树伟、郁鹏（2008）[①] 对“十一五”以来中国的区域经济协同政策进行了评价，结果表明“十一五”以来，我国区域经济发展呈现良好态势，区域经济发展差距扩大的趋势有所缓解，中部和西部的发展势头良好，但东北振兴的政策效应尚未显现，区域非均衡发展格局仍然未变，区域间基本利益关系尚未理顺。安树伟、任媛（2009）[②] 指出东部地区受国际经济危机影响严重，在全国地位持续下降；西部地区经济继续朝好的趋势发展，中部地区崛起的政策效果明显，东北地区经济也出现好转迹象；整个区域经济开始向协同发展的方向转变，但城乡收入差距从东到西逐步扩大。魏后凯（2009）[③] 主要从东西部发展差距、各地区经济发展绩效、农村扶贫工作等几个方面简要评价了中国区域经济协同政策的实施效果，认为中国区域经济仍然呈现出不平衡的增长趋势，地区间差距依然很大。国土开发与地区经济研究所课题组（2010）[④] 评价了“十一五”期间中国区域协同发展成效，并提出了“十二五”时期的重点任务与政策建议。

需要指出的是，目前相关研究大多使用定性分析和数据描述的方法研究区域经济协同政策评价，缺乏较为严谨的计量检验方法，使用计量方法对区域经济政策进行评价的文献并不多见。而且，当前对中国区域经济政策评价主要集中在对西部大开发政策的有效性评价方面，对东部率先发展和中部崛起政策效果评价的文献还相对较少。那么东部率先发展政策、中部崛起政策实施后，对区域经济差距的演变有何影响？是否促进了区域经济收敛及协同发展？其促进区域经济增长与收敛的动力机制是什么？这都需要进行深入研究，以便为中国区域政策的制定提供理论依据。

---

① 安树伟，郁鹏．“十一五”以来我国区域经济运行态势及未来政策取向［J］．西南民族大学学报（人文社科版），2008（10）．

② 安树伟，任媛．“十一五”以来我国区域经济发展的新态势与新特点［J］．发展研究，2009（9）．

③ 魏后凯．中国国家区域政策的调整与展望［J］．发展研究，2009（5）．

④ 国土开发与地区经济研究所课题组，汪阳红，袁朱．“十二五”时期促进我国区域协同发展的重点任务和政策建议［J］．宏观经济研究，2010（5）．

第二节　定量评估计量经济学模型

一、双重差分模型

当前，计量经济学中的双重差分法多用于政策的效果评价，原因在于普通的计量经济学模型的前提条件是满足随机性，而公共政策实施的对象一般都不是随机选取的，不满足随机性原则。非随机分配政策实验组和对照组的试验称为自然实验，这类实验的特点是研究对象在政策实施前就存在差别，在政策实施后，如果忽略了实施前的差别，简单地进行回归分析，导致对政策实施效果的有偏估计。双重差分模型（DID）则避免了因忽略研究对象在政策实施前的差别造成检验结果的不准确，通过控制研究对象间的事前差异，在事前进行一次差分，事后进行第二次差分后进行比较，通过二次差分可以使政策因素以外的影响因素得到一定控制；并且模型中还会加入其他可能影响解释变量的协变量，补充了自然实验不能随机分配样本的缺陷，进一步控制了实验组和对照组中某些影响因素，进而对政策干预效果做出较为真实的评价。这类模型是经济学界中进行政策效果评价的主要模型。

（一）双重差分模型构建

在构建双重差分模型前，要保证数据满足以下三个假设：（1）政策的实施仅对实验组产生影响，对对照组不产生任何影响。例如对西部大开发政策效果进行评价，西部省份能够享受到国家的政策支持，而西部之外的其他省份均无法享受西部大开发政策支持，如果其他部分省份通过各种办法也享受到了同样的政策支持，则违反了本模型的第一项假设，会对政策效果造成低估的影响。（2）政策实施期间，除政策干预因素外，实验组和对照组在相同的外部宏观环境下。（3）在整个政策实施期间，实验组和对照组重要的特征相对稳定。

双重差分模型的核心是构建双重差分估计量，通过对政策实施前后和不同地区的比较，得到如下的公式：

$$d_{ID}=\Delta\overline{Y}_{treatment}-\Delta\overline{Y}_{control}=(\overline{Y}_{treatment,t1}-\overline{Y}_{treatment,t0})-(\overline{Y}_{control,t1}-\overline{Y}_{control,t0}) \quad (7-1)$$

其中，d 为双重差分估计量，Y 为研究的结果变量，treatment 和 control 表示实验组和对照组，t_0 代表政策实施前，t_1 代表政策实施后。

（二）双重差分模型应用情况

普林斯顿大学的阿什菲尔特和卡德（Ashenfelter and Card，1985）的文章首次使用 DID 模型对项目进行评价。① 随后，该模型在计量经济学界和社会学界被广泛应用。哈佛大学公共卫生学院学者伊普和埃格尔斯顿（Yip and Eggleston，2001）运用该模型分析了中国海南的医疗报销付费制度改革效果。② 随后，杜克大学卫生政策研究中心学者康诺弗（Conover，2001）也采用该方法研究了美国保险制度实施后对妇幼健康的影响。③ 运用此方法，我国学者周黎安、陈烨（2005）对我国农村税费改革的政策效果进行评价。④ 黄清（2009）选取全国范围内 309 家发电厂的数据，使用双重差分模型对 2002 年至 2005 年放松规制的政策效果进行了分析。⑤ 周黎安和黄清是国内较早采用双重差分模型对政策实施效果进行评价的学者。

通过对中国知网中的文献检索，从 2008 年至 2016 年共 329 篇文献

---

① Ashenfelter，O & Card，D. Using the longitudinal structure of earnings to estimate the effect of training programs [J]. Review of Economics and Statistics，1985，67：648 -660.

② Yip W，Eggleston K. Provider payment reform in China：the case of hospital reimbursement in Hainan province [J]. Health Econ，2001，10（4）：325 -339.

③ Conover C J，Rankin P J，Sloan F A. Effects of tennessee medicaid man-aged care on obstetrical care and birth outcomes [J]. Health Polit Policy Law，2001，26（6）：1291 -1324.

④ 周黎安，陈烨. 中国农村税费改革的政策效果：基于双重差分模型的估计 [J]. 经济研究，2005（8）.

⑤ 黄清. 电力行业放松规制改革政策效果的实证研究——基于发电侧数据的双重差分模型检验 [J]. 山西财经大学学报，2009（1）.

运用 DID 模型进行数据分析，而且学者们对 DID 模型的应用呈现出递增趋势（见图 7－1）。在已发表的文章中，一半以上的文章是用于政策评价的，主要是对政府宏观政策的效果评价，还有部分是干预评价和事件影响的。

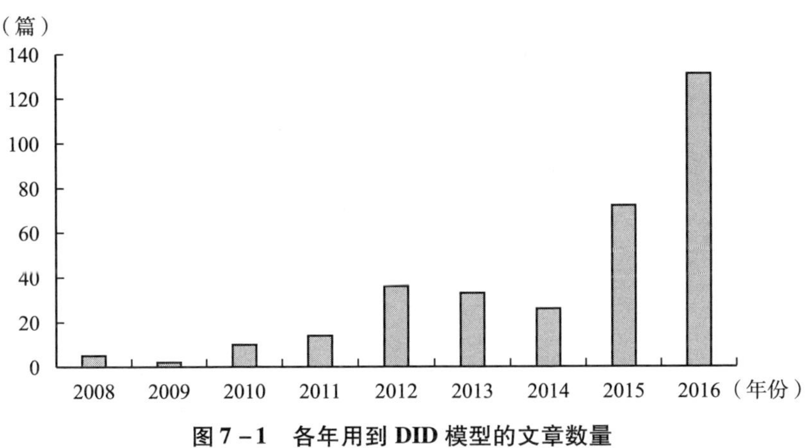

图 7－1 各年用到 DID 模型的文章数量

资料来源：作者根据中国知网数据库中使用双重差分法的经济学领域文献进行统计得到。

二、面板数据模型

面板数据也叫“平行数据”，是指在时间序列上取多个截面，在这些截面上同时选取样本观测值所构成的样本数据，面板数据综合了时间序列数据和横截面数据，被广泛应用于经济学、社会学等诸多学术领域。

（一）面板数据模型特点

相对于时间序列数据和横截面数据，面板数据具有以下优势：（1）解决遗漏变量问题。遗漏变量偏差是一个普遍存在的问题，虽然可以用工具变量法解决，但是有效的工具变量通常不容易找到。（2）提供更多个体动态行为信息。面板数据具有横截面和时间两个维度，有时可以解决单独的截面数据或时间序列数据不能解决的问题。因为对于截面数据来说，没有时间维度，而对于时间序列来说，又不能做横向对比，所以如果有面板数据，就能解决上述问题。（3）提高估计的精确度。由于面板数据具有截面维度和时间维度，样本容量大，能够提高估计的精确度。（4）面板数据模型可以研究和验证更为复杂的数据模型。

（二）面板数据的估计方法

估计面板数据的一个极端方法是将其看成是截面数据而进行“混合回归”，即要求样本中每个个体都拥有完全相同的回归方程。另一个极端方法则是，为每个个体估计一个单独的回归方程。前者忽略了个体间不可观测或被遗漏的异质性，而该异质性可能与解释变量相关从而导致估计不一致。后者则忽略了个体间的共性，也可能没有足够大的样本容量。因此，在实践中常采用折中的估计方法，即假定个体的回归方程具有相同的斜率，但可以有不同的截距项，以此来捕捉异质性。参见图7-2，这种模型被称为“个体效应模型”，即：

$$y_{it} = x_{it}'\beta + z_i'\delta + \mu_i + \varepsilon_{it} (i = 1, 2, \cdots, n; t = 1, 2, \cdots, T) \tag{7-2}$$

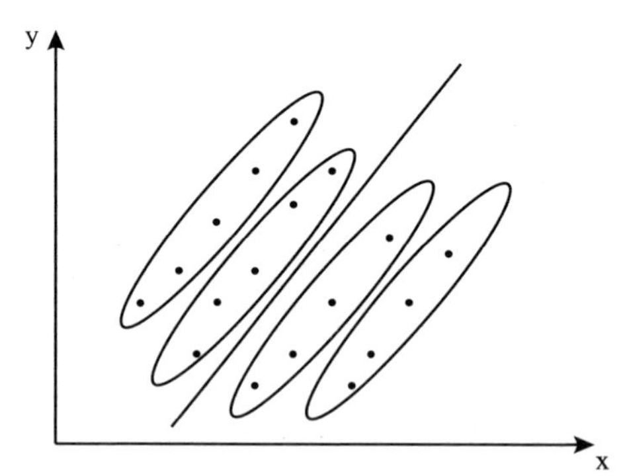

图7-2 面板数据中不同个体的截距项可以不同

资料来源：陈强．高级计量经济学及Stata应用．高等教育出版社，2014（2）：251.

其中，z_i 为不随时间而变的个体特征（即（$z_{it} = z_i$，$\forall t$）），比如性

别；而 x_{it}可以随个体及时间而变。扰动项由（$\mu_i + \varepsilon_{it}$）两部分构成，称为复合扰动项，而方程（7－2）也称为“复合扰动项模型”。其中，不可观测的随机变量 μ_i 是代表个体异质性的截距项，故方程（7－2）也称为“不可观测效应模型”。在较早的文献中有时将 μ_i 视为常数，但这也只是随机变量的特例，即退化的随机变量。ε_{it}为随个体与时间而改变的扰动项。假设｛ε_{it}｝为独立同分布，且与 μ_i 不相关。

如果 μ_i 与某个解释变量相关，则进一步称之为“固定效应模型”。在这种情况下，OLS（普通最小二程估计）是不一致的。解决的方法是将模型转换，消去 μ_i 后获得一致估计量。如果 μ_i 与所有解释变量（x_{it}，z_i）均不相关，则进一步称之为“随机效应模型”。从经济理论的角度来看，随机效应模型比较少见，但仍须通过数据来检验究竟该用随机效应模型还是固定效应模型。显然，与截面数据相比，面板数据提供了更为丰富的模型与估计方法。

第八章

四大区域经济政策效果评估

第一节　东部率先发展政策效果评估

1978 年党的十一届三中全会确立了我国开始实施改革开放政策，经济增长开始转向非均衡增长方式，国家首先选择东部地区作为优先发展的地区，原因在于东部地区拥有自然资源、地理位置以及历史发展的相对优势。该政策的目的在于让东部地区优先发展起来，然后带动其他地区经济的发展，最终实现全国的共同富裕。自东部率先发展的政策实施以来，为了推动东部地区率先发展，设立了 5 个经济特区，15 个沿海开放城市和 3 个沿海开放地区。

改革开放后，国家在东部首先规划设立了经济特区，所谓经济特区就是对该区域给予特殊的政策待遇。例如，通过提供税收优惠，结合特有的资源禀赋优势吸引外商投资，通过减免关税推动对外贸易发展，通过提供良好的基础设施保障，推动地区经济发展。1980 年，设立了深圳、珠海、汕头、厦门 4 个经济特区，1988 年，增设海南为我国第五个经济特区。

随后，国家继续深化东部地区率先发展，采取推进开放沿海城市的政策。1984 年，开放了大连、秦皇岛、天津、烟台、青岛、连云港、南通、上海、温州、福州、广州等14个沿海城市，1987年威海成为第15个沿海开放城市。这15个沿海城市除了大连、北海外，其余都属于东部地区。

继设立经济特区和开放沿海城市后，国家为再一次推进东部地区发展，设立了经济开放区，让改革开放的覆盖面不断扩大，实现从点到面的发展。1988年，设立珠三角经济开放区、长三角经济开放区以及厦漳泉经济开放区三个经济开放区。党的十四大后，又增设了环渤海经济开放区。目前，珠三角经济区、长三角经济区和环渤海经济开放区已经成为推动我国经济增长最重要的三个增长极，不仅实现本地区的经济增长，还发挥了扩散作用，带动周围地区不断发展。

20世纪90年代后，国家开始着手建立经济技术开发区、保税区、高新技术区等特殊区域，如上海浦东开发新区、天津滨海新区，这些开发区发展速度迅猛，对其他地区有很好的示范和带动效应。改革开放后，在国家政策倾斜下，东部地区经济发展较快，不断拉大和中西部地区的差距，地区间经济的不均衡性明显增大。至此，东部地区率先发展的目标已经基本顺利完成，我国的经济增长方式也要随之改变，由改革开放初期的非均衡增长逐步向均衡增长转变。随后，国家提出并实施推进西部大开发、振兴东北老工业基地和促进中部地区崛起的区域经济政策。

一、模型设定与数据来源

（一）模型设定

东部地区率先发展是国家进行的一项政策实验，为此，我们采用双重差分法，运用中国1981～2015年的省级面板数据对此项政策实施效应进行评估。一方面，检验东部地区率先发展政策对于促进东部地区经济增长的作用；另一方面，检验东部地区率先发展政策是否缩小了区域差距以及区域内差距，并探寻其作用机制。由于1988年，我国在东部地区大范围地开放并设立经济开放区，因此可将 1988 年作为东部率先发展的时间起点。由于东部地区的北京、天津、河北、上海、江苏、浙江、福建、山东、广东、海南十省受到政策的影响，作为双重差分中的实验组，但考虑到海南省的 1988 年前的数据资料不完整，所以我们将海南省剔除。根据双重差分法实验组和对照组在政策实施前具有相似发展状况的要求，我们将中国所有省份（海南、重庆除外）1982～1987 年的 GDP 增长率进行比对，发现 1982～1987 年东部地区的平均经济增长率为 0.229，与之较为接近的十个省份依次为湖北、吉林、辽宁、安徽、陕西、甘肃、河南、山西、青海、湖南，而这十个省份又未受到东部率先发展政策影响，因此将其作为对照组，如表 8－1 所示。

表 8－1　　1982～1987 年中国各省份 GDP 增长率

省份	1982 年	1983 年	1984 年	1985 年	1986 年	1987 年	平均增长率
北京	0.759	0.090	0.107	0.078	0.217	0.016	0.211
天津	1.116	0.061	0.087	0.100	0.185	0.034	0.264
河北	0.610	0.104	0.129	0.157	0.170	0.052	0.203
山西	0.588	0.088	0.147	0.068	0.262	－0.008	0.191
内蒙古	0.473	0.065	0.067	0.206	0.290	0.019	0.187
辽宁	0.926	0.084	0.096	0.152	0.138	0.066	0.244
吉林	0.805	0.160	0.113	0.132	0.157	0.045	0.235
黑龙江	0.564	0.078	0.064	0.058	0.168	0.170	0.184
上海	1.040	0.044	0.073	0.032	0.109	0.041	0.223
江苏	1.066	0.097	0.184	0.206	0.083	0.121	0.293
浙江	0.763	0.090	0.231	0.279	0.127	0.111	0.267
安徽	0.554	0.045	0.148	0.279	0.143	0.084	0.209
福建	0.393	0.063	0.180	0.262	0.191	0.074	0.194
江西	0.491	0.040	0.102	0.220	0.153	0.065	0.179
山东	0.680	0.101	0.129	0.205	0.144	0.059	0.219
河南	0.519	0.117	0.086	0.196	0.192	0.065	0.196

续表

省份	1982 年	1983 年	1984 年	1985 年	1986 年	1987 年	平均增长率
湖北	0.829	0.083	0.153	0.125	0.148	0.063	0.233
湖南	0.587	0.046	0.075	0.173	0.161	0.077	0.187
广东	0.402	0.075	0.145	0.406	0.271	0.076	0.229
广西	0.503	0.018	0.020	0.195	0.199	0.070	0.168
四川	1.164	0.088	0.101	0.151	0.163	0.033	0.283
贵州	0.472	0.099	0.150	0.135	0.199	0.045	0.183
云南	0.510	0.073	0.138	0.109	0.153	0.054	0.173
西藏	-0.300	-0.073	0.119	0.402	0.688	-0.149	0.115
陕西	0.693	0.071	0.113	0.127	0.187	0.047	0.206
甘肃	0.560	0.080	0.073	0.170	0.247	0.070	0.200
青海	0.284	-0.002	0.094	0.218	0.479	0.047	0.187
宁夏	0.232	0.118	0.120	0.156	0.331	0.095	0.175
新疆	0.375	0.106	0.091	0.250	0.204	0.067	0.182

资料来源：国家统计局官网数据库，http：//www.stats.gov.cn/.

据此，将 1981 ~ 2014 年中国东部地区和其他地区划分为 4 组子样本，即东部率先发展政策实施之前的控制组和实验组，东部率先发展政策实施之后的控制组和实验组，并设置 desat 和 d1988 两个虚拟变量区分上述子样本，当 desat = 1 时代表东部省份，desat = 0 代表其他省份；d1988 = 0 代表东部率先发展政策实施之前的年份，即 1981 年到 1987 年，d1988 = 1 代表东部率先发展政策实施之后的年份，即 1988 年到 2015 年。desat * d1988 代表政策变量，并根据政策变量系数的符号判断政策的作用效果。根据上述样本的界定，可设定如下的回归模型：

$$Y_{it} = \beta_0 + \beta_1 deast_{it} + \beta_2 d1988_{it} + \beta_3 deast_{it} * d1988_{it} + \beta_4 Z_{it} + \xi_{it} \quad (8-1)$$

其中，i，t 分别为相对应的省份和年份，Y 为被解释变量，衡量经济的发展，Z 为影响经济增长的其他变量，在这里作为控制变量，ξ 为随机扰动项。

方程（8－1）是东部率先发展政策实施前后东部地区经济增长变化的描述。东部率先发展政策实施前，东部地区的经济增长为 $\beta_0+\beta_1$，东部率先发展政策实施后，东部地区的经济增长为 $\beta_0+\beta_1+\beta_2+\beta_3$，由此可计算出东部地区经济增长的变化幅度是 $\Delta Y_1=\beta_2+\beta_3$。其对照组地区在政策实施前的经济增长为 β_0，在政策实施后的经济增长为 $\beta_0+\beta_2$，可见控制地区的经济增长变化幅度是 $\Delta Y_0=\beta_2$，用实验组地区的经济增长变化减去对照组地区的经济增长变化就为政策对实验地区经济增长的净影响，即东部率先崛起政策对东部地区经济增长的净影响，$\Delta(\Delta Y)=\beta_3$，为更直观地显示东部率先发展政策对东部地区经济增长的影响，我们将方程（8－1）列成了表 8－2 的形式。如果 β_3 的系数显著为正，则表明东部率先发展政策加速了东部地区的经济发展，如果 β_3 的系数为负，则表明东部率先发展政策并没有推动经济的发展。

表 8－2　　DID 模型中各参数的含义

	东部率先发展政策前（d1988＝0）	东部率先发展政策后（d1988＝1）	差分
西部地区（实验组，desat＝1）	$\beta_0+\beta_1$	$\beta_0+\beta_1+\beta_2+\beta_3$	$\Delta Y_t=\beta_2+\beta_3$
其他地区（对照组，desat＝0）	β_0	$\beta_0+\beta_2$	$\Delta Y_0=\beta_2$
DID			$\Delta Y=\beta_3$

（二）指标的选取与数据来源

本章选取了东部地区以及其他对照组地区共 19 个省份 1981～2015 年的面板数据，数据主要来源于《中国人口和就业年鉴》《中国统计年鉴》《中国劳动年鉴》等，各变量的含义和计算方法如表 8－3 所示。

表 8-3　　主要变量及其计算方法

变量名称	变量含义	计算方法
gdp	经济增长	GDP 增长率
human	人力资本	高等院校在校生人数
fixasset	固定资产投资	固定资产投资/GDP
industry	工业化程度	第二产业产值/GDP
pgdp	居民生活水平	剔除物价影响后的人均 GDP
incomegap	城乡居民收入差距	城镇居民可支配收入/农村居民纯收入
gov	政府规模	财政支出/GDP
fdi	投资环境	外商投资/GDP

资料来源：经济增长率、固定资产投资、工业化程度、外商投资、财政支出数据来源于 1981～2015 年的《中国统计年鉴》，高等院校在校生人数来源于 1981～2015 年的《中国人口和就业统计年鉴》，城镇居民可支配收入和农村居民纯收入来源于 1981～2015 年的《中国劳动年鉴》。以上指标由作者整理计算得出。

GDP 增长率反映了地区经济增长的速度，这里用其衡量经济增长。东部地区率先发展政策的虚拟变量（desat * d1988）是核心指标，在样本范围内，1988 年之后东部地区的省份赋值为 1，否则为 0。本章还选取了一些控制变量，人力资本作为经济发展的核心力量，选取了高等院校在校生人数（human）度量人力资本水平；投资是经济发展的重要动力，用固定资产投资占 GDP 的比重（fix asset）衡量投资水平的高低，用外商直接投资占 GDP 的比重（fdi）来衡量投资环境的好坏；经济结构不合理是造成地区经济发展差异重要原因，而目前第二产业仍是中国经济发展的重要支撑力量，因此以第二产业比重（industry）衡量经济结构，以此检验对经济增长的影响；政府支出能够通过增加消费带动经济增长，因此，以政府支出占 GDP 比重（gov）衡量政府对经济的干预程度。最后还选取了城乡收入差距，用城镇居民可支配收入和农村居民纯收入的比率来衡量，变量的描述性统计结果见表 8-4。

表 8 – 4 变量的描述统计

变量	观察个数	均值	标准差	最小值	最大值
gdp	627	0.114	0.160	–0.389	0.236
pgdp	646	4634.000	4299.000	367.200	19350.000
gov	646	0.135	0.078	0.031	0.634
human	646	35.730	41.810	0.440	179.600
industry	646	0.507	0.116	0.213	0.625
fdi	646	0.563	0.796	0.284	0.922
fixasset	646	0.395	0.198	0.092	0.784
incomegap	643	2.491	0.652	0.975	4.355

资料来源：由作者根据表 8 – 3 中收集的数据整理计算得出。

二、东部率先发展政策效果与作用机制

为了克服内生性问题，我们采用系统 GMM 方法对回归方程进行估计，估计结果如表 8 – 5 所示：

表 8 – 5 最为重要的估计参数是在地区虚拟变量和时间虚拟变量交叉项的参数估计上，即 desat * d1988 的系数，该系数反映了东部率先发展政策对东部地区经济增长的影响。从估计结果来看，政策变量 desat * d1988 的系数显著为正，说明东部地区率先发展政策实现了东部地区的经济增长率高于其他地区。这是由于东部地区率先发展政策给予东部地区的政策优惠使得东部地区吸引了国内外大量优质的物质资源和社会资源，加上东部地区便利的交通条件使东部地区较中西部地区发展更快。

下面将进一步分析控制变量对经济发展的影响。人力资本对经济增长具有促进作用，东部地区拥有国内最好的教育资源，能够为经济的发展提供需要的人才。工业化进程对经济增长的系数显著为正，说明工业发展仍然是促进经济增长的主要力量。城乡收入差距有利于经济的增长，是因为相对较大的城乡收入差距能够促进农村剩余劳动力的转移，

转移劳动力从事生产效率较高的非农产业，促进经济的发展。财政支出对经济增长的抑制作用主要表现在财政支出反映了政府干预市场的程度，政府干预程度越大，越不利于资源的优化配置，从而不利于经济的发展。外商直接投资对东部地区经济的发展具有促进作用，东部地区优惠政策的实施吸引了大量的外国商人到中国进行投资设厂，促进了中国经济的发展。需要注意的是，固定资产投资对东部地区经济发展的促进作用没有体现出来。

表 8－5　东部率先发展政策效果

模型	基本方程	扩展方程		
	(1)	(2)	(3)	(4)
L. gdp	−0.001 (−0.04)	−0.104*** (−4.65)	−0.071*** (−3.38)	−0.123*** (−5.38)
deast	−0.153* (−1.81)	−0.231** (−3.37)	−0.267*** (−3.98)	−0.364*** (−5.36)
d1988	−0.221*** (−5.30)	−0.069** (−1.99)	−0.008 (−0.25)	−0.081** (−2.11)
deast * d1988	0.075* (1.76)	0.036** (2.01)	0.027* (1.80)	0.096* (1.65)
gov		−2.006*** (−17.71)	−0.802*** (−5.84)	−0.571*** (−3.51)
human		0.002*** (13.27)	0.003*** (14.52)	0.003*** (12.72)
industry				0.486*** (10.93)
fdi				3.291*** (45.41)
fixasset			−0.611*** (10.57)	−0.710*** (−11.70)

续表

模型	基本方程	扩展方程		
	(1)	(2)	(3)	(4)
incomegap			0.051 *** (3.94)	0.041 *** (3.07)
常数项	0.331 *** (7.09)	0.489 ** (12.53)	0.366 *** (7.43)	0.484 *** (7.11)
观测值	608	608	608	608

注：括号中的数值是 t 统计值，*** 、** 、* 分别表示在 1%、5% 和 10% 的显著性水平下通过显著性检验。

东部率先发展政策是促进东部地区经济发展的一项战略方针，在此战略方针的指导下，会有具体的政策措施，为此可使用双重差分估计方法对各政策措施发挥作用的大小进行检验。这些政策变量有固定资产投资（fix asset）、外商直接投资（fdi）、城乡居民收入差距（incomegap）、人力资本（human）、工业化水平（industry）、人力资本（human），二次差分结果如表 8 -6 所示。

表 8 -6　控制变量的双重差分估计结果

变量	实验组（1981 ~ 1987 年）	实验组（1988 ~ 2015 年）	实验组前后变化（Δ1）	控制组（1981 ~ 1987 年）	控制组（1988 ~ 2015 年）	控制组前后变化（Δ2）	差分内差分（Δ1 - Δ2）
gov	-0.0472	0.0591	0.1063	-0.0423	0.0642	0.1065	-0.0002
human	0.0881	0.0987	0.0106	0.0708	0.1023	0.0315	-0.0209
industry	0.0443	-0.0127	-0.057	0.0524	0.0061	-0.0463	-0.0107
fdi	0.0646	0.1772	0.1126	0.5342	0.2953	-0.2389	0.3515
fixasset	0.0013	0.0709	0.0696	0.0142	0.0928	0.0786	-0.009
incomegap	-0.0280	0.0182	0.0462	-0.0028	0.0151	0.0179	0.0283

注：表中的数值为各变量实际平均增长率；实验组为东部地区，控制组为其他地区。增长率的计算公式为：当期值/滞后一期值 -1。

根据上述分析可知，外商直接投资、工业化水平、人力资本、城乡居民收入差距对经济的发展都有促进作用；政府财政支出反映了政府干预市场经济的程度，不利于经济发展；固定资本投资对经济增长的作用没有发挥出来。而根据表8－6，东部地区经济的发展主要得益于外商直接投资、城乡居民收入差距和政府财政支出的建设，而人力资本建设、固定资产投资和工业化程度的增加速度要明显低于其他十省区，在东部地区发展过程中起的作用较小。

三、东部地区内部经济协同发展：政策视角

借鉴前面的做法，采用β收敛检验东部率先发展政策对东部地区经济协同发展的影响。在此，我们的被解释变量仍为GDP增长率，主要的解释变量为人均GDP，并选取了一些控制变量进行回归。并根据人均GDP的系数判断经济是否处于收敛状态，如果系数为负，则表明经济发展水平低的地区的经济增长率高于经济发展水平高的地区，经济发展处于收敛状态；如果系数为正，则表明经济发展水平低的地方的经济增长率低于经济发展水平高的地方，地区间经济发展差距会越来越大，经济呈现出发散状态。本章分别对东部率先发展政策实施前后东部地区经济协同发展状况进行检验，结果如表8－7所示。

表8－7　　东部地区内部经济协同发展的实证估计结果

模型	gdp （1981～1987年）	gdp （1981～1987年）	gdp （1988～2015年）	gdp （1988～2015年）
L. gdp	－0.131** （－2.28）	－0.132* （－1.90）	0.153*** （3.90）	0.091** （2.10）
pgdp	0.001*** （2.92）	0.001 （0.47）	－0.001** （－1.97）	－0.001** （－1.89）

续表

模型	gdp (1981~1987年)	gdp (1981~1987年)	gdp (1988~2015年)	gdp (1988~2015年)
gov		2.966 (1.18)		-1.315*** (-3.64)
human		-0.006 (-0.26)		0.006* (1.67)
industry		-0.654 (-1.54)		-0.031 (-0.17)
fdi		0.076 (1.26)		0.005 (0.45)
fixasset		-0.644 (-0.59)		-0.0223*** (-2.62)
incomegap		-0.175 (-1.13)		-0.034 (-1.48)
常数项	0.263*** (6.27)	0.855* (1.95)	0.126*** (10.08)	0.405*** (3.47)
样本量	45	45	234	234

注：括号中的数值是t统计值，***、**、*分别表示在1%、5%和10%的显著性水平下通过显著性检验。

从表8-7可见，在东部率先发展政策实施前的人均GDP的系数为正，说明东部地区经济发展不均衡，呈现出发散的状态。在控制一些因素后，东部地区各省区的发散状况不明显。在东部率先发展政策实施后，人均GDP的系数显著为负，而控制一系列变量后，人均GDP的系数不发生改变，出现收敛状况，这表明东部率先发展政策实施后，东部地区经济发展差距开始缩小，东部地区的经济呈现出协同发展状况。

四、结论与政策建议

本部分采用系统估计法，以人力资本、固定资产投资、工业化程度、城乡居民收入差距、政府规模和投资环境作为控制变量，运用双重差分法对东部地区率先发展政策进行效应评价，结果发现东部率先发展政策对于提高东部地区经济增长率的效应显著，而且东部率先崛起政策有利于东部地区内部经济的收敛，促进了经济的协同发展。东部地区的经济虽然在全国经济发展中起到了很好的带头作用，但仍有很多地方需要完善，具体如下：

（一）大力提高自主创新能力

东部地区经济要想走在世界的前列，必须要提高自主创新能力。只有提高自主创新能力，才能摆脱拼人力、耗资源、损环境的发展怪圈，促使东部地区的产业由低端走向高端，创造出有自主知识产权的国产品牌，增强核心竞争力。东部地区应加快改革开放步伐，充分提高企业技术创新水平，增强企业创新活力，使企业成为研发投入的主体，并加强企业与高校、科研院所的合作交流，推进产学研一体化，将研发成果有效地转化为现实产品。

（二）促进产业结构的调整升级

东部地区要优先发展具有比较优势的先进制造业和以生物制药、电子信息、新材料为代表的高新技术产业以及现代服务业，大力发展产品的精深加工和优质高端的服务，逐步引导劳动密集型产业向中西部地区转移。抓住全球产业重组的机遇，加大招商引资力度，重点引进国外先进的机器设备以及技术管理，有效提高外资的使用效益，增强国际竞争力。

（三）加快经济增长方式的转变

面对自然资源的紧缺和生态环境承载力减弱等不利因素，东部地区应更加注重资源的节约和环境的保护。发展现代农业，实现土地的集约利用，提高农业的生产效率，走新型工业化道路，推动服务型服务业的发展。通过制定相关法律保护生态环境，加强执法力度，降低主要污染和能耗指标，遏制耕地过度消耗和环境污染继续加重的趋势，改善人居环境，完善环境标准，提高环保的门槛，逐渐减少能耗大、污染严重的产业，提升经济发展质量，实现经济的可持续发展。

第二节　西部大开发政策效果评估

1999 年 9 月，党的十五届四中全会正式提出西部大开发政策。紧接着在 2000 年 1 月，国务院成立了西部地区开发领导小组，并由朱镕基总理担任组长，时任温家宝副总理担任副组长。经过全国人民代表大会审议通过之后，国务院西部开发办于 2000 年 3 月正式开始运作。此后，为有序推进西部大开发政策的实施，国家又先后出台了一系列的相关政策措施，主要有 2000 年 9 月国务院发布的《关于进一步做好退耕还林、退牧还草试点工作的若干意见》；2000 年 12 月国务院发布的《关于实施西部大开发若干政策措施的通知》；2001 年 3 月发布的《中华人民共和国国民经济和社会发展第十个五年计划纲要》；2001 年 8 月发布的《国务院关于西部大开发若干政策措施的实施意见》；2002 年 4 月发布的《国务院关于进一步完善退耕还林政策措施的若干意见》；2006 年 5 月国务院西部办等发布的《关于促进西部地区特色优势产业发展的意见》；2007 年 8 月国家发改委、西部办等发布的《关于加强东西互动深入推进西部大开发的意见》等。这些政策的实施对西部地区经济的作用，我们将用计量模型来具体说明。

一、模型设定与数据来源

西部大开发是国家进行的一项政策实验，为此，我们采用双重差分法，运用中国 1995 ~2015 年的省级面板数据对此项政策实施效应进行评估。一方面，检验西部大开发政策对于促进西部地区经济增长的作用；另一方面，检验西部大开发政策是否缩小了区域差距以及区域内差距，并探寻其作用机制。我国是从 2000 年开始实施西部大开发政策的，因此可将 2000 年作为西部大开发政策的时间起点。将西部地区的内蒙古、四川、西藏、青海、广西、贵州等十二省、自治区、直辖市作为实验组。根据双重差分法要求实验组和对照组在政策实施前具有相似发展状况的要求，我们将中国所有省份 1995 ~1999 年的 GDP 增长率进行比对，发现 1995 ~1999 年西部地区的平均经济增长率为 0. 0838，而与之较接近的十个省份依次为湖北、江苏、山东、湖南、江西、浙江、广东、山西、黑龙江、河南，而这十个省份又未受到西部大开发政策的影响，因此将其作为对照组，如表 8 –8 所示。

表 8 –8　　1995 ~1999 年中国各省份经济增长率

省份	1995 年	1996 年	1997 年	1998 年	1999 年	平均增长率
北京	0. 124	0. 096	0. 129	0. 154	0. 143	0. 129
天津	0. 086	0. 111	0. 097	0. 096	0. 108	0. 099
河北	0. 113	0. 119	0. 114	0. 085	0. 076	0. 101
山西	0. 112	0. 109	0. 111	0. 100	0. 050	0. 096
内蒙古	0. 053	0. 102	0. 097	0. 103	0. 108	0. 093
辽宁	-0. 031	0. 044	0. 104	0. 092	0. 090	0. 060
吉林	0. 036	0. 093	0. 058	0. 086	0. 076	0. 070
黑龙江	0. 060	0. 099	0. 095	0. 048	0. 048	0. 070
上海	0. 072	0. 092	0. 131	0. 114	0. 118	0. 106

续表

省份	1995 年	1996 年	1997 年	1998 年	1999 年	平均增长率
江苏	0.085	0.075	0.082	0.086	0.084	0.083
浙江	0.130	0.087	0.088	0.087	0.093	0.097
安徽	0.171	0.067	0.091	0.092	0.082	0.101
福建	0.088	0.095	0.124	0.109	0.096	0.103
江西	0.054	0.113	0.108	0.080	0.093	0.089
山东	0.100	0.097	0.081	0.083	0.083	0.089
河南	0.151	0.123	0.082	0.075	0.064	0.099
湖北	0.059	0.094	0.112	0.099	0.052	0.083
湖南	0.104	0.100	0.091	0.070	0.078	0.089
广东	0.097	0.064	0.107	0.106	0.100	0.095
广西	0.067	0.047	0.041	0.060	0.046	0.052
海南	-0.065	-0.010	0.026	0.084	0.094	0.026
重庆	0.151	0.081	0.117	0.070	0.053	0.094
四川	0.043	0.085	0.098	0.080	0.065	0.074
贵州	0.036	0.049	0.084	0.074	0.108	0.070
云南	0.061	0.146	0.074	0.101	0.052	0.087
西藏	0.042	0.069	0.156	0.194	0.175	0.127
陕西	0.055	0.083	0.091	0.078	0.108	0.083
甘肃	0.050	0.196	0.069	0.128	0.093	0.107
青海	0.036	0.013	0.071	0.098	0.099	0.063
宁夏	0.098	0.069	0.077	0.102	0.093	0.088
新疆	0.051	0.021	0.123	0.073	0.066	0.067

资料来源：国家统计局官网数据库，http：//www.stats.gov.cn/.

据此，将 1995～2015 年中国样本区域划分为 4 组子样本，即西部大开发政策之前的控制组和实验组，西部大开发政策之后的控制组和实验组，并设置 dwest 和 d2000 两个虚拟变量区分上述子样本，当 dwest =

1 时，代表西部省份，dwest = 0 代表其他省份。d2000 = 0 代表西部大开发政策实施之前的年份，即 1995 年到 1999 年，d2000 = 1 代表西部大开发政策实施之后的年份，即 2000 年到 2015 年。dwest ∗ d2000 代表政策变量，并根据政策变量系数的符号判断政策作用的效果。根据上述样本的界定，可设定如下回归模型：

$$Y_{it} = \beta_0 + \beta_1 dwest_{it} + \beta_2 d2000_{it} + \beta_3 dwest_{it} * d2000_{it} + \beta_4 Z_{it} + \xi_{it} \tag{8-2}$$

其中，i，t 分别为相对应的省份和年份，Y 为被解释变量，用来衡量经济的发展，Z 为影响经济增长的其他变量，在这里作为控制变量，ξ 为随机扰动项。

方程（8 -2）是西部大开发政策实施前后西部地区经济增长变化的描述。西部大开发政策实施前，西部地区的经济增长为 $\beta_0 + \beta_1$，政策实施后，西部地区的经济增长为 $\beta_0 + \beta_1 + \beta_2 + \beta_3$，由此可计算出西部地区经济增长的变化幅度是 $\Delta Y_1 = \beta_2 + \beta_3$。控制地区在西部大开发政策实施前的经济增长为 β_0，在政策实施后的经济增长水平为 $\beta_0 + \beta_2$，可见控制地区的经济增长变化幅度为 $\Delta Y_0 = \beta_2$，用实验地区的经济增长变化减去控制地区的经济增长变化就是政策对实验地区经济增长的净影响，即西部大开发政策对西部地区经济增长的净影响，$\Delta(\Delta Y) = \beta_3$，为更直观地显示西部大开发政策对西部地区经济增长的影响，我们将方程（8 -2）列成了表 8 -9 的形式。如果 β_3 的系数显著为正，则表明西部大开发政策加速了西部地区的经济发展，如果 β_3 的系数为负，则表明西部大开发政策并没有推动西部地区经济的发展。

表 8 -9　　DID 模型中各参数的含义

	西部大开发前（d2000 = 0）	西部大开发后（d2000 = 1）	差分
西部地区（实验组，dwest = 1）	$\beta_0 + \beta_1$	$\beta_0 + \beta_1 + \beta_2 + \beta_3$	

续表

	西部大开发前（d2000 = 0）	西部大开发后（d2000 = 1）	差分
其他地区（对照组，dwest = 0）	β_0	$\beta_0 + \beta_2$	$\Delta Y_0 = \beta_2$
DID			$\Delta Y = \beta_3$

本书选取了西部地区以及其他对照地区的1995年到2015年的面板数据，数据主要来源于《中国劳动年鉴》《中国统计年鉴》《中国人口和就业年鉴》。各变量的主要含义和计算方法如表8－10所示。

表8－10　　　　主要变量内涵与计算方法

变量名称	变量含义	计算方法
gdp	经济增长	GDP 增长率
security	社会保障程度	社会保障支出/财政支出
pgdp	人均 GDP	剔除物价影响后的 GDP/总人数
gov	政府支出规模	财政支出/GDP
FDI	投资环境	外商投资/GDP
transport	基础设施	公路铁路内河航运里程/地区面积
human	人力资本	每十万人高等院校在校生人数
industry	产业结构	第二产业产值/GDP

资料来源：经济增长率、固定资产投资、工业化程度、外商投资、财政支出、公路铁路内河航运历程、地区面积数据来源于1981～2015年的《中国统计年鉴》，总人口数、高等院校在校生人数来源于1981～2015年的《中国人口和就业统计年鉴》，城镇居民可支配收入和农村居民纯收入来源于1981～2015年的《中国劳动年鉴》。以上指标由作者整理计算得出。

本章的被解释变量为GDP增长率，为了突出政策效应，将西部大开发作为虚拟变量，2000年之后的年份赋值为1，2000年之前的年份赋值为0。当然为了尽量考虑其他可能的因素对被解释变量的影响，在一定程度上缓解遗漏变量的问题，本章控制了其他一些可能影响被解释变量的因素。实践表明，政府作为市场的重要参与者和宏观调控的重要制定者，是影响经济发展的重要因素之一，因此采用政府支出占 GDP 比重（gov）来衡量政府对经济的干预程度。投资作为经济的要素投入之一，直接影响着经济增长，也反映着本地的营商环境，鉴于此，将外商直接投资的数量作为控制变量加入分析当中。人力资本作为经济发展的核心力量，将选取每十万人高等院校在校生人数（human）度量人力资本水平。基础设施作为重要的要素投入，将基础设施投入作为重要的变量加入分析当中。另外还控制了第二产业的比重，由于经济结构不均衡不合理是造成地区经济发展差距的重要原因，而目前第二产业仍是中国经济发展的重要支撑力量，因此以第二产业比重（industry）衡量经济结构，以此检验对经济增长的影响。社会保障则反映了一个国家的社会福利状况，用社会保障支出占财政支出的比重衡量社会保障程度。最后还选取了人均 GDP（pgdp）来反映居民的生活状况，各变量的描述性统计结果见表 8－11。

表 8－11　变量的描述统计

变量	观察个数	均值	标准差	最小值	最大值
gdp	418	11.870	4.604	－1.216	26.140
pgdp	438	3299.000	2564.000	456.000	13477.000
industry	440	0.452	0.074	0.174	0.591
fdi	440	0.324	0.463	0.016	7.172
gov	440	0.204	0.174	0.049	1.291
transport	440	0.511	0.443	0.018	1.799
human	440	1357.000	748.200	306.700	3652.000
security	440	11.270	5.180	0.095	25.620

资料来源：由作者根据表 8－10 中收集的数据整理计算得出。

二、西部大开发政策效果与作用机制

为了克服内生性问题，我们采用系统 GMM 方法对回归方程进行估计，估计结果如表 8 - 12 所示。

作为重要的参考，一个重要的系数便是地区虚拟变量和时间虚拟变量的交叉系数的参数估计，在该回归中则是 dwest * d2000 的系数，反映了净增长率在政策实施前后是否有明显的变化，进一步考察西部大开发的政策效应。回归结果表明，交叉系数显著为正，表明西部大开发政策对西部地区经济增长具有明显的促进作用。不同地区的发展实践也支持这一结果，2000 ~ 2015 年西部地区的 GDP 总量由 17276.41 亿元提升到了 145018.92 亿元，15 年间提升了近 7.5 倍，年均增长率约 15%，较 1995 ~ 1999 年的年均增长率提高了近一倍。从人均 GDP 的情况来看，人均 GDP 由全国的 68.36% 升至 80.39%。

此外，表 8 - 12 的结果表明，外商直接投资带来的物质资本投入的增加在推动西部地区经济发展方面起了重要作用。一方面，外商直接投资能够解决西部地区经济建设所需要的资金；另一方面，外商直接投资能够带来的先进技术和管理经验，也能够有效提升经济效率。政府支出能够通过增加消费带动经济发展，政府支出的比重越大，越有利于促进生产和消费，越有利于经济的增长。人力资本对西部地区经济增长的作用为负，但所占比重很小。西部地区本身人才资源不足，加上恶劣的自然条件，吸引不到大量的优秀人才，因此人力资源对西部地区的经济发展几乎没有贡献。同样，交通基础设施对西部地区经济增长的作用并没有充分发挥。第二产业比重的提升可以显著地推动经济增长，尤其是对于不发达地区而言作用更加明显。社会保障程度对西部地区经济的发展具有重要的促进作用，西部地区经济发展落后，人们生活水平较低，较高的社会保障水平能够满足人们生存的基本需求，有利于经济的发展。

表 8－12　　西部大开发政策效果

模型	基本方程	扩展方程		
	(1)	(2)	(3)	(4)
L. gdp	0. 587 *** (11. 25)	0. 468 *** (8. 88)	0. 285 *** (5. 65)	0. 288 *** (5. 61)
dwest	5. 821 ** (2. 39)	12. 90 *** (4. 97)	16. 13 *** (6. 88)	14. 21 *** (5. 20)
d2000	3. 599 *** (2. 74)	4. 001 *** (3. 22)	4. 618 *** (3. 84)	4. 318 *** (3. 52)
dwest * d2000	1. 044 *** (2. 86)	1. 191 *** (3. 22)	2. 45 *** (5. 91)	2. 944 * (1. 66)
industry		33. 26 *** (4. 98)	86. 77 *** (10. 30)	90. 57 *** (10. 39)
fdi		13. 37 *** (5. 06)	6. 309 ** (2. 51)	6. 516 ** (2. 53)
gov				9. 388 * (1. 90)
transport				0. 479 (0. 28)
human			－0. 0055 *** (－8. 48)	－0. 0064 *** * (－6. 58)
security			0. 1946 ** (2. 25)	0. 279 *** (2. 86)
常数项	－0. 804 (－0. 51)	－22. 57 *** (－5. 37)	－38. 82 *** (－9. 21)	－41. 14 ** (－9. 21)
观测值	396	396	396	396

注：括号中的数值是 t 统计值，*** 、** 、* 分别表示在 1% 、5% 和 10% 的显著性水平下通过显著性检验。

为了进一步考察西部大开发政策影响西部经济发展的渠道，本章在双重差分的基础上考察该政策对于交通基础设施（transport）、产业结构（industry）、人力资本（human）、政府支出（gov）、外商直接投资（FDI）、固定资产投资（fix asset）等控制变量的影响，二次差分结果如表 8 – 13 所示。

表 8 – 13　　控制变量的双重差分估计结果

变量	实验组（1995 ~ 1999 年）	实验组（2000 ~ 2015 年）	实验组前后变化（Δ1）	控制组（1995 ~ 1999 年）	控制组（2000 ~ 2015 年）	控制组前后变化（Δ2）	差分内差分（Δ1 – Δ2）
Security	0. 6606	0. 0663	–0. 5943	0. 5011	0. 0207	–0. 4804	–0. 1139
FDI	0. 8376	–0. 025	–0. 8626	–0. 0573	–0. 0298	0. 0275	–0. 8901
gov	0. 0540	0. 0561	0. 0021	0. 0561	0. 0446	–0. 0115	0. 0136
human	0. 0687	0. 0951	0. 0264	0. 0824	0. 0862	0. 0038	0. 0226
transport	0. 0375	0. 0992	0. 0617	0. 0345	0. 0985	0. 064	–0. 0023
industry	–0. 0039	0. 0147	0. 0186	0. 0033	0. 0029	–0. 0004	0. 019

注：表中的数值为各变量实际平均增长率；实验组为西部地区，控制组为其他地区。增长率的计算公式为：当期值/滞后一期值 – 1。

根据上述对表 8 – 12 的分析可知，产业结构、外商直接投资、政府支出规模以及社会保障程度对经济的发展都有促进作用，交通基础设施和人力资本对经济增长的作用并不明显。而根据表 8 – 13 双重差分的结果，我们发现与其他地区相比，在西部大开发政策实施后，西部地区的第二产业、人力资本水平和政府支出规模得到了快速发展，而外商直接投资、交通基础设施和社会保障程度均落后于其他地区。因此，西部地区经济的发展主要得益于第二产业的发展、政府支出和人力资本的增加。

从基本的回归结果可以看出，无论是西部地区还是对照组地区，第二产业的比重都有所提高，这也反映了产业结构的演变规律，但西部地区第二产业的比重提高得更为明显，这可以看作是西部大开发政策效应的显现。从西部大开发对外商直接投资的影响来看，在政策期间，西部地区外商直接投资占 GDP 的比例并没有显著的提高，但是对照组地区却有显著的提升，这说明西部大开发对外商直接投资的影响并不明显。从人力资本的情况来看，虽然所有地区的人力资本均有所改善，但西部地区的改善更加明显，说明西部大开发对于人力资本的提升具有一定的作用。当然西部大开发作为国家重要的扶持政策，对于政府支出的增加有一定的促进作用，政府的干预程度有所增加，进而促进经济的增长。值得注意的是，西部地区的社会保障水平，在此期间较其他地区发展得较为缓慢，社会保障作为经济发展的重要力量，其作用并没有得到有效地发挥，这在以后的工作中需要着重加强。

三、西部地区内部经济协同发展：政策视角

在经济的发展过程当中如果落后地区的经济增长速度高于发达地区的经济增长速度，那么落后地区将会逐渐赶上发达地区，这在经济学上被称为收敛发展。在收敛回归方程中，被解释变量通常选用 GDP 增长率，主要的解释变量为初始的人均 GDP，并加入一些其他影响经济增长的控制变量。如果主要解释变量的系数为负，说明增长率会随着经济发展水平的提高逐步降低，则该地区具有收敛的性质。否则，初始人均 GDP 的系数为正，则不满足收敛的条件，该地区的发展是发散的。本章以 2000 年为界，对 1995 ~ 1999 年和 2000 ~ 2015 年分别进行检验，检验的结果如表 8 – 14 所示。

表 8 – 14　　西部地区内部经济协同发展的实证估计结果

模型	gdp (1995 ~ 1999 年)	gdp (1995 ~ 1999 年)	gdp (2000 ~ 2015 年)	gdp (2000 ~ 2015 年)
L. gdp	0. 071 (0. 55)	– 0. 210 ** (– 1. 59)	0. 456 *** (5. 68)	0. 096 (1. 17)

续表

模型	gdp（1995～1999年）	gdp（1995～1999年）	gdp（2000～2015年）	gdp（2000～2015年）
pgdp	-0.003 (-0.83)	0.023*** (2.69)	-0.001*** (-3.05)	-0.001** (-2.18)
industry		86.12*** (3.57)		99.93*** (8.16)
fdi		1.253 (0.35)		2.308 (0.40)
gov		38.05* (1.90)		10.66** (2.46)
transport		-43.61* (-1.67)		4.919** (1.98)
human		-0.007 (-0.52)		-0.007*** (-3.18)
security		-0.572** (-2.39)		0.059 (0.34)
常数项	12.17*** (2.76)	-35.58** (-2.64)	8.83*** (6.42)	-23.55*** (-4.02)
样本量	36	36	168	168

注：括号中的数值是t统计值，***、**、*分别表示在1%、5%和10%的显著性水平下通过显著性检验。

表8-14的回归结果表明，这两个阶段的人均GDP系数具有显著的不同，在西部大开发之前，人均GDP的系数显著为正，在西部大开发之后，人均GDP的系数显著为负，并且在两个阶段都不受控制变量的显著影响，这说明在实施西部大开发之后，西部地区的经济发展差距开始缩小，呈现出协同发展的局面。

四、结论与政策建议

对于西部地区经济发展与区域协同发展的考察本章使用的主要是系统 GMM 和双重差分方法（DID）。研究发现，西部大开发政策的实施确实对西部地区的发展起了较大的推动作用，同时缩小了西部地区与其他地区的发展差距，有利于促进中国经济的收敛发展。西部大开发政策实施期间，中国西部地区的平均经济增长率为 11.9%，高于其他地区 0.6 个百分点，这直接促进了中国经济的协调发展。

当然西部大开发对于经济增长的作用不可否认，但依然要关注到西部地区存在的问题，主要的问题有：第一，虽然西部地区与其他地区的发展差距缩小，但西部地区内部的发展差距在不断增大，这表明西部大开发政策的实施并未真正实现区域的协调发展；第二，西部地区的经济增长主要是由于物质资本投入的增加带来的，经济增长的质量并没有显著的提高，交通基础设施等公共基础设施也没有显著的改善。针对以上存在的问题，提出以下几点可以参考的意见：

可以看出，西部地区的发展依然主要依赖于资本的投入，这也主要得益于 2000 年以来的西部大开发政策。为了保持发展的连续性，维护西部发展的成果，国家仍需要在未来很长一段时间内加大资本的投入，避免西部地区发展停滞。与中东部地区相比，西部地区的基础设施还相对落后，因此应加快西部地区基础设施的建设，为经济的发展提供保证。此外，还应提高西部地区经济发展质量，加强软实力建设。通过依靠投资带动的经济增长具有短期效应，而通过改善产业结构、提高人力资本水平才能保证经济的长期发展。因此，要保证西部地区长期可持续发展，一要通过加大教育投入提高人力资本水平；二要通过积极推进生产性服务业的发展进一步优化产业结构；三要进一步加大西部地区的技术和人才投入，改变经济增长的方式；四要推进平衡发展政策，实现区域协调发展。西部大开发的政策虽然缩小了西部地区和其他地区的差距，但是西部地区内部发展的不平衡却逐年加剧，发达的地区越发达，贫困的地区越贫困。因此，在促进整体发展的同时，不能忽视缩小区域内部的差距。这就要求完善政府的转移支付制度，加强对西部欠发达地区的转移支付。此外，还要加强西部地区社会公共服务、医疗卫生等方面的建设，完善西部地区的基础设施，加大对西部地区的扶植力度。

第三节　东北振兴政策效果评估

2002 年，党的十六大报告中首次明确提出：支持东北地区等老工业基地加快调整和改造，支持以资源开采为主的城市和地区发展接续产业。2003 年 10 月，中共中央、国务院联合发布的《关于实施东北地区等老工业基地振兴政策的若干意见》提出："将老工业基地调整改造、发展成为技术先进、结构合理、功能完善、特色明显、机制灵活、竞争力强的新型产业基地，使之逐步成为我国经济新的重要增长区域"。这标志着东北老工业基地振兴政策的全面启动。

2004 ~2013 年的 10 年时间里，出台了一系列促进东北地区经济增长的发展措施，根据政策的不同类型，这些政策大概可以进行如下划分：（1）区域财税金融政策：该政策主要包括财政政策和金融政策两个方面，其中财税政策主要是指通过财政补贴、社会福利支出或税率的调整等手段进行再分配。金融政策主要是指中央银行通过调整准备金率、存贷款利率以及再贴现利率等进行货币供应量的调控。东北地区实施的财税政策主要有农业税的减免、粮食直补、资源税税额调整、所得税优惠政策等。（2）区域产业投资政策。该政策是指政府为了对特定产业进行保护而实施的优惠政策。东北地区的区域产业投资政策主要集中在鼓励高新技术产业的发展、实行良种推广、扶持农业发展等。（3）资源型经济转型政策。资源型经济的转型主要是缓解一些资源型城市由于资源枯竭导致的经济停滞，而采取的一系列基于产业结构调整，发展替代产业，进而实现城市转型的一系列产业政策。东北地区作为典型的老工业基地，有一些城市面临着转型问题。东北地区的资源型经济转型政策主要包括资源型城市专项计划、企业资源所得税优惠等政策措施。(4) 区域社会保障政策。社会保障是社会弱势群体的安全网，社会保障工作直接关系到国家的长治久安，是国家极为重要的一项工作。东北振兴实施的社会保障政策主要包括棚户区改造以及采煤沉陷区居民安置等政策。(5) 其他政策，主要是一些辅助性政策，如空间布局政策、区域开发政策、人才队伍建设政策等。以2007年为分界点，东北振兴政策具有时空上的显著差异。2007年的政策主要是针对问题给予直接扶持，是具有“输血”的功能，而在此之后的政策更注重东北地区自身的发展，具有“造血”的功能，例如东北地区可持续发展、资源型城市转型等政策，基本都是强调提高区域经济的自生能力。但不得不注意的是，东北地区的政策也难以避免一刀切所带来的问题，大部分的政策并没有考虑到区域内部的特点和差异，政策比较固化，缺乏灵活性，限制了政策效应的发挥。

一、模型设定与数据来源

东北振兴可被看作是在东北地区进行的一项政策实验，为此我们采用双重差分法，运用中国1995～2015年的省级面板数据对此项政策实施效应进行评估，一方面检验东北振兴政策对东北地区经济发展的促进作用；另一方面检验东北振兴政策是否缩小了区域差距以及区域内差距，并探寻其作用机制。我国是从2003年开始实施东北振兴政策的，因此可将2003年作为东北振兴政策的时间起点。将东北地区的辽宁、吉林和黑龙江三个省份作为实验组，同时根据双重差分法实验组和对照组在政策实施前具有相似发展状况的要求，我们将中国所有省份1995～2002年的GDP增长率进行比对，发现1995～2002年东北地区的平均经济增长率为0.0782，而与之较为接近的六个省份依次为四川、云南、贵州、新疆、青海、湖北，而这六个省份又未受到东北振兴政策的影响，因此将其作为对照组如表8－15所示。

表 8-15　　1995~2002 年中国各省份 GDP 增长率

省份	1995 年	1996 年	1997 年	1998 年	1999 年	2000 年	2001 年	2002 年	平均增长率
北京	0.124	0.096	0.129	0.154	0.143	0.175	0.165	0.173	0.145
天津	0.086	0.111	0.097	0.096	0.108	0.129	0.120	0.130	0.110
河北	0.113	0.119	0.114	0.085	0.076	0.113	0.086	0.100	0.101
山西	0.112	0.109	0.111	0.100	0.050	0.103	0.092	0.155	0.104
内蒙古	0.053	0.102	0.097	0.103	0.108	0.111	0.106	0.142	0.103
辽宁	-0.031	0.044	0.104	0.092	0.090	0.115	0.071	0.093	0.072
吉林	0.036	0.093	0.058	0.086	0.076	0.162	0.079	0.117	0.088
黑龙江	0.060	0.099	0.095	0.048	0.048	0.095	0.068	0.082	0.074
上海	0.072	0.092	0.131	0.114	0.118	0.134	0.085	0.111	0.107
江苏	0.085	0.075	0.082	0.086	0.084	0.107	0.098	0.131	0.094
浙江	0.130	0.087	0.088	0.087	0.093	0.123	0.116	0.170	0.112
安徽	0.171	0.067	0.091	0.092	0.082	0.066	0.111	0.093	0.097
福建	0.088	0.095	0.124	0.109	0.096	0.098	0.074	0.106	0.099
江西	0.054	0.113	0.108	0.080	0.093	0.076	0.079	0.135	0.092
山东	0.100	0.097	0.081	0.083	0.083	0.108	0.095	0.127	0.097
河南	0.151	0.123	0.082	0.075	0.064	0.114	0.087	0.100	0.099
湖北	0.059	0.094	0.112	0.099	0.052	0.093	0.087	0.094	0.086
湖南	0.104	0.100	0.091	0.070	0.078	0.100	0.072	0.092	0.088
广东	0.097	0.064	0.107	0.106	0.100	0.156	0.113	0.131	0.109
广西	0.067	0.047	0.041	0.060	0.046	0.051	0.088	0.116	0.065
海南	-0.065	-0.010	0.026	0.084	0.094	0.101	0.092	0.119	0.055
重庆	0.151	0.081	0.117	0.070	0.053	0.072	0.096	0.139	0.097
四川	0.043	0.085	0.098	0.080	0.065	0.072	0.085	0.109	0.080
贵州	0.036	0.049	0.084	0.074	0.108	0.094	0.093	0.106	0.081
云南	0.061	0.146	0.074	0.101	0.052	0.054	0.056	0.090	0.080
西藏	0.042	0.069	0.156	0.194	0.175	0.107	0.173	0.174	0.136

续表

省份	1995 年	1996 年	1997 年	1998 年	1999 年	2000 年	2001 年	2002 年	平均增长率
陕西	0.055	0.083	0.091	0.078	0.108	0.128	0.107	0.130	0.097
甘肃	0.050	0.196	0.069	0.128	0.093	0.096	0.062	0.104	0.100
青海	0.036	0.013	0.071	0.098	0.099	0.097	0.130	0.144	0.086
宁夏	0.098	0.069	0.077	0.102	0.093	0.110	0.136	0.127	0.102
新疆	0.051	0.021	0.123	0.073	0.066	0.167	0.086	0.090	0.085

资料来源：作者根据国家统计局各省 GDP 增长率数据统计整理得出。

据此，将 1995 ~ 2015 年中国样本区域划分为 4 组子样本，即东北振兴政策前的实验组和对照组，东北振兴政策后的实验组和对照组，并设置 dnorst 和 d2003 两个虚拟变量，其中，dnorst = 1 代表东北地区，dnorst = 0 代表其他地区，d2003 = 0 代表东北振兴前的年份，即 1995 到 2002 年，d2003 = 1 代表东北振兴后的年份，即 2003 年到 2015 年，dnorst * d2003 代表政策变量，并根据政策变量系数的符号判断政策的作用效果。根据上述样本的界定，可以得出如下回归模型：

$$Y_{it} = \beta_0 + \beta_1 dnorst_{it} + \beta_2 d2003_{it} + \beta_3 dnorst_{it} * d2003_{it} + \beta_4 Z_{it} + \xi_{it} \quad (8-3)$$

其中，i，t 分别为相对应的省份和年份，Y 为被解释变量，衡量经济的发展，Z 为影响经济增长的其他变量，在这里作为控制变量，ξ 为随机扰动项。

方程（8 - 3）是对东北振兴政策实施前后东北地区经济增长变化的描述。东北振兴政策实施前，东北地区的经济增长为 $\beta_0 + \beta_1$，政策实施后，东北地区的经济增长为 $\beta_0 + \beta_1 + \beta_2 + \beta_3$，由此可计算出东北地区经济增长的变化幅度是 $\Delta Y_1 = \beta_2 + \beta_3$。而控制地区在东北振兴政策实施前的经济增长为 β_0，在政策实施后的经济增长水平为 $\beta_0 + \beta_2$，可见控制地区的经济增长变化幅度为 $\Delta Y_0 = \beta_2$，用实验地区的经济增长变化减去控制地区的经济增长变化就是政策对实验地区经济增长的净影响，即东北振兴政策对东北地区经济增长的净影响，$\Delta(\Delta Y)=\beta_3$，为更直观地显示东北振兴政策对东北地区经济增长的影响，我们将方程（8－3）列成了表8－16的形式。如果 β_3 的系数显著为正，则表明东北振兴政策加速了东北地区的经济发展，如果 β_3 的系数为负，则表明东北振兴政策并没有推动经济的发展。

表8－16　　　　DID模型中各参数的含义

	东北振兴前（d2003＝0）	东北振兴后（d2003＝1）	差分
东北地区（实验组，dnorst＝1）	$\beta_0+\beta_1$	$\beta_{+}\beta_1+\beta_2+\beta_3$	$\Delta Y_t=\beta_2+\beta_3$
其他地区（实验组，dnorst＝0）	β_0	$\beta_0+\beta_2$	$\Delta Y_0=\beta_2$
DID			$\Delta Y=\beta_3$

本章选取了东北地区以及其他对照的6个省份的1995年到2015年的面板数据，这些数据均来自《中国劳动年鉴》《中国统计年鉴》《中国人口和就业年鉴》。各变量的主要含义和计算方法如表8－17所示。

表8－17　　　　主要变量及其计算方法

变量名称	变量含义	计算方法
gdp	经济增长	GDP增长率
gov	政府支出规模	财政支出占GDP比重
industry	工业化程度	第二产业占GDP比重
transport	基础设施	公路铁路里程/地区面积
human	人力资本	大专以上人员占从业人员比重
fixasset	固定资产投资	固定资产投资/GDP
security	社会保障	社会保障支出/财政支出

资料来源：经济增长率、GDP及第二产业产值、固定资产投资、外商投资、财政支出、地区面积数据来源于1981～2015年的《中国统计年鉴》，总人口数、高等院校在校生人数来源于1981～2015年的《中国人口和就业统计年鉴》，社会保障支出来源于1981～2015年的《中国劳动年鉴》。以上指标由作者整理计算得出。

GDP 增长率反映了地区经济增长的速度，这里用其衡量经济增长，东北振兴政策的虚拟变量（dnorst * d2003）是核心指标，当样本地区为东北地区时，dnorst 赋值为 1，否则，dnorst 赋值为 0，当时间在 2003 年以后，d2003 赋值为 1，否则 d2003 赋值为 0。根据式（8 - 3）可见，只有 2003 年之后的东北地区省份赋值为 1，其余均为 0。由于经济增长还要受到其他因素的影响，因此本章还选取了影响经济增长的其他因素作为控制变量。政府支出能够通过促进消费带动投资影响经济增长，采用政府支出占 GDP 比重（gov）反映政府支出干预经济程度，同时采用城镇居民可支配收入增长率来反映城镇居民的生活水平。经济结构不均衡不合理是造成地区经济发展差距的重要原因，而目前第二产业仍是中国经济发展的重要支撑力量，因此以第二产业比重（industry）衡量经济结构，以此检验对经济增长的影响。投资是拉动经济增长的“三驾马车”之一，是经济发展的重要动力，投资环境的好坏关系到投资的效益，而外商直接投资水平的高低能够有效衡量投资环境建设，因此采用外商直接投资占 GDP 的比重（FDI）来反映投资环境的好坏。基础设施是经济发展的前提，用基础设施密度（transport）衡量基础设施建设对经济发展的影响。由于科学技术在经济增长中所占的作用越来越大，而人力资本能够有效推动技术进步，用大专以上人员占从业人员比重来衡量人力资本水平。此外，社会保障水平也是影响经济发展的重要因素，采用社会保障支出占财政支出的比重衡量社会保障程度。变量的统计性描述结果见表 8 - 18。

表 8 - 18　　变量的描述性统计

变量	观察个数	均值	标准差	最小值	最大值
gdp	171	11. 263	4. 246	1. 331	23. 070
pgdp	180	3015. 000	2176. 000	456. 900	10745. 000
industry	180	0. 445	0. 058	0. 348	0. 583
fixasset	180	0. 531	0. 210	0. 239	1. 242

续表

变量	观察个数	均值	标准差	最小值	最大值
security	180	13.480	5.976	1.281	26.010
transport	180	0.371	0.297	0.019	1.341
gov	180	0.206	0.102	0.077	0.612
human	171	7.733	4.058	1.200	18.110

资料来源：由作者根据表 8－17 中收集的数据整理计算得出。

二、东北振兴政策效果与作用机制

为克服内生性问题，我们采用系统矩估计（GMM）对方程进行估计，并得到如表 8－19 所示的估计结果。

表 8－19 中最为重要的估计参数是地区虚拟变量和时间虚拟变量交叉项的参数，即 dnorst * d2003 的系数，该系数反映了东北振兴政策对东北地区经济增长的影响，系数为正，表明东北地区在政策实施前后经济增长速度变化要大于其他地区，反之，则要小于其他地区经济增长速度的变化。基本方程（8－3）中的估计结果显示，政策变量 dnorst * d2003 的系数显著为正，表明东北振兴政策的实施有效促进了东北地区经济发展，使东北地区与其他地区的发展差距逐渐缩小，验证了安德森（Andersson，2002）的结论，即长期内中国各地区经济的发展将趋于平衡。从统计数据看，东北振兴政策实施后，东北地区的 GDP 由 2003 年的 12722.02 亿元增长到 2015 年的 57469.1 亿元，平均每年增长 12.39%。而在东北振兴政策实施前的 1995 年到 2002 年，其增长率仅为 8.58%。[①] 此外，东北地区的人均 GDP 也由 2000 年的 11857 元增长到 2015 年的 52359 亿元，增长了约 3.42 倍[②]，可见东北振兴政策对东北地区经济的发展具有积极的促进作用。

上述分析对东北振兴政策的积极效果进行了肯定，下面对各解释变

①② 国家统计局官网数据库，http：//www.stats.gov.cn/.

量进行分析，以便考察具体的政策效果。各回归方程滞后一期的被解释变量系数显著为正，表明经济具有明显的时滞效应，上期的经济增长能够促进本期经济的发展。此外，控制变量的估计结果也基本符合经济学解释。工业化程度对经济增长呈现正相关，表明第二产业是推动经济增长的重要力量。交通基础设施的系数显著为正，这是因为交通基础设施是经济发展的前提，能够有效推动经济发展。财政支出对经济增长呈现出正相关关系，财政支出在一定程度上反映了政府干预经济的程度，表明行政干预也是促进经济发展的重要手段。固定资产投资的系数显著为正，是因为固定资产投资能够补充地区经济发展所需的资金和设备，有效促进经济发展。人力资本对经济发展的影响为负，而社会保障程度对经济发展的作用不明显。

表 8-19　　东北振兴政策效果评价

模型	基本方程	扩展方程		
	(1)	(2)	(3)	(4)
L. gdp	0.353*** (4.12)	0.073 (0.96)	-0.009 (-0.12)	-0.023 (-0.30)
dnorst	-5.667* (-1.76)	-8.049*** (-3.10)	-8.161*** (-3.04)	-5.711* (-1.74)
d2003	4.190*** (3.09)	4.103*** (3.49)	3.768*** (3.18)	4.127*** (3.22)
dnorst * d2003	3.888** (2.22)	2.122** (2.34)	2.546*** (2.73)	2.860*** (2.68)
industry		74.29*** (6.78)	67.72*** (5.35)	67.54*** (5.06)
fixasset		14.69*** (7.03)	28.31*** (7.99)	26.17*** (5.47)
security				-0.048 (-0.48)

续表

模型	基本方程	扩展方程		
	(1)	(2)	(3)	(4)
human				−0.189 ** (−1.20)
transport			9.921 *** (4.46)	8.523 *** (3.31)
gov			25.81 *** (3.01)	29.19 *** (3.13)
常数项	7.373 *** (4.63)	−14.15 *** (−3.15)	−11.81 *** (−2.68)	−11.71 ** (−2.17)
观测值	162	162	162	162

注：括号中的数值是 t 统计值，***、**、* 分别表示在 1%、5% 和 10% 的显著性水平下通过显著性检验。

东北振兴是促进东北经济发展的一项战略方针，在此战略方针指导下，会有具体的政策措施，为此可使用二次差分估计方法对各政策措施发挥作用的大小进行检验。这些政策的代理变量有政府支出（gov）、工业化程度（industry）、固定资产投资（fix asset）、交通基础设施（transport）、人力资本（human）、社会保障程度（security）。二次差分结果如表 8−20 所示。

表 8−20　　控制变量的二次差分估计结果

变量	实验组（1995～2002 年）	实验组（2003～2015 年）	实验组前后变化（Δ1）	控制组（1995～2002 年）	控制组（2003～2015 年）	控制组前后变化（Δ2）	差分内差分（Δ1−Δ2）
industry	−0.0039	0.0009	0.0048	0.0039	0.0131	0.0092	−0.0044
fixasset	0.0145	0.0858	0.0713	0.0511	0.0662	0.0151	0.0562
security	0.4894	−0.0143	−0.5037	0.1987	−0.0172	−0.2159	−0.2878

续表

变量	实验组（1995～2002年）	实验组（2003～2015年）	实验组前后变化（Δ1）	控制组（1995～2002年）	控制组（2003～2015年）	控制组前后变化（Δ2）	差分内差分（Δ1－Δ2）
human	0.0891	0.0741	－0.015	0.1257	0.1143	－0.0114	－0.0036
transport	0.0301	0.0858	0.0557	0.0912	0.0912	0	0.0557
gov	0.0595	0.0321	－0.0274	0.0816	0.0413	－0.0403	0.0129

注：表中的数值为各变量实际平均增长率；实验组为东北地区，控制组为其他地区。增长率的计算公式为：当期值/滞后一期值－1。

根据上述分析可知，工业化程度、固定资产投资、交通基础设施、财政支出的系数都为正，有利于促进经济的发展，而人力资本和社会保障程度对经济发展的作用不明显。根据表8－20的一次差分结果，在东北振兴政策实施后，东北地区的交通基础设施、工业化程度、固定资产投资增长率较之前有了很大的提高，这也是促进东北地区经济发展的主要因素。其他地区的工业化程度、交通基础设施，也有一定程度的提高。二次差分结果表明，东北地区在基础设施建设、固定资产投资和财政支出方面具有明显的优势，但在工业化程度、人力资本建设和社会保障水平方面发展不如其他地区。换句话说，东北振兴过程中实施的基础设施建设政策、投资政策是相对有效的，而人才政策、产业结构升级政策的效果不明显。

三、东北地区内部经济协同发展：政策视角

借鉴前面的做法，采用β收敛检验东北振兴政策对东北地区经济协同发展的影响。在此，我们的被解释变量仍为GDP增长率，主要的解释变量为人均GDP，并选取了一些控制变量进行回归。并根据人均GDP的系数判断经济是否处于收敛状态，如果系数为负，则表明经济发展水平低的地方的经济增长率高于经济发展水平高的地方，经济发展处

于收敛状态；如果系数为正，则表明经济发展水平低的地方经济增长率低于经济发展水平高的地方，地区间经济发展差距会越来越大，经济呈现出发散状态。本章分别对东北振兴政策实施前后东北地区经济协同发展状况进行检验，结果如表 8 - 21 所示。

表 8 - 21　东北地区内部经济协同发展的实证估计结果

模型	gdp（1995 ~ 2002 年）	gdp（1995 ~ 2002 年）	gdp（2003 ~ 2015 年）	gdp（2003 ~ 2015 年）
L. gdp	-0.264 （-1.29）	-0.256 （-0.83）	0.549*** （3.23）	0.416** （2.13）
pgdp	0.002 （1.14）	0.003 （0.36）	-0.008** （-2.40）	-0.004*** （-3.48）
industry		-55.09** （-2.12）		36.66 （1.12）
fixasset		3.463 （0.04）		9.551 （1.04）
security		0.151 （0.39）		-1.316*** （-2.60）
human		0.650*** （3.37）		1.514* （1.89）
transport		4.876 （0.10）		2.381 （0.22）
gov		-94.20 （-0.95）		-47.11 （-0.62）
常数项	6.67* （1.88）	33.44** （2.28）	9.723*** （2.72）	24.23 （0.82）
样本量	18	18	33	33

注：括号中的数值是 t 统计值，***、**、* 分别表示在 1%、5% 和 10% 的显著性水平下通过显著性检验。

从表中可以看出，在东北振兴政策实施前，人均 GDP 的系数不显著，在控制一些因素后，人均 GDP 的系数仍不显著，说明东北地区经济收敛发散状况不明显。东北振兴政策实施后，人均 GDP 的系数变为负，表明东北地区经济开始收敛，加入控制变量后，人均 GDP 前系数符号不变，这表明东北振兴政策的实施使东北地区经济差距开始缩小，东北地区的经济呈现出协同发展状况。

四、结论与政策建议

系统矩估计的结果显示，时间和地区的虚拟变量的交乘项系数为正，表明东北振兴政策促进了东北地区经济的发展。从统计数据看出，东北振兴政策实施前期，东北经济发展迅猛，2003 年到 2013 年期间，东北三省的年均经济增长率为 12. 61%，全国平均的增长率为 10. 49%。但近些年，东北地区的经济发展状况不容乐观，呈现出断崖式下跌。2016 年辽宁、黑龙江和吉林的 GDP 增速分别位于全国的倒数第一、倒数第三和倒数第七位，其中辽宁的 GDP 增速甚至为 -2. 5%，[①] 过于突兀的经济变化状况使得东北地区的经济发展前景堪忧。

抓住新一轮的东北振兴机遇，充分利用政策优势持续推动东北地区经济的发展。首先，人才引进政策、科技创新政策、投资政策在东北振兴过程中起到了积极作用，因此要继续提升人才和科技促进经济发展的重要作用。高度重视东北地区人才严重流失的现象，通过提供丰厚的条件保留现有人才，同时吸引更多的人才到东北地区就业，而且要鼓励企业和高校进行合作，将学校的创新成果转化为真实有效的生产力，实现产学研的一体化。同时要调整投资结构，使投资的重点向新能源、新材料等新兴产业倾斜。其次，对政策效果比较弱的产业政策和对外开放政策要积极进行调整完善，提升其政策作用。由于产业结构能够有效衡量经济发展层次，高级化的产业结构是经济发展的长久动力，而东北地区

① 国家统计局官网数据库，http：//www. stats. gov. cn/.

长期致力于发展重工业，第三产业发展动力不足，产业结构层次偏低，不利于实现经济长期可持续发展。因此，东北地区要升级产业结构，改变产业结构落后的现状，应重点培养战略新兴产业。此外，东北地处东北亚区域的中心，加强东北地区的对外开放能够有利于与周边地区的交流和合作，对于提升东北地区经济实力，实现东北再振兴具有重要意义。东北地区要有效利用沿海经济带和“八大经济区”的重大项目，通过对内外的招商引资实现资金的充分性和延续性。但招商引资也不能盲目选择，要以大型企业为招商重点，大产业为招商目标，重点引进一批装备制造业、信息产业等产业项目，增强东北地区经济的活力。

第四节　中部崛起政策效果评估

中部地区主要是指我国的山西，安徽，江西，湖北，河南，湖南六省区，国土面积 102.7 万平方公里，人口总数约 3.63 亿（赵晓笛，2005）。中部地区在全国的发展格局中具有重要的地位，不仅是全国重要的粮食基地、原料基地和工业基地，而且占据着连接中西、贯通南北的重要区位优势（杨晓宇，2013）。改革开放战略的实施虽然促进了中部地区经济的快速发展，但相对于东部地区率先发展、西部大开发、东北振兴，导致中部地区在全国的位置不断后移，形成了“中部塌陷”的局面（安虎森、殷广卫，2009）。这引起了党中央的高度重视，并作出了“中部崛起”政策的重大决策，这对于落实科学发展观，促进区域经济协同发展具有重要意义。2004 年，时任温家宝总理在政府工作报告中首次明确提出促进中部崛起。2006 年 4 月，国务院颁布的《中共中央国务院关于促进中部地区崛起的若干意见》标志着中部崛起政策纲领性文件正式出台。随后，国家及各级政府都制定、出台了一系列政策措施贯彻落实中部地区崛起政策。如 2006 年 5 月，国务院办公厅发布了《关于落实中共中央国务院〈关于促进中部地区崛起的若干意见〉有关政策措施的通知》，提出了 56 条具体落实意见。

2007 年 1 月，国务院办公厅又下发了《关于中部六省比照实施振兴东北地区等老工业基地和西部大开发有关政策范围的通知》，明确指出中部六省 26 个城市比照实施振兴东北地区等老工业基地有关政策，243 个县、（区）市比照实施西部大开发有关政策；2009 年 9 月，国务院发布了《促进中部地区崛起规划》等政策措施。这些政策的实施整体上推动了中部地区经济的增长，下面我们用数据来具体说明中部地区崛起政策的实施效果。

一、模型设定与数据来源

中部地区崛起是国家进行的一项政策实验，为此我们采用双重差分法，运用中国 1995 ~2015 年的省级面板数据对此项政策实施效应进行评估。一方面，检验中部地区崛起政策是否促进了中部地区经济发展；另一方面，检验中部地区崛起政策是否缩小了区域差距以及区域内差距，并探寻其作用机制。我国是从 2006 年开始实施中部振兴政策的，因此可将 2006 年作为中部振兴政策的时间起点。由于中部地区的山西、安徽、江西、湖北、河南、湖南六省区都受到政策的影响，将作为实验组。根据双重差分法实验组和对照组在政策实施前具有相似发展状况的要求，我们将中国所有省份 1995 ~2005 年的 GDP 增长率进行比对，发现 1995 ~2005 年中部地区的平均经济增长率为 0.1109，而与之较接近的六个省份依次为甘肃、宁夏、重庆、江苏、河北、上海。而这六个省份又未受到中部振兴政策的影响，因此将其作为对照组，如表 8 -22 所示。

表 8 -22　　1995 ~2005 年中国各省份 GDP 增长率

省份	1995 年	1996 年	1997 年	1998 年	1999 年	2000 年
北京	0.124	0.096	0.129	0.154	0.143	0.175
天津	0.086	0.111	0.097	0.096	0.108	0.129
河北	0.113	0.119	0.114	0.085	0.076	0.113

续表

省份	1995 年	1996 年	1997 年	1998 年	1999 年	2000 年
山西	0. 112	0. 109	0. 111	0. 100	0. 050	0. 103
内蒙古	0. 053	0. 102	0. 097	0. 103	0. 108	0. 111
辽宁	-0. 031	0. 044	0. 104	0. 092	0. 090	0. 115
吉林	0. 036	0. 093	0. 058	0. 086	0. 076	0. 162
黑龙江	0. 060	0. 099	0. 095	0. 048	0. 048	0. 095
上海	0. 072	0. 092	0. 131	0. 114	0. 118	0. 134
江苏	0. 085	0. 075	0. 082	0. 086	0. 084	0. 107
浙江	0. 130	0. 087	0. 088	0. 087	0. 093	0. 123
安徽	0. 171	0. 067	0. 091	0. 092	0. 082	0. 066
福建	0. 088	0. 095	0. 124	0. 109	0. 096	0. 098
江西	0. 054	0. 113	0. 108	0. 080	0. 093	0. 076
山东	0. 100	0. 097	0. 081	0. 083	0. 083	0. 108
河南	0. 151	0. 123	0. 082	0. 075	0. 064	0. 114
湖北	0. 059	0. 094	0. 112	0. 099	0. 052	0. 093
湖南	0. 104	0. 100	0. 091	0. 070	0. 078	0. 100
广东	0. 097	0. 064	0. 107	0. 106	0. 100	0. 156
广西	0. 067	0. 047	0. 041	0. 060	0. 046	0. 051
海南	-0. 065	-0. 010	0. 026	0. 084	0. 094	0. 101
重庆	0. 151	0. 081	0. 117	0. 070	0. 053	0. 072
四川	0. 043	0. 085	0. 098	0. 080	0. 065	0. 072
贵州	0. 036	0. 049	0. 084	0. 074	0. 108	0. 094
云南	0. 061	0. 146	0. 074	0. 101	0. 052	0. 054
西藏	0. 042	0. 069	0. 156	0. 194	0. 175	0. 107
陕西	0. 055	0. 083	0. 091	0. 078	0. 108	0. 128
甘肃	0. 050	0. 196	0. 069	0. 128	0. 093	0. 096
青海	0. 036	0. 013	0. 071	0. 098	0. 099	0. 097
宁夏	0. 098	0. 069	0. 077	0. 102	0. 093	0. 110
新疆	0. 051	0. 021	0. 123	0. 073	0. 066	0. 167

续表

年份	2001	2002	2003	2004	2005	平均增长率
北京	0.165	0.173	0.147	0.160	0.135	0.145
天津	0.120	0.130	0.184	0.161	0.233	0.132
河北	0.086	0.100	0.136	0.179	0.160	0.116
山西	0.092	0.155	0.214	0.204	0.164	0.128
内蒙古	0.106	0.142	0.216	0.226	0.261	0.139
辽宁	0.071	0.093	0.087	0.070	0.185	0.084
吉林	0.079	0.117	0.120	0.129	0.139	0.099
黑龙江	0.068	0.082	0.102	0.127	0.140	0.088
上海	0.085	0.111	0.152	0.161	0.125	0.118
江苏	0.098	0.131	0.159	0.161	0.218	0.117
浙江	0.116	0.170	0.198	0.155	0.132	0.125
安徽	0.111	0.093	0.101	0.168	0.104	0.104
福建	0.074	0.106	0.102	0.113	0.117	0.102
江西	0.079	0.135	0.132	0.185	0.153	0.110
山东	0.095	0.127	0.161	0.197	0.201	0.121
河南	0.087	0.100	0.124	0.199	0.216	0.121
湖北	0.087	0.094	0.116	0.140	0.149	0.100
湖南	0.072	0.092	0.109	0.165	0.148	0.103
广东	0.113	0.131	0.160	0.146	0.175	0.123
广西	0.088	0.116	0.105	0.171	0.140	0.085
海南	0.092	0.119	0.098	0.105	0.101	0.068
重庆	0.096	0.139	0.131	0.143	0.123	0.107
四川	0.085	0.109	0.115	0.151	0.137	0.095
贵州	0.093	0.106	0.134	0.132	0.174	0.099
云南	0.056	0.090	0.092	0.161	0.104	0.090
西藏	0.173	0.174	0.129	0.146	0.109	0.134
陕西	0.107	0.130	0.135	0.181	0.217	0.119

续表

年份	2001	2002	2003	2004	2005	平均增长率
甘肃	0.062	0.104	0.123	0.161	0.125	0.110
青海	0.130	0.144	0.132	0.150	0.145	0.101
宁夏	0.136	0.127	0.167	0.161	0.120	0.115
新疆	0.086	0.090	0.156	0.127	0.158	0.102

资料来源：国家统计局官网数据库，http://www.stats.gov.cn/.

据此，将 1995～2015 年中国样本区域划分为 4 组子样本，即中部崛起政策前的实验组和对照组，中部崛起政策后的实验组和对照组，并设置 dmid 和 d2006 两个虚拟变量区分上述子样本，当 dmid＝1 代表中部地区的省份，dmid＝0 代表其他地区的省份；d2006＝0 代表中部崛起政策前的年份，即 1995～2005 年，d2006＝1 代表中部崛起政策后的年份，即 2006～2015 年，dmid＊d2006 代表政策变量，并根据政策变量系数的符号判断政策的作用效果。根据上述样本的界定，可设定如下回归模型：

$$Y_{it} = \beta_0 + \beta_1 dmid_{it} + \beta_2 d2006_{it} + \beta_3 dmid_{it} * d2006_{it} + \beta_4 Z_{it} + \xi_{it} \tag{8-4}$$

其中，i，t 分别为相对应的省份和年份，Y 为被解释变量，衡量经济的发展，Z 为影响经济增长的其他变量，在这里作为控制变量，ξ 为随机扰动项。

方程（8－4）是中部崛起政策实施前后中部地区经济增长变化的描述。中部崛起政策实施前，中部地区的经济增长为 $\beta_0+\beta_1$，政策实施后，中部地区的经济增长为 $\beta_0+\beta_1+\beta_2+\beta_3$，由此可计算出中部地区经济增长的变化幅度是 $\Delta Y_t=\beta_2+\beta_3\Delta Y_1=\beta_2+\beta_3$。而控制地区在中部崛起政策实施前的经济增长为 β_0，在政策实施后的经济增长水平为 $\beta_0+\beta_2$，可见控制地区的经济增长变化幅度为 $\Delta Y_0=\beta_2$，用实验地区的经济增长变化减去对照地区的经济增长变化就为政策对实验地区经济增长的净影响，即中部崛起政策对中部地区经济增长的净影响，$\Delta(\Delta Y)=\beta_3$，为更直观地显示中部崛起政策对中部地区经济增长的影响，我们将方程（8－4）列成了表8－23的形式。如果 β_3 的系数显著为正，则表明中部崛起政策加速了中部地区的经济发展，如果 β_3 的系数为负，则表明中部崛起政策并没有推动经济的发展。

表8－23　　DID模型中各参数的含义

	中部崛起政策前（d2006＝0）	中部崛起政策后（d2006＝1）	差分
西部地区（实验组，dmid＝1）	$\beta_0+\beta_1$	$\beta_0+\beta_1+\beta_2+\beta_3$	$\Delta Y_t=\beta_2+\beta_3$
其他地区（对照组，dmid＝0）	β_0	$\beta_0+\beta_2$	$\Delta Y_0=\beta_2$
DID			$\Delta Y=\beta_3$

本章选取了中部地区以及其他对照的6个省份的1995年到2015年的面板数据，这些数据主要来源于《中国劳动年鉴》《中国统计年鉴》《中国人口和就业年鉴》等。各变量的主要含义和计算方法如表8－24所示。

表8－24　　主要变量及其计算方法

变量名称	变量含义	计算方法
gdp	经济增长	GDP增长率
human	人力资本	从业人员中大专以上比例
incomegap	城乡收入差距	城镇居民可支配收入/农村居民纯收入
industry	工业化程度	第二产业产值/GDP
pgdp	生活水平	剔除物价影响后人均GDP
security	社会保障	社会保障支出/财政支出

续表

变量名称	变量含义	计算方法
fdi	投资环境	外商投资/GDP
transport	基础设施	公路铁路内河航运里程/地区面积

资料来源：经济增长率、GDP及第二产业产值、固定资产投资、外商直接投资、地区面积数据来源于1995~2015年的《中国统计年鉴》，总人口数、高等院校在校生人数来源于1995~2015年的《中国人口和就业统计年鉴》，社会保障支出、城镇居民可支配收入和农村居民纯收入来源于1995~2015年的《中国劳动年鉴》。以上指标由作者整理计算得出。

GDP增长率反映了地区经济增长的速度，这里用其衡量经济增长，中部崛起政策的虚拟变量（dmid * d2006）是核心指标，2006年之后中部地区的省份赋值为1，其余为0。本章还选取了一些影响经济发展的控制变量，人力资本作为经济发展的核心力量，选取了从业人员中大专以上学历人员的比重（human）度量人力资本水平；投资是拉动经济增长的主要动力，用外商直接投资占GDP的比重（fdi）来衡量投资水平的高低；经济结构不均衡不合理是造成地区经济发展差距的重要原因，而目前第二产业仍是中国经济发展的重要支撑力量，因此以第二产业比重（industry）衡量经济结构，以此检验对经济增长的影响。基础设施能够为经济发展提供便利的条件，因此选取基础设施密度（transport）衡量基础设施状况。城镇和农村经济发展不均衡导致了城乡居民收入存在差距，用城镇居民可支配收入与农村居民纯收入之比（incomegap）反映城乡居民收入的差距状况。此外，用社会保障支出占财政支出的比重（security）衡量社会保障的程度，最后还选取了实际人均GDP反映居民的生活状况，变量的描述性统计结果见表8-25。

表8-25　　变量的描述统计

变量	观察个数	均值	标准差	最小值	最大值
gdp	228	11.620	4.350	-1.220	23.700
pgdp	238	3709.000	3144.000	576.000	16102.000

续表

变量	观察个数	均值	标准差	最小值	最大值
industry	240	0. 465	0. 061	0. 340	0. 590
fdi	240	0. 409	0. 452	0. 030	2. 260
human	227	8. 359	6. 524	1. 200	42. 850
transport	240	0. 753	0. 549	0. 080	2. 480
incomegap	237	2. 859	0. 546	1. 620	4. 360
security	238	11. 910	5. 042	0. 920	21. 940

资料来源：由作者根据表 8 －24 中收集的数据整理计算得出。

二、中部崛起政策效果及作用机制

为了克服内生性问题，我们采用系统 GMM 方法对方程进行估计，并得到如表 8 －26 所示的估计结果：

表 8 －26 中最为重要的估计参数是地区虚拟变量和时间虚拟变量交叉项的参数，即 dmid * d2006 的系数，该系数反映了中部崛起政策对中部地区经济增长的影响。系数为正，表明在中部崛起政策实施前后，中部地区经济增长速度变化要大于其他地区在中部崛起政策实施前后经济增长速度的变化。反之，中部地区经济增长速度的变化要小于其他地区经济增长速度的变化。从估计结果来看，政策变量 dmid * d2006 的系数显著为正，说明了中部崛起政策使得中部地区以高于其他地区的经济增长率快速增长。根据 2015 年 21 区域发展指数来看，中部地区中的湖北、江西、湖南、河南、安徽，分别位居第二、第五、第六、第七、第十名。[①] 这是由于中部地区具有承东启西的地理优势，在东部地区产业向西转移的过程中，中部地区的产业得到了发展。此外，随着全国多条南北纵横的高铁建设完成，武汉、郑州、长沙、合肥都已经成为全国重要的南北交汇高铁大枢纽，交通的便利为经济的发展提供了基础，而且

① 国家统计局官网数据库，http：//www. stats. gov. cn/.

也加快了中部地区旅游的发展。

下面将进一步分析控制变量对经济发展的影响。经济的发展具有滞后效应，滞后一期的经济增长对于当期的经济增长具有显著的促进作用。工业化进程对经济增长的系数显著为正，这是由于中部地区的第三产业不发达，经济的增长主要是依靠第二产业带动的。社会保障支出对经济增长的作用显著为正，社会保障支出的增加有利于增加居民的消费，促进经济的增长。城乡居民收入差距对经济增长也具有促进作用，这是因为过大的城乡居民收入差距能够促进农村剩余劳动力的转移，转移劳动力从事生产效率较高的非农产业，促进经济的发展。而人力资本和交通基础设施对经济增长作用没有体现出来。

表 8 – 26　　中部崛起政策效果评价

模型	基本方程	扩展方程		
	(1)	(2)	(3)	(4)
L. gdp	0. 633 *** (9. 67)	0. 398 *** (6. 00)	0. 291 *** (4. 45)	0. 173 *** (2. 68)
dmid	– 4. 578 (– 1. 35)	– 10. 41 *** (– 3. 28)	– 7. 942 ** (– 2. 41)	– 8. 504 *** (– 2. 62)
d2006	– 0. 339 (– 0. 21)	– 2. 519 * (– 1. 75)	4. 579 *** (2. 62)	1. 180 (0. 68)
dmid * d2006	0. 371 * (1. 74)	2. 403 ** (2. 12)	2. 169 *** (2. 65)	2. 591 *** (3. 13)
industry		70. 38 *** (6. 49)	91. 13 *** (8. 53)	86. 94 *** (8. 98)
security		0. 308 *** (3. 59)	0. 412 *** (5. 04)	0. 351 *** (4. 56)
incomgap				4. 122 *** (4. 24)

续表

模型	基本方程	扩展方程		
	(1)	(2)	(3)	(4)
human				-0.177** (-2.14)
transport			-12.21*** (-6.68)	-6.076*** (-2.92)
fdi			9.145*** (4.01)	5.399** (2.53)
常数项	6.681*** (3.66)	-22.96*** (-5.06)	-31.46*** (-6.52)	-38.85*** (-7.97)
观测值	216	216	216	216

注：括号中的数值是 t 统计值，***、**、*分别表示在 1%、5% 和 10% 的显著性水平下通过显著性检验。

中部崛起政策是为促进中部地区经济发展的一项战略方针，在此战略方针指导下，会有具体的政策措施。为此，可使用双重差分估计方法对各政策措施发挥作用的大小进行检验。这些政策的代理变量有基础设施（transport）、外商直接投资（fdi）、城乡居民收入差距（incomegap）、人力资本（human）、工业化水平（industry）、社会保障（security）。二次差分结果如表 8-27 所示。

表 8-27　控制变量的双重差分估计结果

变量	实验组（1995～2005 年）	实验组（2006～2014 年）	实验组前后变化（Δ1）	控制组（1995～2005 年）	控制组（2006～2014 年）	控制组前后变化（Δ2）	差分内差分（Δ1-Δ2）
transport	0.0592	0.1341	0.0749	0.0514	0.1165	0.0651	0.0098
fdi	-0.0195	-0.0353	-0.0158	0.0940	-0.0388	-0.1328	0.117
incomegap	-0.0005	-0.0196	-0.0191	0.0087	-0.0126	-0.0213	0.0022

续表

变量	实验组（1995~2005年）	实验组（2006~2014年）	实验组前后变化（Δ1）	控制组（1995~2005年）	控制组（2006~2014年）	控制组前后变化（Δ2）	差分内差分（Δ1-Δ2）
human	0.1553	0.1190	-0.0363	0.1238	0.1110	-0.0128	-0.0235
security	0.2505	-0.0230	-0.2735	0.2494	0.0061	-0.2433	-0.0302
industry	0.0173	0.0086	-0.0087	0.0014	-0.0077	-0.0091	0.0004

注：表中的数值为各变量实际平均增长率；实验组为中部地区，控制组为其他地区。增长率的计算公式为：当期值/滞后一期值-1。

由上述对表8-26回归结果的分析可知，外商直接投资、工业化水平、社会保障和城乡居民收入差距的系数为正，有利于促进经济的发展。人力资本水平和交通基础设施对经济增长的作用没有发挥出来。根据表8-27，中部地区经济的发展主要得益于工业化程度的增加、外商直接投资、城乡居民收入差距和交通基础设施的建设，而社会保障程度和人力资本的增加速度要明显低于其他六省区，在中部崛起中起的作用较小。

三、中部地区内部经济协同发展：政策视角

借鉴前面的做法，采用β收敛检验中部崛起政策对中部地区经济协同发展的影响。在此，我们的被解释变量仍为GDP增长率，主要的解释变量为人均GDP，并选取了一些控制变量进行回归。并根据人均GDP的系数判断经济是否处于收敛状态，如果系数为负，则表明经济发展水平低的地方的经济增长率高于经济发展水平高的地方，经济发展处于收敛状态；如果系数为正，则表明经济发展水平低的地方的经济增长率低于经济发展水平高的地方，地区间经济发展差距会越来越大，经济呈现出发散状态。本章分别对中部崛起政策实施前后中部地区经济协同发展状况进行检验，结果如表8-28所示。

表 8-28　　中部地区内部经济协同发展的实证估计结果

模型	gdp（1995~2005 年）	gdp（1995~2005 年）	gdp（2006~2015 年）	gdp（2006~2015 年）
L. gdp	0.205 (1.36)	0.080 (0.40)	0.232 * (1.86)	-0.154 (-1.39)
pgdp	0.006 *** (5.05)	0.006 ** (2.04)	-0.002 *** (-4.29)	-0.006 *** (-3.34)
industry		2.587 (0.11)		154.6 *** (5.63)
security		0.071 (0.36)		-0.579 (-0.93)
incomgap		3.200 ** (2.09)		-18.34 *** (-3.46)
human		0.167 (0.39)		0.168 (0.41)
transport		-5.224 (-0.44)		-15.83 (-1.40)
fdi		4.162 (0.39)		-2.842 (-0.10)
常数项	-0.466 (-0.41)	-9.208 (-0.95)	19.51 *** (5.45)	43.18 (1.23)
样本量	54	54	48	48

注：括号中的数值是 t 统计值，***、**、* 分别表示在 1%、5% 和 10% 的显著性水平下通过显著性检验。

从表 8-28 中可以看出，中部崛起政策实施前的人均 GDP 系数为正，说明中部地区经济发展不均衡，呈现出发散的状态。在控制一些因素后，这种发散状况依然存在。而在中部崛起政策实施后，人均 GDP 系数符号为负，表明政策的实施使得中部地区经济开始收敛，在加入一系列控制变量后，人均 GDP 系数符号不发生变化，这表明中部崛起政策的实施使中部地区经济差距开始缩小，中部地区的经济呈现出协同发展状况。

四、结论与政策建议

本部分采用系统估计法，以人力资本、交通基础设施、工业化程度、城乡居民收入差距、社会保障程度和投资环境作为控制变量，运用双重差分法评价了中部崛起政策的有效性。结果表明，中部崛起政策的实施有助于提高中部地区经济增长率，同时中部地区丰富的自然资源为经济发展奠定了良好的基础。结果还表明，中部崛起政策对于消除中部地区内部发展差距具有积极作用，中部地区经济的发展主要得益于工业化的发展和外商投资的增加。中部崛起政策虽然促进了中部地区经济的发展，但与东部地区相比差距还比较大，为促进中部地区经济的发展，可以从以下几个方面做起：

（一）以农业产业化促进中部崛起

“三农”问题是制约中部地区经济发展的一个重要难题。中部地区人多地少，尤其是农村人口众多，约占全国农村人口的1/3，加上中部地区固有的历史文化、地理环境、风俗习惯等因素导致了中部地区较为严重的“三农”问题。相对其他区域而言，中部地区的农村发展落后，农民收入水平低的原因除了传统农业收益较低外，还有农业产业化水平较低。因此，要提高农业产业化，需要重点培育一批龙头企业，大力发展农业中介组织，积极建设农业产业化生产基地，依靠特色农业、培育知名品牌。

（二）以新型工业化促进中部崛起

由于新型工业化更加注重科技的作用，更加强调人与生态的和谐相处，同时也更加重视信息化和人力资源在经济发展过程中的作用。因此，相比于传统工业化，新型工业化是符合中国发展趋势的工业化道路。中部地区应结合地区的优势资源和实际发展情况，积极稳妥地推进新型工业进程。重点要从以下几个方面做起：以建设国家重要粮食生产基地为契机，不断推进农产品的深加工；同时要利用中部地区的能源、原材料基地优势，大力发展能源原材料工业；借助国家对中部地区装备制造基地的政策定位和相应的政策支持，着力发展现代装备制造及高新技术产业。

（三）积极发展现代服务业加快中部崛起

产业结构落后尤其是第三产业发展不足一直是制约中部地区经济发展的重要问题。虽然中部崛起政策的实施加快了中部地区第三产业发展的速度，但从全国来看，中部地区的第三产业发展仍然水平偏低。第三产业发展不足不仅导致产业结构不合理，而且影响了经济发展质量。因此，要大力推进第三产业的发展，转变经济发展方式，促进产业结构的优化升级，增强区域综合竞争力，对缓解贫困、提升居民生活水平具有重要意义。因此，发展第三产业是促进中部崛起的重要路径选择。具体而言，中部地区可从以下几个方面大力发展第三产业：利用便利的交通优势大力发展现代物流业；以地方金融机构为依托，大力发展金融服务业；加快发展信息服务业；重视发展文化和旅游产业。

第五节　四大区域经济政策效果对比

区域经济政策作为我国区域发展政策的重要一环，在促进地区经济增长、缩小区域发展差距、实现区域协调发展方面发挥着至关重要的作用。自从区域经济政策实施以来，四大板块的经济均得到较快的发展，有利促进了我国经济协调可持续发展。四大区域政策实施后，大量学者对政策进行了分析，认为区域政策显著加速了区域经济增长，但这种加速的经济增长在多大程度上是由区域经济政策带来的呢？我国自 2001 年加入 WTO 之后开始进入新一轮的高速经济增长阶段，如果不考虑这种大环境，仅仅根据区域经济在政策实施后（东北、中部、西部的区域政策均在2000年以后实施）的变化来评述区域经济政策的效果可能得出错位的结论。

针对可能存在的内生性问题，本章采用在政策评估中广泛采用的双重差分方法（DID）依次对东部率先发展、西部大开发、东北振兴和中部崛起四大板块的区域经济政策效果进行了评估。本章前四节主要考察了以下三个问题：（1）区域经济政策在多大程度上促进了区域经济增长；（2）区域经济政策（主要是西部大开发政策、东北振兴政策和中部崛起政策）是否缩小了所在区域与其他地区的经济发展差距，进而促进了中国区域经济收敛；（3）区域经济政策通过何种机制促进了区域经济增长和区域经济收敛。本节对四大区域经济政策的效果和区域内部经济协同发展机制进行对比，对其共同点和异同点进行归纳，并总结区域经济政策对我国区域协同发展的政策启示。

一、四大区域经济政策的效果及协同发展机制对比

（一）四大区域经济政策的共同点

本章通过构建双重差分模型对四大区域经济政策的效果进行了定量评估，结果表明四大区域经济政策有如下共同点：（1）四大区域经济政策均有效地促进了该区域的经济增长。区域经济政策的实施使东部、西部、东北和中部地区的经济增长率分别提高了9.6%、2.94%、2.86%、2.59%，从定量评估的角度证明了区域经济政策的有效性。（2）相对于东部地区，我国中部、西部和东北地区的经济发展较为滞后，因此促进这些地区经济增长有助于缩小我国的区域经济发展差距。（3）控制变量的选取。考虑到即使地处同一个国家，我国不同地区的经济禀赋有很大的差异，也很难具有完全的同质性，因此本章在度量四大区域经济政策时都引入其他一些控制变量来控制控制组和处理组之间的异质性问题。具体而言，在实证模型中，都控制了地区初始经济增

速、人力资本、产业结构和外商直接投资。并且从实证结果来看，产业结构和外商直接投资对地区经济增速都有显著的正向影响。

（二）四大区域经济政策的差异

我国幅员辽阔，区域之间经济、资源禀赋有巨大差异，因而区域经济政策的实施效果也会呈现出区域异质性。具体表现为：（1）从区域经济政策的效果来看，东部率先发展的政策对经济增长的促进作用最为明显，要显著高于中部、西部和东北地区的区域经济政策效果，事实上也是如此。改革开放以来，在我国非均衡区域发展战略下，东部地区经济发展取得了举世瞩目的成绩，成为拉动我国经济增长的主要驱动力。（2）造成四大区域经济政策效果差异的原因除了我国改革开放后实行的出口导向型经济模式下，东部地区享有靠近出海口的地理优势外，还跟地区初始经济禀赋有关。本章的实证分析表明，东部地区的人力资本、城乡收入差距和产业结构是促进其经济增长的主要动力来源；而东北和西部地区，经济的快速发展主要依赖政府投资、基础设施建设，中部地区表现和东部类似，外商直接投资、产业结构、城乡收入差距对经济增长有显著正向影响，但人力资本对经济的促进作用为负且并不显著，这说明其他地区的人力资本主要向东部地区集聚。除此之外，中西部地区的社会保障支出也对地区经济增长起到了正向作用，社会保障支出的增加有利于增加居民的消费，促进经济的增长。

二、四大区域内部经济协同发展对比及政策启示

本章通过采用β收敛检验四大区域经济政策对地区内部经济协同发展的影响。从模型设定而言，对四大区域的实证模型都控制了地区人力资本、产业结构；除中部地区外，其他地区都控制了政府支出；东部、西部和中部地区都控制了外商直接投资；东部地区和东北地区都控制了固定资产投资；东部和中部地区都控制了城乡收入差距；鉴于区域经济政策中一个重要项目是基础设施建设，因而除东北地区外其他地区均控

制了地区交通基础设施。

从实证分析的结果来看，四大区域经济政策的实施均有效促进了区域内部经济协同发展，具体而言：在东部率先发展和东北振兴政策实施前，东部和东北地区各省区的发散状况不明显；在东部率先发展和东北振兴政策实施后，人均 GDP 前的系数显著为负，这说明东部率先发展的区域经济政策和东北振兴政策的实施，分别促使东部和东北地区经济发展差距逐步缩小，呈现出协同发展状况。对中部和西部地区而言，在西部大开发和中部崛起政策实施之前，人均 GDP 前的系数显著为正；在区域政策实施之后，两地区的人均 GDP 的系数转为负数且在统计上显著，这说明西部大开发战略的实施有效缩小了区域内部经济发展差距。

本章实证分析结果证明了四大区域经济政策的实施均有效地促进了区域经济增长，对于中部、西部而言，经济发展一直较为落后，西部大开发政策和中部崛起政策的实施证明区域经济政策可以有效缩小我国区域经济发展差距。同时基于 β 收敛模型的实证分析表明，区域经济政策的实施可以有效地缩小区域内部发展差距，促使地区经济协同发展。但需要指出的是，四大区域内部经济收敛的条件并不一致，因而地区经济发展具有自身特色，往往不能照抄其他地区经验。同时，我们从对实证结果的分析中可以看出，我国政府在区域经济发展中发挥着巨大的作用，这个好的制度的主要构成也就是通常所说的地方政府“为增长而竞争”的模式（周黎安，2007），① 但以 GDP 作为晋升考核的锦标赛模式下，地方政府片面追求 GDP，使一方面各地区地方政府往往缺乏协调，以邻为壑的地方保护主义现象严重；另一方面劳动者权益、缩小收入差距、保护环境、提供地方公共品等目标被忽略甚至牺牲（陆铭等，2008）②。因而，从国家层面构建区域协同发展体系刻不容缓。

---

① 周黎安．中国官员晋升锦标赛模式研究［J］．经济研究，2007（7）．

② 陆铭，李鹏飞，钟辉勇．发展与平衡的新时代——新中国 70 年的空间政治经济学［J］．管理世界，2019（10）．

第九章

我国区域经济协同发展存在的问题及对策建议

第一节　区域经济协同发展存在的问题

我国区域规划制定在21世纪进入了新的历史阶段，规划区域数量剧增，种类繁多，规划目标功能强化且更加多样化，区域经济政策也更加注重地区特色优势。但是区域规划制定和实施中显示出区域规划政策制度、体系以及协调性等方面的问题。

一、制度因素问题

（一）区域制度规划碎片化

经济发展的一体化是大势所趋，未来经济区规划的地域限制可能将越来越少，跨区域甚至跨国的经济大区都可能实现（陈秀山等，2012）。[①]

---

① 陈秀山，张帆．新经济地理学视角下区域政策研究的新进展［J］．学习与实践，2012（10）．

但就目前而言，经济区规划还停留在区域层面。我国政府从制度创新与设计方面探索区域开发的有效路径，划分了多种类型的开发区域，如经济试验区就分为改革试验区和发展试验区，这其中又细分为许多产业承接转移区、生态环境保护区、海洋经济区、革命老区等。这样过于细的划分就带来了区域规划碎片化问题，往往一套班子要同时进行多套任务规划，挤占了新政策的红利空间。碎片化的区域规划，也产生了各自为政、盲目追求政绩和 GDP 的现象。而考核部门对高投入、低效率的产业规模扩张表示认同，甚至还推动产业的重复建设，导致资源配置不合理，造成了资源的大量浪费。与此同时，在 GDP 导向的绩效考核下，各级政府没有动力提升核心产业竞争力，而是沉浸于对产业技术的效仿，导致区域之间的分工合作被恶性竞争所打乱，地区产业趋同、产业质量低下。

（二）制度制定松散化

区域经济协调发展制度不是单一的制度规划，想要实现区域协调发展需要各方面的共同努力，建立区域经济协调发展体系，该体系应该是由各具功能，同时又相互联系、相互制约、相互促进的制度所构成的。但由于我国将区域经济协调发展制度的制定权限分布在各个职能部门手中，缺乏一个可以统筹负责的领导、组织，协调解决涉及区域经济协调发展的产业政策、基础设施、发展规划、社会保障、生态环境治理等重大问题的跨部门、跨区域的综合管理机构，因而很难促进各项制度之间相互配合相互促进形成合力。例如，国家发展改革委主要负责提出区域经济发展的总体发展战略，组织拟订国家层面的区域经济发展规划；人力资源和社会保障部负责制定就业、收入分配、社会保障、人才培养等相关政策；财政部负责拟订促进区域经济协调发展的财税相关方面发展战略；民政部负责社会救助、防灾救灾等政策规划，提出民政事业发展规划；商务部负责国内外贸易和国际经济合作的发展战略、方针、政策，拟订规范市场运行、保持流通秩序和打破市场垄断、地区封锁的政策，建立健全统一、竞争、有序、开放的市场体系。同时，区域经济协调发展制度没有一个长期全面的规划，难以充分调动各个方面的积极性，形成共同谋划、多方努力、集体推动的协调管理体制，因此各省、自治区、直辖市应建立相应的管理机构来负责该地区内的经济协调发展制度的制定和实施。另外，如果缺乏分工合理、职能清晰的管理机构，即使区域经济协调发展制度制定得很全面合理，但在制度执行实施过程中缺乏监管和监督，仍会出现区域经济政策难以顺利实施的局面。

（三）中央与地方、区域与区域之间的博弈

我国的区域经济协调发展制度是由中央政府从国家全局的角度出发，制定的推动国家整体区域经济长期稳定可持续协调发展的措施。一方面，我国幅员辽阔、行政规划较复杂，这就难以避免造成全国经济资源布局的不均衡、不合理，中央政府一般根据不同地区资源禀赋、发展水平等实际情况在不同地方政府间进行不同程度的财政支持和补贴，而在地方发展政策的制定和实施过程中，地方政府主要以提升当地经济发展水平为目标。因此，中央政府和地方政府对区域经济政策的出发点不同，这必然会形成一种中央政府与地方政府之间对待区域经济协调发展制度的博弈局面。中央政府为了保持国家整体经济的长期稳定、协调、可持续发展，特别是为了保持民族团结、社会稳定，必然会在财政支持、基础设施倾向、公共服务投入等方面加大对欠发达地区的扶持力度，而这些投入的资源更多的是来自经济发展水平较快地区的财政收入，这也会降低发达地区的财政支出，阻碍经济增长速度。与此同时，欠发达地区往往对中央政府给予的扶持比较依赖，更期待被给予更多的政策支持，这势必会进一步加剧中央政府与地方政府之间的博弈。另一方面，中央政府也需保持经济发展水平较快地区的经济发展活力，从而保证国家财政收入的来源。因此，这就需要考虑和保障好发达地区的经济利益。同样的，发达地区也希望获得中央政府的支持，积极争取在本地区开展一系列的政策创新以期获得更大的发展动力。发达地区与欠发达地区都有提高本地区经济发展水平的目标，为了获得更充足的政策推动本地经济发展，均会在区域经济协调发展制度制定中形成一定程度的

竞争和资源的争夺。另外，由于资源禀赋差异和比较优势不同的存在，发达地区与欠发达地区还往往存在相互合作、错位发展的需要，自然需要区域经济协调发展制度来促进共同发展，因而这种中央与地方之间、区域与区域之间的博弈直接影响着区域经济协调发展制度的供给与实施。

二、区域政策体系问题

区域经济政策的空间范围过于分散，没有形成科学完整的政策规划体系。一方面，我国区域规划政策主要致力于提高经济发展速度、GDP数量等方面，没有真正地做到全面规划。另一方面，传统的经济地理学理论构建出的空间结构理论体系，不能解释市场和政府在区域经济发展过程中的互动规律，造成国家规划目标不明确。比如，在整个国家经济体系中，产业布局规划方面，我们并没有制定出非常具体的、可操作性较强的实施方案，而是由各级部门依据产业发展现状和主观意愿，提出关于产业布局和发展方向的指导性意见和建议。同时政策落实的机制和手段不够完善，原因在于通过基础设施建设或税收优惠的引导规划出台后，这种直接的政策支持及实施手段过于单一，并且没有形成跟踪和定期监督管理机制，也没有建立相应的数据库，不能检验政策效果的好坏，从而下一阶段的规划就缺乏相关的依据。再者，区域规划编制都是由政府有关部门制定的，公众的意见征求没有起到重要的作用。因此，社会各阶层和公众不是十分熟悉规划意图，人们在思想、资源、文化、市场、环境等方面没有很强的一致性，从而没有动力将其转化为自觉行动，政策的落实程度大打折扣。

三、区域政策协调性问题

（一）区域经济政策思路上的趋同化

我国不同地区经济发展的路径，通常是落后地区为了加快经济发展，选择承接东部沿海地区产业转移，并复制发达区域的发展道路，发展低附加值行业或“三高”产业。这种梯度推移发展形势，可能会产生短期的经济增长。然而，初级和低端的产业结构注定了一段时期增长后，就会达到增长的极限，进而使欠发达地区落入“追赶陷阱”。各地区并没有充分认识到本地区比较优势和发展特色，盲目地承接发达地区的产业转移，以发展产业园建立开发区为主导制定目标，或追随国家政策的风向标，加大基础设施建设投资力度，着力提升金融等服务业创新能力。这种强行嫁接的区域经济政策，本就先天不足，生命力比较脆弱，后天碍于技术与市场壁垒，势必会造成区域经济发展扭曲。从2015年经济数据中可以看出，东部沿海地区的经济增速虽然放慢，但结构性调整比较成功；而西部地区的经济发展水平依旧较低，在全国排名普遍靠后，东三省和中部地区的资源型省份因产业结构调整能力较弱，造成后继经济增长乏力。仅仅依靠国家特殊优惠政策或者附加值较低的产业获取的利益已经不能拉动经济的健康增长。

（二）区域间发展差距依然较大

改革开放以来，我国经济发展取得举世瞩目的成就，区域间发展差距问题也日益突出。从人均GDP来看，2014年东部地区的人均GDP为1.096万美元，中部、西部和东北地区的人均GDP分别为6241美元、6118美元、8524美元，分别相当于东部地区的57%、56%和78%。部分省份的发展差距尤为明显，以上海市和贵州省为例，2014年上海市的人均GDP为1.58万美元，而贵州省的人均GDP仅为4296.5美元，前者是后者的3.7倍。①

衡量区域发展差距的重要的因素还有基本公共服务，目前，在我国各地水平也不尽相同。据测算，社会保障的空间非均衡性也在逐年提高，省域间的基础设施、科学技术、公共安全的基尼系数依然较大，地区差距明显。与东部等地区相比，西部等欠发达地区受制于地方财力，

① 国家统计局官网数据库，http：//www.stats.gov.cn/.

居住、教育、医疗、社保、交通、市政等方面的投入远低于全国平均水平。2013 年，上海市在公共安全、教育、社会保障、医疗卫生的人均财政投入为 6254 元，而贵州省仅为 3093 元，不足上海市的 50%。与经济发展注重效率不同，基本公共服务应当更多地注重公平。然而，目前我国地区间的公共服务水平存在较大差距，不利于我国区域经济可持续发展，有违于“两个大局”的初衷，不利于维护社会的公平和稳定。

（三）区域政策的权威性不够，过分依赖行政手段

在区域政策的制定和实施过程中，由于缺乏统一、权威的区域协调机制，区域政策的权威性受到影响；同时，在政策实施过程中，由于经济手段、法律手段作用有限，不得不经常采用具有行政色彩的对口支援等手段。目前，区域管理的职能较为分散，尚未在中央层面形成统一的区域协调机制，从而降低了政策的权威性，影响政策的实施效果。由于没有全国统一的协调机制，政策的执行力度难以保证。对口支援是区域发展中重要的行政调控手段，对加快民族地区、欠发达地区的发展和灾后重建发挥了较大作用。然而，目前对口支援中的部分举措没有专项法律、法规对其进行约束，难以保证其规范运作；由于缺少支援的目标和标准，有时会出现建设标准过高的情况，从而对其他地区造成不公平。

第二节　创新区域协同发展体制机制

一、加强区域经济协同发展的制度建设

中国经济的快速发展很大程度上来源于制度的变革和政策的推动。随着我国经济形式的发展变化，区域经济领域协同发展、区域分工与合作的重要性被不断强调。从均衡—不均衡区域发展理论看，由过去多点

布局实施重点区域带动，转向更加注重各区域的协同推进和统一市场的建立，统筹经济圈和经济带等经济区域的协同互动。但是从中国过去的发展历程来看，区域分割或区域分工抑制现象非常普遍。与西方的市场经济相比，我国当前只在制度建设上有所突破，要继续全力推进新体制、新机制的建立和发展，才能从根本性、全局性、稳定性和长期性方面为促进我国区域经济协同发展提供基本保障。

在决定区域发展格局的各种因素中，制度是最根本的因素。改革开放以来，通过建立有效激发各地发展活力和动力的体制机制，各地发展进入了快车道。但是目前我国财税制度和对地方干部业绩水平的评估方法等方面的制度安排，必然使各地在处理地方经济发展和其与区域经济协调发展的关系时更加看重前者；地方政府的政绩考核机制与企业的市场导向机制完全不同，它不能在市场机制框架内对政府行为做出公平的评价，所以地方政府中最大的通病就是短期的行政行为，这也使各级地方政府无法建立比较合理的行政运行机制，因此国务院必须通过强力手段逐步纠正我国地方政府的短期的行政行为。目前受行政管理机制和政府行政水平评价制度的限制，各级地方政府在长时期之内都处于政策相互博弈的状况，并且平级之间的区域政府无法进行协调合作，只追求本地的地方发展区域利益，忽视相互间的合作，忽略了社会效益和生态效益，仅仅追求各地区的经济效益。各区域政府间缺乏有效的、具有约束力的合作机制，是造成上述问题的最主要原因。

在制度层面上，构建我国完整的区域经济协同发展新体系，已是历史发展的必然选择。目前我国地区间经济发展相对差距开始缩小，但地区间发展绝对差距还在扩大，只有在一定合理的空间市场一体化条件下，构建完善的区域协同发展新体系，才能正确反映和指导未来我国区域经济发展差距调控的方向和力度。由于历史原因，我国不同地区资源条件和生态环境不尽相同，区域经济发展的方向和水平也千差万别，实现区域经济的协同、可持续发展，必须因地制宜，按照不同区域的要求，采取不同的发展模式，构建科学的发展体系，才能获得事半功倍的效果。区域可以在多个层次展开，由此形成多层次区域分工与合作体系，不同层次的区域分工与合作解决不同的区域经济问题，各层次的区域分工合作需要与各层次的城镇体系相结合，以促进区域经济“点、线、面”结构的优化。值得欣喜的是“一带一路”建设、京津冀协同发展、长江经济带发展战略的实施，都是新经济环境下中央政府在区域经济协同发展制度建设上的有益尝试，旨在着力打破区域经济分割的行政区经济，促进形成联系密切、利益共享的经济区经济。

二、厘清中央及地方政府的职能

在全国范围内实行区域经济协同发展的前提是明晰划清各级政府职能。在中央层面，通过全面实施深化改革，建立健全与经济发展相适应的体制机制。要通过更加积极主动地深化改革，加快转型升级和创新发展，实施新一轮高水平对外开放，更多地通过释放改革红利转化为发展新动力。主要措施：一是加大对重点地区的规划引领和政策支持；二是优化改革试验平台的空间设置；三是统筹协调新资源新经济的配置；四是构建新增长带和增长极。

在地方层面，通过体制机制上的先行先试，提高资源配置效率，优化营商环境，破除行政区划壁垒，协同促进区域经济发展，将政府职能定位为：公共服务、市场监管、社会管理、保护环境等。

在全国范围内实行区域经济协同发展的关键，就是要理顺各级政府的利益关系。在中央层面应充分发挥区域政策在宏观调控政策体系中的积极作用，加强区域政策与财政、货币、产业、投资等政策的协调配合，突出宏观调控政策的空间属性，提高区域政策的差异性、精准性和有效性，还需要增强区域规划的约束性和区域政策的连贯性。尽快消除影响要素跨区域流动的政策壁垒和地域歧视性政策，加强区域之间基本公共服务和社会保障政策的一致性；加快构建以要素流动、利益共享为核心的区域合作机制；进一步明确中央和地方政府在区域事务上的权责关系保障地方经济发展的后劲与原动力；地方政府应避免各区域产业结构相同的趋势，完善各区域协调分工的设计制度。避免区内各级政府利益的冲突，避免区内经济发展落后地区利益的损失。构建利益共享、利益补偿制度，减轻区域内各地方经济发展的负外部性，避免盲目的招商引资，避免追求局部利益，避免片面追求经济增长对资源的掠夺性破坏。

在国家层面要加强各区域政府之间的协调，从而达到全国范围内区域经济协同发展。各级政府需采取以下措施：建立区域间交流合作互动体系。通过区域各级政府高级官员互访与项目协调，以达到各区政府之间的交流活动；建立区域间政府领导人的协调制度；建立多领域的跨区域政府之间的合作对接；建立区域经济合作平台开展跨境经贸合作区域的商务活动；设立跨行政区的区域协调发展管理部门，覆盖跨区域发展的决策与规划。通过上述措施，解决区域内共同的重要基础设施的合作建设、区域发展规划、设计区域环境共同治理等方面的问题，高效地推动区域经济一体化发展。

三、搭建政府与市场有效契合的平台

从中国区域发展现实来看，政府主导的发展模式下，各级政府不仅会通过宏观政策、政府规制等方式间接影响区域发展，而且会通过财政补贴、税收减免、土地供给优惠、环境管制放松等方式影响企业和产业区位分布，特别是会通过基础设施和重大产业项目投资布局等方式直接影响经济地理分布，对地区差距进行干预，以实现区域协调发展的战略目标。

区域间的经济合作程度、合作方式，不仅仅是政府的行政行为，而且是典型的经济手段。这由市场资源生产要素能否顺畅流动和产生社会效益而决定，由区域间能否产生互利互补的共生关系而决定，由产业之间的联动关系决定而非由政府的愿望决定，因此市场机制在这里起到了非常明显的作用。供求、竞争、价格等手段，都是资源配置的有效机制。企业作为市场主体，以利润最大化为目标作出生产决策，实现资源配置。但这并不一定能够达到区域经济协同发展的整体的福利最大化，社会整体的资源配置效率并不一定能达到最高。市场存在着外部性、公共物品、信息不对称等“市场失灵”问题。

因此，从多中心治理理论来看，政府与企业是实现区域经济合作的“两只手”，市场机制与政府机制要有效配合。

第三节　构建我国区域协同发展新体系

一、构建完整的区域经济新体系必要性

完整的区域经济新体系是制定区域协调协同发展战略和政策的前提和依据。以前我国区域经济体系并不完善，主要是缺乏区域发展速度与均衡协调目标、区域战略对策体系和区域调控政策措施的顶层设计（没有全国国家区域发展总体规划体系）；缺乏完整的合理的区域点线面结构体系安排（包括点线结构的空间总体框架和面状结构的分层分区体系）。由此带来的问题主要是区域发展战略分割化和独立化、区域政策逆向化和碎片化、区域竞争无序化和过度化等，使我国区域发展的协调性和协同性的状态始终难以形成，严重影响“两个百年”目标的实现。从总体上看，在西部大开发和中部崛起等区域协调发展战略指导下，我国区域经济改变了地区相对差距扩大的趋势，已经开始了区域经济协调和协同发展的初步进程，这一趋势是符合区域经济发展的一般规律的。

区域经济协调和协同发展转折性的新阶段，对构建我国完整的区域经济新体系提出了更加迫切的要求。首先，是全面建设小康社会的目标和适应“新常态”要求的需要。全面小康不能有掉队的区域，完整的区域经济体系可以确保区域协调和协同政策的全覆盖，让所有的不同区域都获得发展的机会，都能享受发展的成果，而且能达到一定程度的有底线的共同的平均水平；稳增长、调结构、增效益，在很大程度上依靠我国巨大的国土空间和完整的区域经济体系，其巨大韧性和回旋余地为

我国经济长期的中高速增长提供了基础条件，为不断发现和培育新的区域增长极提供了依据。其次，是区域经济进一步合理分工和区域市场一体化的要求。区域经济发展动力之一就是区域分工的不断深化，区域体系越完整，区域分工的可能性就越大，以前的区域体系层次不多，难以适应不断深化的区域分工的要求；区域市场一体化在于为各产业和各企业提供更大的市场空间，为其规模扩张创造必要的条件，同时完整的区域经济体系，为区域市场一体化提供了空间导向性的服务。最后，是进一步缩小地区差距与区域生态环境可持续发展的要求。地区差距具有明显的方向性，也就是说不同的区域划分会得出不同的地区差距的结果，只有构建合理完善的我国区域经济体系，才能正确反映和指导未来我国区域经济发展差距调控的方向和力度；不同地区生态环境和资源条件不一样，区域经济发展的方向和水平也不一样，实现区域经济与其生态环境可持续发展，必须因地制宜，按照不同区域体系的要求，采取不同的发展模式，才能事半功倍。加强区域间的发展和协调性的前提条件就是创建与之相符的新型协调发展体系。

二、国家当前重点发展战略——“三四三”总体战略部署

“三四三”工程首先包括三个重点区域工程，它们是京津冀协同发展工程、长江流域经济带发展工程、丝绸之路经济带和海上丝绸之路发展工程。它们的目的是解决华北地区的大气污染问题以及城市通病问题，解决与探索东西部协调发展路径问题，解决建立全球一体化开放体系、重振中华民族辉煌的问题。在三个重点工程之外，我们要进行“四大板块”和“三个支撑带”的战略组合构建。它们包括东北、东部、中部和西部四个板块，也包括长三角支撑长江经济带，环渤海支撑东北、华北和西北经济带，泛珠三角支撑西南和中南经济带的三个支撑带功能。这些政策都体现了党中央对区域经济协调发展的高度重视。这些新认识、新观点、新举措，是我国区域经济发展的最顶层设计，目的是促进区域经济合作和互助。因此，我们必须尽快建立我国完善的区域经

济新体系。

三、如何构建我国区域经济政策新体系

按照“十三五”规划中区域经济发展的总体要求，我国区域协调协同发展的最迫切需要解决的问题是依托区域新体系，制定全国区域经济协调和协同发展的专项设计与规划，以构建出我国完整的区域经济新体系。深入实施西部开发、东北振兴、中部崛起和东部率先的区域发展总体战略，创新区域发展政策，完善区域发展机制，促进区域协调、协同、共同发展，努力缩小区域发展差距。

（一）开拓西部大开发新格局

把深入实施西部大开发战略放在优先位置，更好地发挥“一带一路”建设对西部大开发的带动作用。加快内外联通通道和区域性枢纽建设，进一步提高基础设施水平，明显改善落后边远地区对外通行条件；大力发展绿色农产品加工、文化旅游等特色优势产业；设立一批国家级产业转移示范区，发展产业集群；依托资源环境承载力较强地区，提高资源就地加工转化比重；加强水资源科学开发和高效利用。强化生态环境保护，提升生态安全屏障功能；健全长期稳定资金渠道，继续加大转移支付和政府投资力度；加快基本公共服务均等化，加大门户城市开放力度，提升开放型经济水平。

（二）深化东北老工业基地改革振兴

加快市场取向的体制机制改革，积极推动结构调整，加大支持力度，提升东北地区等老工业基地发展活力、内生动力和整体竞争力。加快服务型政府建设，改善营商环境，加快发展民营经济。大力开展和积极鼓励创业创新，支持建设技术和产业创新中心，吸引人才等各类创新要素集聚，使创新真正成为东北地区发展的强大动力。加快发展现代化大农业，促进传统优势产业提质增效，建设产业转型升级示范区，推进

先进装备制造业基地和重大技术装备战略基地建设。支持资源型城市转型发展，组织实施好老旧城区改造、沉陷区治理等重大民生工程。加快建设快速铁路网和电力外送通道。深入推进国资国企改革，加快解决厂办大集体等问题。支持建设面向俄日韩等国家的合作平台。

（三）促进中部地区崛起

制定实施新时期促进中部地区崛起规划，完善支持政策体系，推动城镇化与产业支撑、人口集聚有机结合，形成重要战略支撑区。支持中部地区加快建设贯通南北、连接东西的现代立体交通体系和现代物流体系，培育壮大沿江沿线城市群和都市圈增长极。有序承接产业转移，加快发展现代农业和先进制造业，支持能源产业转型发展，建设一批战略性新兴产业和高新技术产业基地，培育一批产业集群。加强水环境保护和治理，推进鄱阳湖、洞庭湖生态经济区和汉江、淮河生态经济带建设。加快郑州航空港经济综合实验区建设。支持发展内陆开放型经济。

（四）支持东部地区率先发展

支持东部地区更好地发挥对全国发展的支撑引领作用，增强辐射带动能力。加快实现创新驱动发展转型，打造具有国际影响力的创新高地。加快推动产业升级，引领新兴产业和现代服务业发展，打造全球先进制造业基地。加快建立全方位开放型经济体系，更高层次参与国际合作与竞争。在公共服务均等化、社会文明程度提高、生态环境质量改善等方面走在前列。推进环渤海地区合作协调发展。支持珠三角地区建设开放创新转型升级新高地，加快深圳科技、产业创新中心建设。深化泛珠三角区域合作，促进珠江——西江经济带加快发展。

（五）健全区域协调发展机制

创新区域合作机制，加强区域间、全领域的协调协作。完善对口支援制度和措施，通过发展“飞地经济”、共建园区等合作平台，建立互利共赢、共同发展的互助机制。建立健全生态保护补偿、资源开发补偿等区际利益平衡机制。鼓励国家级新区、国家级综合配套改革试验区、重点开发开放试验区等平台体制机制和运营模式创新。深化国有企业改革，推进各类企业全面发展，改进中央政府层面的调控机制，发挥全国性规划战略的整体引导作用，构建财政、货币、区域等经济政策机制，进一步实现区域经济协调发展。

第四节　多措并举推进区域协调发展

一、区域性财政政策

在促进我国区域经济协调发展中，坚持“效率优先、兼顾公平”的市场经济原则，以效率为原则确定经济发达地区优先发展，以公平为原则确定经济欠发达地区加快发展，从而确定有区域差别的财政政策，这是实施我国区域经济协调发展财政政策的前提所在。结合我国实施区域经济政策和财政政策的客观实践，特别是 2008 年以来实施的积极财政政策，为进一步促进区域经济快速、协调发展，可对东部沿海地区继续实施“积极性”的财政政策，对中西北等地区加大实施“激励性”的财政政策。

（一）东部沿海地区实施“积极性”的财政政策

在以往的数十年中，我国东部沿海地区在优先发展、非均衡战略政策下，较早享受了多于中西北地区的特殊优惠政策，引领着中国经济的飞速发展，也在一定程度上带动了其他地区的经济发展。目前东部沿海地区经济社会发展较快，个别省市已经进入了中等发达国家的水平。东部沿海地区在未来相当长的时期内将会面临着双重的发展任务：一是加快经济发展，充分发挥自身优势，率先实现现代化；二是带动其他区域经济发展，支持中西北地区经济快速发展，加快实施横向转移支付，以缩小区域经济发展差距，实现共同发展、共同富裕目标。因此，根据区域补偿、区域发展和公共投资等区域经济政策，对东部沿海地区实施“积极性”财政政策，也就是实施我国现行的积极财政政策，顶住经济下行的压力。东部沿海地区在不造成经济“断崖式”下跌的前提下逐渐稳步去杠杆化。如东部沿海地区工资水平较高，居民可支配收入和生活质量较高，国家可以适度降低财政转移支付的比重；基于东部沿海地区工业化程度较高、产业结构较为合理和基础设施较好的现实，国家可以加大力度对中西北地区进行资本和技术等投入，并给予贷款贴息和税收优惠等政策；通过对东部沿海地区增加税收和减少财政投入等方式，让渡部分财力给经济欠发达地区，特别是西部地区，使其增加经济发展的后劲和自我发展的能力。一是精确财政政策取向，支持供给侧改革，科学论证增支领域，加大对社会需求大且市场介入低的产品的供给，如保障优先发展科教、加大医疗卫生投入和完善社会保障体系等，不断提高社会总福利水平；二是调整优化经济结构，如加大对“三农”投入力度，大力支持科技创新，推进节能减排，实施鼓励节能环保、自主创新和进口退税等优惠政策；三是支持开展区域经济合作，进一步落实好支持中部崛起、西部大开发和东北老工业基地振兴的扶持政策，建立横向的转移支付制度等；四是增收节支与依法理财，如依法加强税收征管工作，规范非税收入管理，严格控制减免税，提高财政资金使用效益等。

（二）中西北等地区实施“激励性”的财政政策

针对中西北地区工资率较低、失业率较高、居民收入和生活水平较差等实际情况，应进一步加大财政转移支付的力度，逐步缩小其与东部沿海地区发展的差距；针对其工业化程度较低、产业结构不合理和基础设施薄弱等问题，国家财政资金应重点支持予以解决；加大区域内交通和通信等基础设施的公共投资以及科教文卫支出等民生需求方面的投入；通过区域减免税收等优惠政策降低税负水平，扩大财政投资规模，以加快区域经济发展。实施“激励性”财政政策的内容主要包括：一是采取激励性财政机制，主要包括调整财政分配格局、加大财政重点投入、优化财政支出结构、实行转移支付倾斜和健全社会保障体系等；二是实施结构性减税政策，减轻企业税负，如完善增值税、消费税、资源税和房产税（物业税）等税制，并开征环境保护税、社会保障税和遗产税，以拓展新兴税源；三是规范优惠性税收政策，对特定投资、科技创新、促进就业和节能减排给予税收优惠，加大对中小企业和民营经济的税收优惠力度；四是强化科学性财政管理，包括强化财政法治意识、规范非税收入管理、提高税收征管效率和为老国企豁免欠税等。

二、区域性产业政策

21 世纪以来，我国进入了工业化、城市化加速发展时期，消费结构升级和新型城镇化建设进程加快，为适应产业转型和经济发展方式转变的要求，这一时期，我国区域产业政策法律制度不断向前发展。由于长期实行粗放型的经济增长模式，低附加值产业偏多、高消耗行业比重偏高，是目前产业结构存在的最主要问题。我们必须发展绿色低碳、具有国际竞争实力的高附加值产业，提升这些产业的产值比重。这需要生态文明体制改革作为保证，它可以为绿色低碳产业发展提供基础。这也需要金融体制的改革和社会保障体制的改革，这些改革可以推进高技术含量、高附加值产业比重的上升，对促进“三高”行业等产能的淘汰帮助极大。

以中西部地区产业调整为例，我们必须充分发挥各地方间的比较优势，发展中西部地区产业资源、劳动力的优势。利用外资产业转移的新趋势，提升与改造传统行业，促进制造业、服务业发展，严控能耗高的过剩行业。重点支持对当地经济发展带动能力强的行业的发展。发展外向型产业集群。未来几十年提升我国产业竞争力，必须需要完善政策体系。这几十年也是我国区域产业政策完善的最关键阶段。

三、区域性投资政策

（一）中央与地方通力协作，持续加强对中、西部及东北地区的倾斜性投入

中央政府应把握全国经济发展的宏观协调性，减小“强者愈强”的投资空间集聚趋势，继续实施对中、西部地区及东北地区的倾斜性投资政策，尤其注意加强基础建设和人力资本积累投入，着力缩小区域经济发展差距；地方政府则应着眼于实施区域性优惠政策，吸引物质和人力资本流入，同时提高本地区资源利用效率、科技投入积累并优化人才培养环境，增强区域内供给能力，争取在更高水平上实现经济均衡。

（二）着力提高项目投资效率，加强投资过程科学化的监管

由于中国市场经济体制和企业竞争环境尚待进一步优化，造成了部分投资项目效率较低。因而，一方面，政府必须积极转变职能，完善投资决策、实施监督和后评价体制，做到物尽其用，不浪费纳税人的一分一厘；另一方面，企业则应积极响应政府宏观调控指挥棒的指向，着眼于长期可持续发展，积极承担起企业社会责任，向技术含量高、就业容纳力强的行业投资，不但追求企业盈利最大化，更要着眼于造福一方社会。

（三）注重区域间协调互补，积极实施产业转移

在中央政府持续投入背景下，东部地区应响应国家号召，适时将优质产业、资本及劳动力向中、西部及东北地区转移，带动后进地区发展。中部、西部及东北地区更应利用国家倾斜性政策，积极加大研发资金投入，优化人才发展环境，夯实基础设施，强化技术溢出吸收能力，

为消化吸收东部地区的产业转移做出积极努力。尤其值得一提的是，东北地区在接收产业转移的同时，应主动发挥其沿边开放地带的区位优势，吸引来自韩国、朝鲜、蒙古国、日本和俄罗斯远东地区的贸易与投资，为区域经济发展引入更多增长点。

参考文献

中文文献：

［1］阿尔弗雷德·韦伯著；李刚剑等译．工业区位论［M］．北京：商务印书馆，2010.

［2］埃德加·M·胡佛，弗兰克·杰莱塔尼著；郭万清等译．区域经济学导论［M］．上海：上海远东出版社，1992.

［3］艾伯特·赫希曼著；潘照东，曹征海译．经济发展战略［M］．北京：经济科学出版社，1991.

［4］安虎森，殷广卫．中部塌陷：现象及其内在机制推测［J］．中南财经政法大学学报，2009（1）.

［5］安虎森．有关区域经济政策的一些思考［J］．南开学报，2003（4）.

［6］安树伟，郁鹏．“十一五”以来我国区域经济运行态势及未来政策取向［J］．西南民族大学学报（人文社科版），2008（10）.

［7］安树伟，任媛．“十一五”以来我国区域经济发展的新态势与新特点，［J］．发展研究，2009（9）.

［8］安体富．振兴东北老工业基地的财税政策选择［J］．中国税务，2004（6）.

［9］薄文广，陈飞．京津冀协同发展：挑战与困境，［J］．南开学报（哲学社会科学版），2015（1）.

［10］保建云．要素配置、企业效率与政策效果——区域经济政策微观依据及其评价［J］．甘肃社会科学，2004（3）.

［11］鲍晓．德国的区域政策及其对我国振兴东北的启示［J］．德国研究，2004（4）.

[12] 曾坤生．论区域经济动态协调发展 [J]．中国软科学，2000 (4).

[13] 陈东，孔维锋．新地域空间——国家级新区的特征解析与发展对策 [J]．中国科学院院刊，2016，31 (1).

[14] 陈栋生．地区经济发展战略研究中的几个问题 [J]．青海社会科学，1986 (6).

[15] 陈淮．中国80年代以来区域经济发展战略的回顾与前瞻 [J]．经济问题，1996 (5).

[16] 陈克禄，王小卫．中部崛起的制度与政策分析 [J]．上海行政学院学报，2008 (1).

[17] 陈其林．试论中国经济特区的产业政策 [J]．特区经济，1995 (4).

[18] 陈其霆．中国区域经济政策概述 [J]．开发研究，1999 (5).

[19] 陈瑞莲，谢宝剑．回顾与前瞻：改革开放30年中国主要区域政策 [J]．政治学研究，2009 (1).

[20] 陈秀山，张帆．新经济地理学视角下区域政策研究的新进展 [J]．学习与实践，2012 (10).

[21] 陈宣庆．促进环渤海地区区域合作和共同发展 [J]．港口经济，2007 (5).

[22] 陈岩．国际收支平衡周期论——展望亚洲国家国际收支平衡长期趋势 [J]．国际贸易，1997 (9).

[23] 陈甬军，景普秋．"中部崛起"中的产业选择与城市化发展 [J]．财贸经济，2006 (10).

[24] 陈宗胜，高连水，周云波．基本建成中国特色市场经济体制——中国经济体制改革三十年回顾与展望 [J]．天津社会科学，2009 (2).

[25] 程栋．中国区域经济政策工具创新：理论与实践 [J]．贵州社会科学，2016 (4).

[26] 戴晔，丁文锋．试论陇海——兰新线在我国生产力布局中的主轴线地位 [J]．开发研究，1988 (2).

[27] 邓小平文选 [M]. 北京：人民出版社，2001.

[28] 杜鹰. 扩大对外开放深化、东北亚区域合作、努力开创东北地区全面振兴新局面——在2012年东北四省区合作行政首长联席会议上的讲话 [J]. 中国经贸导刊，2012 (25).

[29] 范恒山. 三十年来中国经济体制改革的进程、经验和展望 [J]. 经济研究参考，2008 (49).

[30] 弗朗索瓦·佩鲁. 增长极概念 [J]. 经济学译丛，1988 (9).

[31] 弗里德里希·李斯特著；陈万煦译. 政治经济学的国民体系 [M]. 北京：商务印书馆，1961.

[32] 符宇忠，赵明. 论毛泽东、邓小平、江泽民区域经济发展思想的传承与创新 [J]. 苏州大学学报，2003 (2).

[33] 符宇忠，邹燕. 论区域经济统筹发展的保障条件 [J]. 理论界，2009 (4).

[34] 淦未宇，徐细雄，易娟. 我国西部大开发战略实施效果的阶段性评价与改进对策 [J]. 经济地理，2011，31 (1).

[35] 高伯文. 中国共产党区域经济思想研究 [M]. 北京：中共党史出版社出版，2004.

[36] 高国力. 区域经济不平衡发展论 [M]. 北京：经济科学出版社，2008.

[37] 顾朝林. 中国城市经济区划分的初步研究 [J]. 地理学报，1991 (2).

[38] 郭丽. 中国区域经济发展的理论与实践——基于四代领导人区域经济思想的分析 [J]. 山东省青年管理干部学院学报，2008 (1).

[39] 郭腾云，陆大道，甘国辉. 中国开放政策对区域发展的作用 [J]. 地理学报，2001 (5).

[40] 汪阳红，袁朱. "十二五"时期促进我国区域协调发展的重点任务和政策建议 [J]. 宏观经济研究，2010 (5).

[41] 哈维·阿姆斯特朗，吉姆·泰勒著；刘乃全等译. 区域经济学与区域政策 [M]. 上海：上海人民出版社，2007.

［42］韩凤芹，李婕，李成威．西部大开发政策执行情况及效果评价［J］．中国财政，2010（8）．

［43］胡鞍钢．从“以物为本”到“以人为本”是个战略转向［J］．政工研究动态，2004（7）．

［44］胡乃武，张可云．统筹中国区域发展问题研究［J］．经济理论与经济管理，2004（1）．

［45］胡少维．2016—2017 年区域经济发展分析［J］．发展研究，2017（1）．

［46］胡序威．加强对区域和城市发展的规划与调控［J］．城市规划，1994，18（2）．

［47］黄茂兴，叶琪．我国工业区域竞争格局演进分析［J］．当代经济研究，2013（8）．

［48］吉新峰．中国区域协同发展政策效应评价［M］．北京：经济管理出版社，2012．

［49］季永宝，吴辉航，刘潇，豆建民．西部大开发政策影响企业生产率的财税效应研究［J］．产业经济评论（山东大学），2018，17（1）．

［50］姜亚鹏，黄秋璐，姜玉梅．中国倾斜性区域投资政策有必要么——基于空间集聚效应的分析［J］．昆明理工大学学报（社会科学版），2014，14（6）．

［51］金凤君，陈明星．“东北振兴”以来东北地区区域政策评价研究［J］．经济地理，2010，30（8）．

［52］靳继东，杨盈竹．东北经济的新一轮振兴与供给侧改革［J］．财经问题研究，2016（5）．

［53］景跃军，蓝天．东北地区人力资本对区域经济增长影响研究［J］．经济纵横，2010（11）．

［54］李国平，彭思奇，曾先峰，杨洋．中国西部大开发战略经济效应评价——基于经济增长质量的视角［J］．当代经济科学，2011（4）．

［55］李红梅，王宝琴．论毛泽东的大区建制思想［J］．社会科学

辑刊，2007（4）.

[56] 李华，王青云．“十三五”时期我国区域协调发展思路研究[J]. 宏观经济管理，2015（10）.

[57] 李群荣，朱梅．新中国四代领导人区域发展观比较研究文献综述[J]. 传承，2011（11）.

[58] 李树桂．我国三线生产布局的基本特征[J]. 中国工业经济研究，1992（3）.

[59] 李秀敏，王艳真，刘明明．东北振兴中区域财政转移支付政策的效果评价[J]. 当代经济研究，2015（11）.

[60] 李玉平．法国开发落后地区的政策措施[J]. 欧洲研究，1996（5）.

[61] 李中一．中国地区经济发展不平衡的原因分析[J]. 黑龙江史志，2009（18）.

[62] 刘建芳．美国的区域经济政策及其启示[J]. 东南大学学报（哲学社会科学版），2002（1）.

[63] 刘乃全，贾彦利．中国区域政策的重心演变及整体效应研究[J]. 经济体制改革，2005（1）.

[64] 刘瑞明，赵仁杰．西部大开发：增长驱动还是政策陷阱?[J]. 中国工业经济，2015（6）.

[65] 刘生龙，王亚华，胡鞍钢．西部大开发成效与中国区域经济收敛[J]. 经济研究，2009，44（9）.

[66] 刘霞．均衡·非均衡·协调·统筹——论我国区域经济发展思想的传承与创新[J]. 经济师，2007（1）.

[67] 刘宪法．中国区域经济发展新构想——菱形发展战略[J]. 开放导报，1997（Z1）.

[68] 刘勇，毛汉英．中外区域政策对比研究[J]. 地理研究，1995（4）.

[69] 刘玉，刘毅．区域政策研究的回顾与展望[A]. 中国地理学会2000~2002年综合学术年会论文集[C]. 中国地理学会，2002.

[70] 刘再兴．综合经济区划的若干问题 [J]．经济理论与经济管理，1985 (6)．

[71] 陆大道．区位论及区域研究方法 [M]．北京：科学出版社，1988．

[72] 罗格纳·纳克斯著；谨斋译．不发达国家的资本形成问题 [M]．北京：商务印书馆，1996．

[73] 马晓河，赵淑芳．中国改革开放30年来产业结构转换、政策演进及其评价 [J]．改革，2008 (6)．

[74] 麦勇，贾彦利．国外区域政策有效性评价综述 [J]．工业技术经济，2006 (6)．

[75] 毛泽东著作选读（下册）[M]，北京：人民出版社，1986．

[76] 毛泽东，论十大关系 [M]．北京：人民出版社，1976．

[77] 母爱英，季任钧．区域政策成本效益绿色分析浅析 [J]．中国软科学，2003 (1)．

[78] 年士萍．建国后中国共产党区域经济理论思想的发展及启示 [J]．上海党史与党建，2007 (5)．

[79] 钱平凡．振兴东北老工业基地要实施产业集群发展战略 [J]．经济纵横，2004 (1)．

[80] 乔宁宁，王新雅．西部大开发对我国区域经济增长收敛性的影响 [J]．西部论坛，2010，20 (6)．

[81] 丁任重，陈姝兴．大区域协调：新时期我国区域经济政策的趋向分析——兼论区域经济政策“碎片化”现象 [J]．经济学动态，2015 (5)．

[82] 苏明．中国包容性发展与财政政策选择 [J]．农村财政与财务，2013 (11)．

[83] 孙久文，李爱民，夏文清．“十二五”时期区域公共投资政策体系建设 [J]．经济与管理评论，2012，28 (6)．

[84] 孙久文．从高速度的经济增长到高质量、平衡的区域发展 [J]．区域经济评论，2018 (1)．

[85] 孙时映. 建国以来我国纵向行政权力的几次调整及其变动趋向 [J]. 思想战线, 1995 (4).

[86] 田青. 国际一体化经济学理论发展概况 [J]. 国外理论动态, 1999 (5).

[87] 瓦尔特·欧肯著; 李道斌, 冯兴元, 史世伟译. 经济政策的原则 [M]. 北京: 中国社会科学出版社, 2014.

[88] 王沪宁. 中国变化中的中央和地方政府的关系: 政治的含义 [J]. 复旦学报 (社会科学版), 1988 (5).

[89] 王进. 毛泽东大辞典 [M]. 南宁: 广西人民出版社, 1992.

[90] 王梦奎. 关于统筹城乡发展和统筹区域发展 [J]. 管理世界, 2004 (4).

[91] 王冉. 关于促进中部地区崛起的政策问题研究 [J]. 地域研究与开发, 2007 (6).

[92] 王一鸣. "十三五" 时期推动区域协调发展的几点思考 [J]. 中国发展观察, 2016 (3).

[93] 魏后凯, 邬晓霞. "十二五" 时期中国区域政策的基本框架 [J]. 经济与管理研究, 2010 (12).

[94] 魏后凯. 区域开发理论研究 [J]. 地域研究与开发, 1988 (1).

[95] 魏后凯. 东北振兴政策的效果评价及调整思路 [J]. 社会科学辑刊, 2008 (1).

[96] 沃尔特·克里斯塔勒著; 常正文, 王兴中译. 德国南部中心地原理 [M]. 北京: 商务印书馆, 2011.

[97] 吴传清. 马克思主义区域经济理论研究 [M]. 北京: 经济科学出版社, 2000.

[98] 吴敬华. 中国区域经济发展趋势与总体政策 [M]. 天津: 天津人民出版社, 2007.

[99] 吴敬琏. 中国经济体制改革面临的局势与选择——整体协调改革的基本思维和几种实施构想 [J]. 管理世界, 1988 (4)

[100] 夏禹龙, 刘吉, 冯之浚, 张念椿. 梯度理论和区域经济

[J]. 科学学与科学技术管理, 1983 (2).

[101] 晏敬东, 阎炳珠. 美、德两国区域经济发展政策的比较及启示 [J]. 中南财经大学学报, 2000 (3).

[102] 杨承训, 阎恒. 论“弗”字形网络布局和沿黄——陇兰经济带 [J]. 开发研究, 1990 (4).

[103] 杨龙. 中国区域政策研究的切入点 [J]. 南开学报 (哲学社会科学版), 2014 (2).

[104] 杨吾扬, 梁进社. 中国的十大经济区探讨 [J]. 经济地理, 1992 (3).

[105] 杨荫凯, 张明强. “十二五”时期促进区域协调发展的基本思路与政策建议 [J]. 中国经贸导刊, 2009 (19).

[106] 杨祖义. 20 世纪 90 年代中国区域经济发展的历史考察与基本经验 [J]. 当代中国史研究, 2006 (3).

[107] 姚鹏, 张明志. 新中国 70 年中国中部地区工业发展——历程、成就、问题与对策 [J]. 宏观质量研究, 2019, 7 (2).

[108] 叶青. “十三五”时期长江经济带的新发展 [J]. 党政研究, 2016 (1).

[109] 袁志刚, 范剑勇. 1978 年以来中国的工业化进程及其地区差异分析 [J]. 管理世界 (月刊), 2003 (7).

[110] 张国宝. 新中国工业的三大里程碑: 苏联援建、三线建设及大规模技术引进 [J]. 发展, 2014 (9).

[111] 张鸿武. 趋同与中国地区经济差距实证研究 [D]. 华中科技大学, 2006.

[112] 张军扩, 侯永志. 协同区域发展: 30 年区域政策与发展回顾 [M]. 北京: 中国发展出版社, 2008.

[113] 张可云, 蔡之兵. 全球化 4.0、区域协调发展 4.0 与工业 4.0——“一带一路”战略的背景、内在本质与关键动力 [J]. 郑州大学学报 (哲学社会科学版), 2015, 48 (3).

[114] 张伦. 我国对外开放的“目”字形格局 [J]. 开发研究,

1992（3）.

［115］张培刚，方齐云．经济发展与二元经济的改造［J］．求是学刊，1997（2）.

［116］张晓旭．欧盟的积极区域政策及对我国的借鉴意义［J］．生产力研究，2010（1）.

［117］张卓元．中国经济体制改革的总体回顾与展望［J］．经济研究，1998（3）.

［118］赵弘．北京大城市病治理与京津冀协同发展［J］．经济与管理，2014，28（3）.

［119］赵爽，贾友军．从毛泽东到江泽民：新中国区域经济发展思想的历史演变［J］．经济问题探索，2001（3）.

［120］赵勇，魏后凯．政府干预、城市群空间功能分工与地区差距——兼论中国区域政策的有效性［J］．管理世界，2015（8）.

［121］周端明，朱芸羲，王春婷．西部大开发、区域趋同与经济政策选择［J］．当代经济研究，2014（5）.

［122］周黎安，陈烨．中国农村税费改革的政策效果：基于双重差分模型的估计［J］．经济研究，2005（8）.

［123］周毅仁．“十一五”期间我国区域规划有关问题的思考和建议［J］．地域研究与开发，2005（3）.

［124］邹家华．邹家华副总理在全国建设工作会议上的讲话［J］．建筑经济，1992（1）.

外文文献：

［1］Ashenfelter，O & Card，D. Using the longitudinal structure of earnings to estimate the effect of training programs［J］. Review of Economics and Statistics，1985，67：648－660.

［2］Barro and Sala-I-Martin. Convergence［J］. Journal of Political Economy，1992，100（2）：223－251.

［3］Barro and Sala-I-Martin. Convergence across States and Regions［J］. Brookings Papers on Economic Activity，1991，106（2）：407－443.

[4] Baumol, W. Productivity Growth, Convergence, and Welfare: What the Long – Run Data Show [J]. American Economic Review, 1986 (76): 1072 –1085.

[5] Brown A J. Criteria of Regional Economic Policy [J]. Bulletin of Economic Research, 1970, 22 (2): 45 –53.

[6] Conover C J, Rankin P J, Sloan F A. Effects of tennessee medicaid managed care on obstetrical care and birth out comes [J]. Health Polit Policy Law, 2001, 26 (6): 1921 –1324.

[7] Gunnar Myrdal. An American dilemma: the Negro Problem and Modern Democracy [M]. New York: Harper & Row, Publishers, 1962.

[8] Gunnar Myrdal. Economic theory and underdeveloped regions [M]. London: Duckworth, 1957.

[9] John Friedmann. Regional Development Policy: A Case Study of Venezuela [J]. Journal of Women's Health, 1966: 279 –291.

[10] J Kaldor, N. The case for regional policies [J]. Scottish Journal of political Economy, 1970 (18): 337 –348.

[11] J Kraft, E. , Evaluating regional policy in Yugoslavia 1966 – 1990. Comparative Economic Studies, Vol. 34, No. 3, 1992, pp. 13 –33.

[12] J Krugman P. Geography and Trade [M]. Leuven: Leuven University Press, 1991.

[13] J Krugman P. Venables A. Globalization and the inequality of nations [J]. Quarterly Journal of Economics, 1995 (110): 857 –880.

[14] J Martin Temple. Regional Economics [M]. The Macmillan Press LTD, 1994.

[15] J Moore, B & Rhodes, J. Evaluating the effect of British regional economic Policy [J]. Economic Journal, 1974, 83 (329): 87 –110.

[16] J Nared J, Ravbar M. Starting points for the monitoring and evaluation of regional policy in Slovenia [J]. Acta Geographica Slovenica, 2003 (43 –1): 53 –83.

[17] J Schnellenbach J. Learning from Decentralised Policy—The Dem and Side [J]. SSRN Working Paper Series, 2005.

[18] Taylor, J. and Wren, C., UK Regional Policy: An Evaluation. Regional Studies, Vol. 31, No. 9, 1997, pp. 83 – 848.

[19] Yip W, Eggleston K. Provider payment reform in China: the case of hospital reimbursement in Hainan province [J]. Health Econ, 2001, 10 (4): 325 – 339.

[20] Zeneta, S. The Evaluation of Implementation of Regional Policy [J]. Engineering Economics, 2005, 4 (44): 38.

后　　记

本书是在2014年度国家社会科学基金一般项目“区域经济政策创新与发展趋同研究（14BJL083）”最终成果的基础上形成的。改革开放以来，我国陆续实施了西部大开发、全面振兴东北地区等老工业基地、中部地区崛起、东部地区率先发展等区域发展战略，有效促进了区域经济发展。与此同时中国区域经济的增长差距十分明显，相对富裕的沿海省份不成比例地受益于经济改革，而沿海与内陆省份的区域收入差距存在进一步扩大的趋势。对此，本项目系统梳理中国区域政策的历史演变，并科学评估政策实施对区域发展的影响，为相关的理论研究提供“边际”上的贡献。

同时，区域政策及其创新是其典型的因素，因为各个地区有着不同的区域的比较优势，要促进本区域的发展就要从本地的实际出发采取合适的区域政策和区域创新。然而对于中国相关政策，特别是区域经济政策和创新政策的研究，甚至系统梳理的工作还相当缺乏。因此，笔者通过研究各个地区不同的区域的比较优势，从各地区的实际出发采取合适的区域政策和区域创新，为不同区域的经济发展提供相关的建议。

本项目研究从启动到最后提交书稿，前后花了6年的时间。可以说，该研究成果是大家共同合作、集体劳动的结晶，体现了全体课题组成员的集体智慧。全书的分工如下：第一章，崔万田，林木西；第二章，崔万田，李莉，宋肖雄；第三章，谭啸，王璐；第四章，崔万田，张伟；第五章，宋肖雄，王淑伟；第六章，王一，徐艳；第七章，崔万田，郭广珍，何春；第八章，崔万田，何春；第九章，林木西、崔万田

（一），崔万田、何春、张伟（二），崔万田、谭啸、李莉（三），崔万田、王一、徐艳、宋肖雄（四）。

本书的出版得到了国家“双一流”建设学科辽宁大学应用经济学和辽宁大学、中央民族大学、中国人民大学等专家学者和经济科学出版社的大力支持，中央民族大学黄泰岩教授对项目研究报告提出了宝贵的意见，在此一并表示衷心的感谢。

崔万田
2020年8月于沈阳